living
German

R W
Buckley

Revisions by
Delia Sexton

Hodder & Stoughton
A MEMBER OF THE HODDER HEADLINE GROUP

British Library Cataloguing in Publication Data
A Catalogue for this title is available from the British Library.

ISBN 0 340 59672 4

First published 1957
Fifth edition 1994
Copyright at revision © 1994 Hodder Headline
Impression number   10 9 8
Year   2003

Typeset by Transet Typesetters, Coventry, England.
Printed in Great Britain for Hodder and Stoughton Educational,
a division of Hodder and Stoughton Plc, 338 Euston Road, London NW1 3BH
by Cox & Wyman Ltd, Reading, Berks.

Contents

Abbreviations

Nom. = nominative case
Acc. = accusative case
Gen. = Genitive case
Dat. = dative case
Lit. = literal translation
e.g. = for example
etc. = etcetera

Preface to the fifth edition

Living German, first published in 1957, has become a highly respected and well established coursebook. It has remained popular during a period when language teaching methods have changed constantly and this is a tremendous testimony to the thoroughness and effectiveness of R W Buckley's original course.

This book continues to be useful for learners seeking an organised course which pays careful attention to the systematic building of grammar and vocabulary.

Teachers who are looking for additional exercises to supplement other courses will also find this book of great value.

In this edition, Delia Sexton has retained the carefully structured approach of the original and has modified the content where appropriate to bring the material fully up to date.

The course comprises a full introduction to modern German, containing sections on all the grammatical and structural essentials of the spoken language.

John Langran
Series Consultant

Pronunciation

These notes are intended only as a guide, especially for those students who have no teacher. The English sounds quoted are only approximately similar.

1

German spelling is reliably representative of sound. Almost every written symbol is pronounced, except an **h** which is only a sign of length after vowels.

2

Most consonants are pronounced in a similar way to their English equivalents. The following are exceptions:

v	= English *f*	Vogel, von, vor.
w	= English *v*	was, Wasser, Wort, Wind.
z	= English *ts*	zu, zwei, Zimmer, Katze.
ch	Breathe at the back of the throat as in the Scottish *loch*, after	
a	Bach, machen	
o	Loch, kochen	
au	auch, Rauch	
u	Buch, suchen	
ch	Breathe with the tip of the tongue touching the back of the lower front teeth, after **e, i, ä, ö, u, ü, eu, äu.**	

ich	Bücher
nicht	Löcher
Licht	euch
Bäche	

j	= English *y* but more vigorous.
	ja, jung, Jahr.
r	is always sounded, trilled or rolled. It is immaterial whether it is trilled by the tip of the tongue or gutteralised by vibrating the uvula, but it must be pronounced wherever it occurs.

Bier	vier
Bruder	dort
Kirche	Mutter
rot	Erde

s = English *s* as in *rose* before a vowel:

See	lesen
singen	Liesel
Rose	suchen;

otherwise like English *s* as in *mouse*:

Haus	hast
Maus	ist

ss (ß) = English *s* as in *mouse*. Klasse, weiß, muß

sch = English *sh* Schiff, scheinen, Schwein, waschen.

sp- = German **schp-** initially. sprechen, Spiel.

st- = German **scht-** initially. Stein, Stadt, stehen.

-b at end of word = **p** halb, lieb, gab, Korb.

-d at end of word = **t** Bad, Bord, Bild, Rad.

-g at end of word = **k** Tag, Sarg, bog, Zug.

-ig at end of word = **ich**. Pfennig, hungrig, zwanzig.

qu = English *kv*. Quelle, Quecksilber.

pf Both the **p** and the **f** must be given their full value. Pfund, Pferd, Kopf.

kn Both the **k** and the **n** must be given their full value. Knabe, Knecht.

h is always aspirated initially. Hand, Herr, Hund.
After a vowel it is only a sign of length. In **Bahn**, **gehe** and **Stroh**, **-ah-**, **eh** and **oh-** resemble the English exclamations *ah!*, *eh!*, *oh!* Apart from these, and in the combinations **ch**, **sch**, **ph** (=*ff*), **h** has no value. There is no English *th* sound in German. In words like **Theater**, **Thron**, **Athlet**, **Methode**, **th** is pronounced like the English *t*.

3 Vowels are pure as distinct from the English tendency to dipthongise. The vowel sound in the English *boat* is not really one vowel but two (*bow-ut*); similarly *beer* = *bee-er*. The German equivalents make one continuous sound: **Boot** and **Bier**. There is no slide away into another vowel sound, but one pure vowel sound only.

4 If followed by one consonant, a vowel is usually long. If followed by two or double consonants, a vowel is usually short. A double vowel is pronounced in the same way as one long one.

a   long   as in English *calm.*

kam	Wagen
Tag	habe
aber	sage

a   short   as above but short.

Mann	alt
kann	warm
Katze	

The mouth must be wide open and the tongue low down for both sounds.

e   long   as in English *say* (without the *y*).

sehen, See, mehr.

e   short   as in English *vet.*

Wetter, wenn, beste, es.

The tongue is slightly more tense than in English. Do not move it until the sound is finished.

e   slurred in final syllables, as in English *brother.*

Frage	Bruder
Kirche	Mutter (roll the **r**)
Himmel	

i   a little more tense than in English and higher and with the tongue more forward in the mouth.

ist, ich, bin, will.

o   short   as above but short.

Sonne, von, Gott, Dorf.

u   long   as in English *hoot.*

Hut, gut, Buch, suchen, Schuh.

u   short   as above but short.

Hund, Mund, Butter, Mutter.

ie   is a long **i** pronounced slightly more tensely than *ee* in English *deep.*

die, dies, dieser, wie, hier.

5

Diphthongs

au   as in English *brown.*

braun, blau, Frau, Haus, Baum.

eu   as in English *Troy*.
     treu, neu, deutsch, Freund.
     as in English *mine*.
ei   mein, sein, Rhein
ai   Main, Saite
ey   Meyer
ay   Haydn

6 Modification (Umlaut)

There are no accents in German. The modification sign (˜) is placed over **a**, **o**, **u** and **au** to approximate their sound to an **e**. These sounds are pronounced as follows:

ä   **(ae)** long   longer than English *e* in *get*.
     Mädchen, Schäfer, gäbe.

ä   **(ae)** short   like English *e* in *get*.
     Kätzchen, Männer, Pässe.

ö   **(oe)** The tongue is in position as for **ä**, but the lips are rounded.
     Köln, schön, Goethe.

ü   **(ue)** The tongue is in position as for **ie**, but the lips are rounded.
     fünf, Güte, glücklich, fürchtet.

y   is generally pronounced like **ü**.
     Typ, Physik.

äu   like **eu**.
     Bäume, Träume, Räuber.

7 Stress

Sentence stress is very similar to English with a tendency to emphasise the important words, but with a sing-song lilt.

Individual words have root stress as in English:

Énglisch, Éngländer, Brúder, Kírche, Wásser, bésser, Ántwort, ántworten, Fréund, únfréundlich, begínnen, Glück, glücklich, únglücklich.

A number of words borrowed from other languages keep approximately their foreign pronunciation with different stress:

Proféssor, Professóren, Musík, musikálisch, Zigarétte, Studént, Interésse, interessiéren, Etúi.

8 In general, German speech is more energetic than English. The lips are moved more, articulation is clearer and breathing more vigorous. This makes for precision in the consonants and purity in the vowels. It is worth while to try to produce German sounds from the front of the mouth, as far as possible. There is no liaison in German. All initial stressed vowels and some medial ones are pronounced with a conscious effort (the 'glottal stop').

9 Practise these sounds without bothering about the meaning:

Hier ist die Liesel. Was will sie? Der Seemann liebt die See. Man badet im Wasser. Der Wind kommt und der Sturm kommt. Der Bruder ist unglücklich in Deutschland. Unfreundliche Leute sind hier. Der Rhein ist klein in der Schweiz. Zwei Beine sind besser als ein Bein. Sprechen Sie Deutsch? Zwanzig schöne Männer segeln das Schiff. Gehen Sie an Bord? Der Vater und die Mutter und der Bruder stehen hier. Die Maus läuft in das Haus. Diese Kätzchen laufen in die Löcher. Mein Mädchen liest ein Buch. Die Witwe hat acht Töchter.

10 Refer to the map opposite and the one on page 13 and read aloud the following. The similarity of many words in both languages makes the passage readily understandable. The stress is marked and a few key words listed below the map:

Erígland is ein Land in Európa. Es liegt im Westen. Deútschland ist auch in Európa. Deútschland ist eine Republik und heißt die Búndesrepublik Deútschland (B.R.D.). Europa ist ein Kontinént, Schwéden ist ein Land, Hamburg ist eine Stadt, Rom ist eine Haúptstadt. Köln ist auch eine Stadt in Deutschland. Es liegt am Rhein. Bonn liegt auch am Rhein und ist die Háuptstadt von Deutschland.

die Karte	*the card, chart*	aber	*but, however*
eine Landkarte	*a map*	auch	*also, as well*
eine Stadt	*a town*	nicht	*not*
die Hauptstadt	*the capital*	wo	*where*
Bund(-es)	*union, federation*	im Westen (Osten)	*in the west (east)*
es heißt	*it is called*	am Rhein	*on the Rhine*
es liegt	*it lies, is situated*		

13

Part One

I

DAS DORF MIESBACH

Hier ist das Dorf Miesbach.
Miesbach ist ein Dorf.
Ist Miesbach ein Dorf?
Ja, es ist ein Dorf.
Das Dorf ist alt.

Das ist das Haus.
Ist das ein Haus?
Ja, es ist ein Haus.
Das Haus ist alt.

Das ist die Kirche.
Ist das eine Kirche?
Ja, es ist eine Kirche.
Ist die Kirche alt?
Ja, sie ist alt.

Das ist die Straße.
Ist das eine Straße?
Ja, es ist eine Straße.
Ist die Straße auch alt?
Ja, sie ist auch alt.

Das ist der Wagen.
Ist das ein Wagen?
Ja, es ist ein Wagen.
Ist der Wagen alt?
Nein, er ist nicht alt:
er ist neu.

Das ist der Baum.
Ist das ein Baum?
Ja, es ist ein Baum.
Ist der Baum alt?
Ja, er ist sehr alt, und
er ist auch groß.

Das ist der Mann.
Er ist auch alt.
Er ist groß.
Er ist groß und alt.

Das ist eine Frau.
Sie ist schön.
Ist die Frau alt?
Nein, sie ist nicht
sehr alt.

Das ist das Kind.
Es ist nicht groß: es ist
klein.
Ist das Kind klein?
Ja, es ist klein.

Ist das Kind alt?
Nein, es ist nicht alt, es ist jung.
Ist ein Dorf groß?
Nein, es ist nicht groß, es ist klein. Kein Dorf ist groß.
Ist die Frau jung?
Nein, sie ist nicht jung und auch nicht alt.

Ist die Straße groß?
Nein, sie ist nicht groß, sondern klein.
Ist der Mann jung?
Nein, er ist nicht jung, sondern alt.
Ist der Baum groß?
Ja, er ist groß und er ist auch alt.

Dieser Mann ist sehr groß.
Diese Frau ist nicht sehr groß.
Dieses Kind ist schön.

Dieser Baum ist auch sehr groß.
Diese Kirche ist sehr alt.
Dieses Dorf ist auch sehr alt.

Hier ist der Seemann.
Ein Seemann ist ein Mann.
Er ist ein Mann.
Ist die Frau eine Deutsche?
Nein, sie ist keine Deutsche.
Ist das Kind ein Seemann?
Nein, es ist kein Seemann.

Hier ist das Boot.
Ein Boot segelt.
Ist ein Wagen ein Boot?
Nein, er ist kein Boot, er
segelt nicht.

Dies ist die Sonne.
Die Sonne scheint.
Scheint die Sonne heute?
Nein, die Sonne scheint heute nicht.

Dies ist mein Buch. Es ist deutsch.
Ist das mein Buch? Ja, es ist mein Buch.

Ist das mein Haus? Nein, es ist nicht mein Haus.
Ist dies mein Wagen? Nein, dies ist nicht mein Wagen.
Ist dies meine Kirche? Nein, dies ist nicht meine Kirche.
Ist meine Frau hier? Nein, sie ist nicht hier.
Ist das sein Kind? Nein, das ist nicht sein Kind.

Das ist kein Kind. Das ist ein Mann.

Der Wagen ist klein; die Kirche ist groß; dieser Seemann ist ein
Mann; ein Boot segelt; die Sonne scheint; es ist warm; es ist nicht
kalt; mein Haus ist neu; diese Straße ist klein; das Kind ist jung;
meine Frau ist nicht sehr alt; kein Kind ist sehr groß; mein Buch
ist deutsch; diese Kirche ist deutsch; dieses Dorf ist auch deutsch;
dieser Wagen ist nicht alt, er ist neu;
Der Deútsche wohnt in Deútschland; er spricht Deútsch.
Der Engländer wohnt in England; er spricht Englisch.
Ein Franzóse wohnt in Fránkreich; er spricht Französisch.
Ein Italiéner wohnt in Itálien; er spricht Italiénisch.

Deutschland	*Germany*	Frankreich	*France*
deutsch	*German*	das Dorf	*the village*
der (die)		das Haus	*the house*
Deutsche	*the German*	das Kind	*the child*
England	*England*	das ist	*that is*
englisch	*English*	hier ist	*here is*
der	*the*	er ist	*he is*
Engländer	*Englishman*	dies ist	*this is*
der Baum	*the tree*	es ist	*it is*
der Mann	*the man*	sie ist	*she is*
der Seemann	*the sailor*	er segelt	*he sails*
der Wagen	*the car, cart*	es scheint	*it shines*
die Frau	*the woman, wife*	sie spricht	*she speaks*
die Kirche	*the church*	sie wohnt	*she lives*
die Sonne	*the sun*	auch	*also, too*
die Straße	*the street*	heute	*today*
das Boot	*the boat*	ja	*yes*
das Buch	*the book*	nein	*no*

französisch	*French*	mein Buch	*my book*
der Franzose	*the Frenchman*	ein Dorf	*a village*
		sein Haus	*his house*
Italien	*Italy*	kein Kind	*no child*
italienisch	*Italian*	alt	*old*
der Italiener	*the Italian*	groß	*big, tall*
nicht	*not*	jung	*young*
ein Baum	*a tree*	kalt	*cold*
ein Mann	*a man, husband*	klein	*small*
dieser Seemann	*this sailor*	neu	*new*
dieser Wagen	*this car*	schön	*fine, lovely*
eine Frau	*a woman*	warm	*hot*
eine Kirche	*a church*	sehr	*very*
keine Sonne	*no sun*	sondern	*but, on the contrary*
diese Straße	*this street*		
dieses Boot	*this boat*	und	*and*

GRAMMAR

Capital letters

All nouns have capital letters: der **M**ann, die **S**onne, das **B**oot.

Gender

There are three genders in German. They are shown by the definite article (*the*): **der** (masculine), **die** (feminine) and **das** (neuter). The indefinite article (*a*) also differs according to gender: **ein** (masculine), **eine** (feminine) and **ein** (neuter).

The gender of every noun must be known. The gender of nouns is not decided by sex divisions as in English, and is often arbitrary: **das Kind** is neuter, **der Wagen** is masculine.

Nominative case

Dieser declines with endings like **der**, **die** and **das**.

Masculine	Feminine	Neuter
dieser Wagen	diese Frau	dieses Dorf

Kein, **sein** and **mein** decline with endings like **ein**, **eine** and **ein**.

Masculine	Feminine	Neuter
mein Baum	meine Frau	sein Boot
kein Mann	keine Sonne	kein Kind

Kein means *no, not a,* or *not any.*

Sie ist kein Kind.	*She is not a child.*
Hier ist kein Wasser.	*There isn't any water here.*

'Nicht ein' is *not* used.

Questions

A question is formed by inverting the word order, putting the subject after the verb.

Die Frau ist alt.	*The woman is old.*
Ist die Frau alt?	*Is the woman old?*
Scheint die Sonne?	*Is the sun shining?*
Spricht sie Deutsch?	*Does she speak German?*

Pronouns

Ist der Baum groß? **Er** ist groß.
Ist die Frau alt? **Sie** ist alt.
Ist das Kind jung? **Es** ist jung.

As objects are either masculine, feminine or neuter, *it* is translated as either **er** (*he*), **sie** (*she*) or **es** (*it*).

EXERCISES

A Put **der**, **die** or **das** before the following nouns:

Seemann	Boot	Frau	Baum
Dorf	Mann	Kirche	Wagen
Straße	Kind	Haus	Buch

B Put **ein** or **eine** before the nouns in Exercise A depending on whether they are masculine, feminine or neuter.

C Reply in German to the questions below. Here's an example: Ist der Seemann alt? Ja, er ist alt.

1 Ist das Boot klein?
2 Ist die Sonne warm?
3 Ist ein Kind klein?
4 Ist mein Buch deutsch?
5 Ist sein Kind jung?
6 Ist dieses Dorf alt?

D Reply in German following this example: Ist Miesbach groß? Nein, es ist nicht groß sondern klein.

1 Ist der Seemann jung?
2 Ist dieser Baum klein?
3 Ist die Sonne kalt?
4 Ist dieses Boot groß?
5 Ist sein Kind alt?

E Reply in German following this example: Was (*what*) ist dies? Dies ist ein Buch.

1 Was ist Miesbach?
2 Was ist ein Seemann?
3 Was macht (*does*) die Sonne?
4 Was macht ein Boot?
5 Wie (*how, what . . . like*) ist die Sonne?
6 Wie ist dieses Dorf?
7 Wie ist die Kirche?
8 Wie ist der Wagen?
9 Was ist groß?
10 Was ist alt?
11 Was spricht (a) der Engländer, (b) der Italiener?
12 Wo wohnt (a) die Deutsche, (b) der Franzose?

2

DER SEEMANN

Hier ist ein Bild.

 Der Tag ist warm und schön; das Wasser ist blau; die Sonne scheint. Der Himmel ist auch blau und die Luft ist klar.

Das Schiff segelt; es ist ein Segelschiff; es ist nur klein; ein Mast und ein Segel! Das Schiff segelt gut, denn der Wind ist freundlich und nicht kalt, und das Wasser ist klar. Das Boot segelt von Deutschland nach England.

Nur ein Mann ist an Bord. Er ist ein Seemann und auch der Kapitän. Dieser Seemann segelt und macht alles an Bord. Er ist glücklich, denn die See ist still und der Wind freundlich. Welche See ist das? Das ist die Nordsee.

Aber, was ist das? Eine Wolke kommt. Jene Wolke ist schwarz. Und wie ist der Himmel? Der Himmel ist blau, aber er wird grau.

Wie wird der Wind? Der Wind wird frisch und kalt. Was macht der Seemann? Er segelt nicht mehr. Er macht nichts. Der Wind macht alles. Das Wasser ist nicht mehr klar, es wird unfreundlich. Es ist nicht mehr still. Welcher Wind ist kalt? Der Nordwind ist kalt.

Ein Sturm kommt. Jener Himmel ist nicht blau und klar; er wird schwarz. Der Wind ist nicht freundlich; er wird stark. Jene See ist nicht blau; sie wird grau. Aber der Seemann ist nicht unglücklich. Sein Schiff ist gut und stark.

der Himmel	*the sky, heaven*	das Bild von Deutschland	*the picture from (of) Germany*
der Kapitän	*the captain*		
der Mast	*the mast*	nach England	*to England*
der Sturm	*the storm*	das Land	*the land*
der Tag	*the day*	das Schiff	*the ship*
der Wind	*the wind*	das Segel	*the sail*
die Luft	*the air*	das Segelschiff	*the sailing-ship*
die See	*the sea*		
die Wolke	*the cloud*	das Wasser	*the water*

Nord –	*north, northern* (Ost-, Süd-, West- used in compounds)	schwarz	*black*
		stark	*strong*
		still	*quiet, peaceful*
		unfreundlich	*unkind*
		unglücklich	*unhappy*
		welcher	*which*
der Süden	*the south* (der Norden, der Westen, der Südosten)	sie kommt	*she comes*
		sie macht	*she makes, does*
		es scheint	*it shines, seems*
aber	*but*	er segelt	*he sails*
alles	*everything*	er wird	*he becomes, grows*
an Bord	*on board*		
denn	*for, because*	mehr	*more, longer*
dort	*there*	nichts	*nothing*
blau	*blue*	nur	*only*
freundlich	*friendly, kind*	was	*what*
frisch	*fresh*	wer	*who*
glücklich	*happy, lucky*	wie	*how, what . . . like*
grau	*grey*		
gut	*good, well*	wo	*where*
jener	*that*		

GRAMMAR

Jener (that) and welcher (which)

Jener is rarely used except when contrasting with **dieser** (*this*). Both **jener** and **welcher** have the same endings as **dieser**.

Masculine	Feminine	Neuter
jener Mann	jene Frau	jenes Boot
welcher Tag	welche Straße	welches Bild

Er segelt

This means *he sails, he is sailing* and *he does sail.*
There is only one simple form of the present tense in German whereas English has three.

Scheint die Sonne?	*Does the sun shine?*
Ja, sie scheint.	*Yes, it is shining.*
Der Kapitän segelt heute.	*The captain sails today.*
Sie wohnt hier.	*She lives, does live, is living here.*

EXERCISES

A Put the definite article (**der, die** or **das**) before the following nouns:

Wasser	Boot	Wolke	Land
See	Schiff	Sonne	Bild
Mann	Sturm	Luft	Kapitän
Wind			

B Put **dieser, welcher, kein, sein, mein** alternately before the nouns in Exercise A and translate each.

C Supply a suitable adjective to complete the following sentences. Here's an example to start you off:
Das Wasser ist ___. Das Wasser ist still (klar, warm, etc.).

1 Der Himmel ist ___.	5 Dieser Wind ist ___.
2 Das Boot ist ___.	6 Mein Mann ist ___.
3 Die Sonne ist ___.	7 Sein Segel ist ___.
4 Die See ist ___.	8 Die Wolke wird ___.

D Answer the following questions in German:

1 England ist ein Land. Was ist Deutschland?
2 Dieses Schiff ist ein Boot. Was ist ein Segelschiff?
3 Der Tag ist schön. Ist der Tag auch warm?
4 Der Himmel ist blau. Wie ist das Wasser?
5 Wie ist die See?
6 Wie ist der Himmel?

7 Wie ist die Luft?

8 Wo ist der Kapitän? Ist er an Bord?

9 Wo ist das Bild? Ist es hier?

10 Wer ist freundlich? Ist der Seeman freundlich?

E **Ein Sturm kommt**. Describe this in German.

F Translate these sentences into German:

1 The water is cold.

2 His boat is old.

3 That man is very kind.

4 The church is small.

5 Is the sky blue?

6 The captain is not on board.

7 Who is sailing from Germany to England?

8 The sun is not shining today.

9 The sailor does everything on board.

10 This child is very young.

11 Where does this German woman live?

12 Who is this man? Is he the captain?

3

DIE FAMILIE

Liesel liebt das Bild in Kapitel Zwei.

Sie liebt den Seemann, sie liebt das Schiff und sie liebt die See. Aber, wer ist Liesel?

Liesel Schulz ist klein: sie ist ein Kind.

Sie ist acht Jahre alt. Sie hat einen Bruder.

Ihr Bruder Karl ist nicht alt: er ist auch nicht jung: er ist achtzehn Jahre alt.

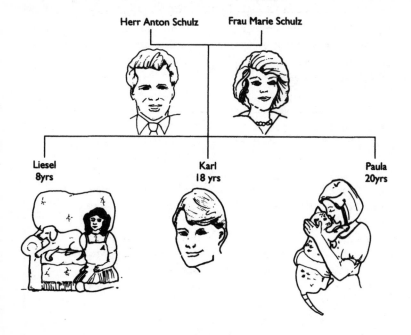

Herr Anton Schulz   Frau Marie Schulz

Liesel
8yrs

Karl
18 yrs

Paula
20yrs

Liesel hat auch eine Schwester. Ihre Schwester Paula ist schon zwanzig Jahre alt. Sie ist sehr hübsch.

Liesel ist ein Mädchen, Paula ist ein Fräulein. Karl ist ein Teenager. Er ist kein Junge, er ist zu alt: er ist kein Mann, er ist zu jung: er wird ein Mann.

Sein Vater, Herr Anton Schulz, ist ein Mann.

Seine Mutter, Frau Marie Schulz, ist eine Frau.

Dieser Mann, Anton, und diese Frau, Marie, sind Mann und Frau.

Sie, ihre Tochter Paula, ihr Sohn Karl und ihr Kind Liesel sind eine Familie.

Sie wohnen in Miesbach. Miesbach ist keine Stadt, sondern ein Dorf. Dieses Dorf ist nicht groß sondern klein.

Ihr Haus aber ist groß.

Diese Familie hat einen Hund. Dieser Hund ist groß und braun und freundlich. Er heißt 'Wotan'. Die Familie liebt ihren Hund, aber Liesel liebt ihn sehr. Er liebt sie auch und macht alles, was sie sagt. Sie sagt: 'Wotan, komm her!' und er kommt.

Möhrchen, die Katze, ist nicht so freundlich, aber Paula liebt sie. Die Katze liebt niemand – nur vielleicht den Teenager Karl. Wotan ist ein Haushund, und die Katze ist auch nützlich. Sie fängt oft eine Maus. Wotan fängt nichts: er hat einen Stuhl, wo er schläft. Er ist klug.

der Bruder	*brother*	die Maus	*mouse*
der Herr	*gentleman, Mr.*	die Mutter	*mother*
		die Schwester	*sister*
der Hund	*dog*	die Stadt	*town*
der Junge	*boy, lad*	die Tochter	*daughter*
der Teenager	*adolescent*	das Fräulein	*young lady, Miss*
der Sohn	*son*		
der Stuhl	*chair*	das Jahr	*year*
der Vater	*father*	das Kapitel	*chapter*
die Familie	*family*	das Mädchen	*girl*
die Katze	*cat*	acht	*eight*

achtzehn	*eighteen*	er hat	*he has*
hübsch	*pretty*	sie liebt	*she loves*
ihr	*her, their*	sie sagt	*she says*
klug	*clever*	er schläft	*he sleeps*
nützlich	*useful*	sie fängt	*she catches*
zwanzig	*twenty*	er ist	*he is*
sie sind	*they are*	er heißt	*he is called,*
	(irregular		*his name is*
	verb)	sie sitzen	*they sit,*
sie heißen	*they are called,*		*are sitting,*
	their name(s)		*do sit*
	is (are)	sie wohnen	*they live*
zwei	*two*	sie haben	*they have*
ganz	*quite*	sie lieben	*they love*
niemand	*nobody*	sie sagen	*they say*
oft	*often*	sie schlafen	*they sleep*
schon	*already*	sie fangen	*they catch*
vielleicht	*perhaps*	komm her!	*come here!*
zu	*to, too*	alles, was er	
er sitzt	*he sits, is sitting,*	macht	*all that he does*
	does sit	auch nicht	*not ... either*
er wohnt	*he lives*		

GRAMMAR

Accusative case

(a)

ihren Bruder	*her brother*
ihre Schwester	*her sister*
ihr Haus	*her house*

Ihr (*her*) has the same endings to show gender as **sein** and **kein**.

(b)

Sie liebt den Seemann.	*She loves the sailor.*
Sie liebt das Schiff.	*She loves the ship.*
Sie liebt die See.	*She loves the sea.*

The person or thing that she loves is called the direct object. The accusative case is used for the direct object. Just as, in English, *he* becomes *him* in the objective case and *she* changes to *her* (*I like him; he loves her*), so, in German, **der** changes to **den**. Similarly **dieser** becomes **diesen**, **ein** becomes **einen**, **kein** becomes **keinen** and so on.

The masculine alone changes in the accusative case.

Masculine

Nom.	der Mann	dieser Hund	ein Sohn
Acc.	den Mann	diesen Hund	einen Sohn

Feminine

Nom. ⎫ Acc. ⎬	die Frau	diese Katze	meine Mutter

Neuter

Nom. ⎫ Acc. ⎬	das Kind	dieses Boot	ein Buch.

(c) Pronouns

	Masculine	Feminine	Neuter	Plural	Interrogative
Nom.	**er** (*he*)	**sie** (*she*)	**es** (*it*)	**sie** (*they*)	**wer?** (*who?*)
Acc.	**ihn** (*him*)	**sie** (*her*)	**es** (*it*)	**sie** (*them*)	**wen?** (*whom?*)

(d) Note the use of the nominative and accusative cases:

Nom.	Acc.
Dieser Hund ist braun.	Er hat **einen Hund**.
Die Kirche ist hier.	Das Dorf hat **eine Kirche**.
Das Kind ist klein.	Er liebt **das Kind**.
Wotan ist **ein Hund**.	Er liebt **ihn**.
Sie ist meine **Mutter**.	Das Kind liebt **sie**.
Das ist **ein Boot**.	Niemand liebt **es**.

The nominative shows the subject and usually comes before the verb. The accusative shows the object and usually comes after the verb. A noun following the verb *to be* is in the nominative case as well as the noun preceding the verb.

Er sitzt, sie sitzen

The verb ends in **-t** after **er** (*he*), **sie** (*she*) or **es** (*it*).
The verb ends in **-en** after **sie** (*they*).

EXERCISES

A Read aloud the following nouns with the definite article in the nominative and accusative cases. For the first one read **der Bruder, den Bruder**.

Bruder	Haus	Mann	Maus
Tochter	Dorf	Himmel	Schiff
Fräulein	Kind	Tag	
Hund	Schwester	Stuhl	

B Repeat the two columns of nouns of Exercise A with **kein**, and the last two columns with **ihr**, instead of the definite article.

C Supply a suitable word in German:

1 Das Haus ist ___.
2 Dieser Baum ist ___.
3 Sein Dorf ist ___.
4 Eine Katze ist ___.
5 Meine Mutter ist ___.
6 Ihr Kind ist ___.
7 Liesel ist ein ___.
8 Die Tochter heißt ___.
9 Die Teenager wird ___ ___.
10 Er ist achtzehn Jahre ___.

D Replace the nouns in these sentences with the correct pronoun. Here's an example to follow: Der Mann liebt das Kind. Er liebt es.

1 Das Kind liebt die Mutter.
2 Der Vater hat ein Haus.
3 Die Sonne scheint nicht.
4 Die Katze fängt eine Maus.
5 Das Fräulein hat keinen Mann.
6 Der Seemann liebt sein Schiff.

E Sentences 3 and 5 in Exercise D are negative. Rewrite the others, making them negative by inserting **nicht** in the right place, or changing **ein** to **kein**.

F Reply in German:

1 Was ist Liesel?
2 Was liebt sie?
3 Wen liebt sie?
4 Was ist Paula?
5 Was liebt Paula?
6 Wie heißt ihr Bruder?
7 Was hat Herr Anton Schulz?
8 Wer hat einen Sohn?
9 Wie ist der Hund?
10 Wer ist jung?
11 Was macht die Katze?
12 Was ist Miesbach?
13 Ist das Haus klein?
14 Liesel sagt: 'Wotan, komm her!' Was macht Wotan?

G Translate the following sentences into German:

1 He has a dog.
2 She loves her child.
3 Nobody loves the cat.
4 This boy has no brother.
5 His father is not a sailor.
6 Do they have a dog?
7 Nobody likes this picture.
8 Her sister is called Liesel.
9 That lady does not have a daughter but she has a son.

4

WAS MACHT DIE FAMILIE?

 Antons Haus hat einen Garten. Dieser Garten ist schön, wenn die Sonne scheint. Hier spielt Liesel. Sie ist glücklich, sie lacht und singt.

Hier spielt auch die Katze, denn die Katze ist jung. Sie ist ein Kätzchen.

Anton spielt nicht, wenn Liesel spielt: er arbeitet. Er ist Lehrer. Das Dorf hat eine Schule und Anton ist dort der Schullehrer. Er ist Dorfschullehrer.

Aber Anton spielt abends: er spielt Klavier: er ist musikalisch. Auch sein Sohn, Karl, ist musikalisch und spielt Violine. Marie spielt kein Instrument: sie singt.

Was macht die Mutter, wenn Anton arbeitet und Liesel spielt? Sie arbeitet auch. Sie hat viel Arbeit, denn das Haus ist nicht klein.

Das Haus hat acht Zimmer. Jedes Kind hat sein Schlafzimmer, Anton und Marie haben ein Schlafzimmer zusammen.

Marie macht das Haus sauber. Sie macht jedes Bett. Das Haus hat eine Küche, wo die Mutter kocht. Die Küche ist schön und sauber.

Das Haus hat ein Wohnzimmer. Das Wohnzimmer ist da, wo man wohnt und sitzt. Hier spielt Anton Klavier. Hier singt Marie abends. Sie singen und spielen, denn die Familie ist musikalisch.

Das Haus hat auch ein Eßzimmer. Das Eßzimmer ist da, wo man ißt und trinkt. Was trinkt man?

Der Vater trinkt Wein oder Bier; die Mutter trinkt gern Kaffee; Paula und Karl trinken gern Tee, und Liesel trinkt Milch.

Der Tag ist schön, aber der Tag hat ein Ende. Die Sonne scheint nicht mehr. Dann ist es Abend, und dann kommt die

Nacht. Abends spielt Liesel nicht. Sie schläft. Was macht Karl? Er hat auch eine Arbeit, er studiert. Er studiert gern Englisch, denn er ist Student. Er arbeitet Tag und Nacht.

der Abend	*evening*	zusammen	*together*
der Garten	*garden*	musikalisch	*musical*
der Kaffee	*coffee*	sauber	*clean*
der Lehrer	*teacher*	abends	*in the evening*
der Student	*student*	dann	*then*
der Tee	*tea*	denn	*for*
der Wein	*wine*	gern (-e)	*willingly*
die Arbeit	*work*	oder	*or*
die Küche	*kitchen*	viel	*much, a lot (of)*
die Milch	*milk*		
die Nacht	*night*	er arbeitet	*he works*
die Schule	*school*	sie essen	*they eat*
die Violine	*violin*	er ißt	*he eats*
das Bett	*bed*	sie kocht	*she cooks*
das Bier	*beer*	sie singt	*she sings*
das Ende	*end*	er spielt	*he plays*
das Eßzimmer	*dining room*	er studiert	*he studies*
das Instrument	*instrument*	sie trinken	*they drink*
das Kätzchen	*kitten*	man trinkt	*one drinks*
das Klavier	*piano*	er spielt abends	*he plays in the evenings*
das Schlafzimmer	*bedroom*	er studiert gern	*he likes to study*
das Wohnzimmer	*living room*	sie lacht	*she laughs*
das Zimmer	*room*	sie haben gern	*they are fond of*

Most German words have a root stress, but notice the stress on the final syllable of Instrument, Klavier; on the third syllable of Violine; and on the third syllable of musikalisch.

GRAMMAR

Compound nouns

das Dorf, die Schule, der Lehrer → der Dorfschullehrer
das Haus, der Hund → der Haushund
die See, der Mann → der Seemann
wohnen, das Zimmer → das Wohnzimmer
die Katze, -chen → das Kätzchen
die Frau, -lein → das Fräulein

A compound noun has the gender of its last part. Diminutives
(-**chen**, -**lein** *dear, little*) are neuter.

Jeder (every)

jedes Kind	*every child*
jeder Mann	*every man*
jede Frau	*every woman*

Jeder has the same endings as **der**, **dieser** and **welcher**.

-t: 3rd person singular

er wohnt	*he lives*
es trinkt	*it drinks*
sie hat	*she has*
sie wohnen	*they live*
sie trinken	*they drink*
sie haben	*they have*

The 3rd person singular of the verb ends in -t (**er**, **sie**, **es** -t). The
3rd person plural of the verb ends in -**en** (**sie** -**en**), but note **sie**
sind (*they are*).

EXERCISES

A Give the accusative case of the following:

der Tag	mein Hund	diese Milch
die Küche	meine Tochter	dieser Kaffee
das Bett	mein Dorf	kein Tee
dieser Abend	kein Schiff	jeder Lehrer
diese Nacht	keine Katze	jedes Zimmer
dieses Klavier	sein Zimmer	sein Bier

B Put the correct ending (where necessary):

1 Dies- Tag hat kein- Ende.
2 Mein- Mutter trinkt dies- Wein.
3 D- Violine ist ein- Instrument.
4 Sie haben ein- Lehrer.
5 D- Kätzchen wird ein- Katze.
6 Sie lieben d- Arbeit.
7 D- Hund trinkt kein- Milch.

C Give the plural of the following (e.g. er wohnt, sie wohnen):
er lacht; er singt; er arbeitet; sie kocht; sie sitzt; er studiert; es hat;
sie wohnt; er spielt; es ist.

D Answer these questions in German:

1 Wann (*when*) ist der Garten schön?
2 Wer singt gern?
3 Was macht der Vater, wenn Liesel spielt?
4 Was macht die Mutter?
5 Was macht der Vater abends?
6 Welches Instrument spielt Marie?
7 Wer macht das Haus sauber?
8 Scheint die Sonne abends?
9 Welche Arbeit macht Karl?
10 Wann studiert er?

E Translate the following sentences into German:

1 Which instrument does he play?
2 The boy likes studying.
3 They drink milk.
4 Every house has a kitchen as well.
5 What is the mother cooking?
6 They work day and night.

5

DIE FAMILIE MACHT MUSIK

 Das Ende des Tages kommt. Die Arbeit der Familie ist jetzt fertig.

Anton ist musikalisch, und jedes Kind spielt ein Instrument. Das Instrument des Sohnes ist die Violine, und Paula spielt gern Klavier. Der Vater ist Meister jedes Instruments. Was für ein Instrument spielt er heute? Heute spielt er Cello.

Sie probieren ein Trio von Mozart. Die Musik des Trios ist schön. Die Mutter hört sie gern. Wotan aber ist kein Freund der Musik. Er liebt den Ton der Violine nicht: er heult. Liesel lacht und sagt: 'Wotan singt auch.'

Dann kommt das Ende des Stückes, und Marie singt ein Lied. Welches Lied singt sie? Der Name jenes Liedes ist *Der Erlkönig* (Es heißt *Der Erlkönig*). Der Komponist dieses Liedes ist Schubert (Der Komponist heißt Schubert).

Jeder Musiker wird durstig: in der Küche ist etwas zu trinken. Frau Schulz nimmt eine Tasse Kaffee; Anton trinkt ein Glas Bier; Paula und Karl nehmen ein Glas Milch und essen dazu ein Stück Kuchen.

Dann singen sie noch ein Lied zusammen, sagen 'Gute Nacht' und gehen alle zu Bett.

Die Arbeit Wotans hat kein Ende. Was für eine Arbeit hat der Hund? Er geht nicht zu Bett; er bewacht das Haus.

der Erlkönig	*the Erl-king*	von	*from, of, by*
der Freund	*friend*	bewachen	*to watch,*
der Komponist	*composer*		*guard*

der Meister	master	noch nicht	not yet
der Musiker	musician	gehen	to go, walk
der Name(n)	name	heißen	to be called,
der Spieler	player		be named
der Ton	note, sound	heulen	to howl
die Musik	music	lachen	to laugh
die Tasse	cup	nehmen	to take
die Tür	door	probieren	to try
das Glas	glass	was für ein	what sort of
das Lied	song	Lied?	song?
das Stück	piece	Gute Nacht!	Good night!
das Trio	trio	er spielt gern	he likes to play
durstig	thirsty	sie hört gern	she likes to hear
fertig	ready, finished	sie hat gern	she likes,
ein Glas Bier	a glass of beer		is fond of
da	there, then	ein Stück	
dazu	as well	Kuchen	a piece of cake
etwas	something,	eine Tasse Tee	a cup of tea
	some	etwas zu	something to
noch	still, yet	trinken	drink
noch ein	another	zu Bett	to bed

Note the stress in **Músiker, Musík, Komoníst, bewácht, probiéren.**

GRAMMAR

Genitive case

(a) The genitive case is used to denote possession, ownership, *of.*
The English possessive adds -**'s**, and the German ends in -**s** (-**es**) in
the masculine and neuter. The feminine article, **die**, becomes **der**
in the genitive. Feminine nouns do not add -**s**.

	Masculine	Feminine	Neuter
Nom.	der Tag	die Frau	das Ende
Gen.	des Tages	der Frau	des Endes
Nom.	dieser Mann	diese Frau	dieses Kind
Gen.	dieses Mannes	dieser Frau	dieses Kindes
Nom.	ein Freund	eine Tasse	ein Glas
Gen.	eines Freundes	einer Tasse	eines Glases
Nom.	kein Sohn	keine Tochter	kein Jahr
Gen.	keines Sohnes	keiner Tochter	keines Jahres

(b) Not only do the article and similar words change, but the noun also adds -s (-es) in the genitive masculine and neuter. If -s would be hard to pronounce, -es is added. Nouns ending in -s and -z must add -es in the genitive:

der Vater, des Vaters
der Tee, des Tees
der Kuchen, des Kuchens
jedes Jahr, jedes Jahr (-e)s

Feminine nouns do not change in the singular:
die Katze, der Katze
jede Tasse, jeder Tasse

(c) The genitive case of **wer** (*who*) is **wessen** (*whose*).

(d) In English the tendency is to put the possessive words first. In German it is usual to put them after:

| Das Haus seines Vaters. | *His father's house.* |
| Die Arbeit einer Mutter. | *A mother's work.* |

Seines Vaters Haus is an equally correct rendering, but this so-called Saxon genitive is used mostly in poetry and then usually with masculine and neuter nouns. It would also be good German to say **einer Mutter Arbeit**, but the student is advised to make the genitive come after the noun it applies to, except for proper nouns: **Goethes Freund** or **der Freund Goethes**. There is no apostrophe.

EXERCISES

A Give the genitive case of these nouns. Here's an example: das Haus, des Hauses.

der Freund	ein Hund	ihr Bruder	jedes Stück
das Lied	eine Katze	seine Schwester	meine Arbeit
das Zimmer	eine Frau	welche Tochter	
die Küche	sein Kind	mein Kuchen	
ein Mann	ein Mädchen	dieses Glas	

B Fill in suitable words:

1 Der Kapitän des Schiffes ist ___.

2 Der Name dieser Familie ist ___.

3 Karls Instrument ist ___.

4 Der Komponist des Liedes heißt ___.

5 Paula spielt ___.

6 Wotan ist der Name ___ ___.

7 Liesel ist der Name ___ ___.

C Answer these questions in German:

1 Wer spielt Klavier?

2 Was spielt Anton?

3 Was singt Frau Marie?

4 Wie heißt das Lied?

5 Was trinkt man?

6 Wer bewacht das Haus?

7 Liebt Wotan die Musik?

8 Wessen Trio spielen sie?

9 Wessen Tochter ist Paula?

10 Was hört Marie gern?

11 Trinkt Anton gern Wasser?

12 Welches Instrument spielt Anton?

13 Der Hund heult; was macht Liesel?

14 Was essen Karl und Paula?

D Describe the musical evening in your own words in German.

E Translate these sentences into German:

1 The end of the piece is beautiful.

2 The name of the player is Karl.

3 They eat a piece of cake.

4 The father of the family is named Anton.

5 A mother's work has no end.

6 The composer of that song is very young.

7 They say good-night and go to bed.

6

KARLS GEBURTSTAG

Es ist heute Karls Geburtstag. Seine Freundin, Leni Fritsch, bringt dem Teenager ein Päckchen, gibt es ihm und wünscht ihm: 'Alles Gute zum Geburtstag!'

Karl sagt zu ihr, 'Danke schön.' 'Bitte schön,' antwortet ihm Leni und fragt: 'Warum öffnest du das Päckchen nicht?' Paula holt ihm ein Messer, und er öffnet das Päckchen. Es ist ein Kugelschreiber. 'Silber,' sagt Karl, 'Oh, wie schön! Ich danke dir, Leni. Du bist sehr freundlich.' Leni ist zufrieden, und Karl ist glücklich.

Dann kommt der Vater und gibt seinem Sohn ein Geschenk – eine Schallplatte. Karl dankt seinem Vater und auch der Mutter, denn sie gibt ihm ein Buch.

'Welches Buch hast du da, Karl?' fragt Leni. 'Das ist ein Wörterbuch, Englisch-Deutsch und Deutsch-Englisch; es ist sehr praktisch,' antwortet Karl. 'Ja, du studierst immer Englisch, nicht wahr, Karl?' 'Nicht immer,' antwortet ihr der junge Mann, 'aber ich studiere viel und spreche schon etwas.'

Dann kommt Paula und gibt ihrem Bruder ein Geschenk – einen Schlips. Auch das Kind Liesel schenkt ihm etwas. Er nimmt alles sehr gern: er ist sehr glücklich.

Dann sitzen alle: die Mutter bringt die Kaffeekanne. Sie holt auch noch eine Tasse.

'Nimmst du Zucker und Milch, Leni?' fragt die Mutter. 'Bitte schön, Frau Schulz, ich nehme nur Milch,' antwortet Leni.

'Ißt du ein Stück Kuchen, Leni?' sagt der Vater. 'Danke, Herr Schulz, aber ich mache Diät,' sagt Leni.

So sprechen sie und die Zeit vergeht schnell. Leni trinkt ihren Kaffee und hört ein Musikstück, denn Karl probiert seine

Schallplatte. Dann sagt sie: 'Auf Wiedersehen.' Karl bringt ihr den
Mantel und sie geht nach Hause. Karl geht mit ihr.

die Diät	*diet*	ich danke	*I thank*
der Kugel-		Sie danken	*you thank*
schreiber	*ball point pen*	fragen	*to ask*
der Geburtstag	*the birthday*	geben	*to give*
der Mantel	*overcoat*	er gibt	*he gives*
der Schlips	*tie*	Sie geben	*you give*
der Zucker	*sugar*	holen	*to fetch*
die Freundin	*girlfriend*	öffnen	*to open*
die Kaffee-		schenken	*to present, give*
kanne	*coffee pot*	sprechen	*to speak*
die Schallplatte	*record, disc*	er spricht	*he speaks*
die Zeit	*time*	vergehen	*to go by,*
das Geschenk	*gift*		*pass (of*
das Messer	*knife*		*time)*
das Päckchen	*parcel*	wünschen	*to wish*
das Silber	*silver*	Danke schön!	*Thank you!*
das Wörter-		Danke!	*No, thanks!*
buch	*dictionary*	Bitte schön!	*If you please,*
praktisch	*practical,*		*don't*
	useful		*mention it!*
schnell	*quick(ly)*	Alles Gute zum	
zufrieden	*satisfied,*	Geburtstag!	*Happy*
	content		*birthday!*
immer	*always*	Auf	
zu	*to*	Wiedersehen!	*Goodbye!*
antworten	*to answer*	nach Hause	*home,*
bringen	*to bring*		*homewards*
etwas	*something*	noch eine Tasse	*another cup*
danken	*to thank*		

GRAMMAR

Dative case

(a) The dative case shows the receiver of the object. In this case the articles and similar words have the ending **-m** for the masculine and neuter and **-r** for the feminine.

	Masculine	Feminine	Neuter	Pronoun
Nom.	der Mann	die Frau	das Kind	er, sie, es
Dat.	dem Mann	der Frau	dem Kind	ihm, ihr, ihm

Similarly with **dieser, jener, jeder, welcher**.

	Masculine	Feminine	Neuter	Pronoun
Nom.	ein Wind	eine Wolke	ein Haus	wer?
Dat.	einem Wind	einer Wolke	einem Haus	wem?

Similarly with **kein, mein, sein, ihr** and so on.

(b) When there are two noun objects, the indirect (dative) precedes the direct (accusative): the person precedes the thing:

Die Mutter gibt **ihrem Sohn** ein Wörterbuch.	(Lit.) *The mother gives her son a dictionary.*
Er holt **seiner Freundin** den Mantel.	(Lit.) *He brings his girlfriend the coat.*

Ich, Sie *(I, you)*

ich danke
ich studiere
ich spreche
ich nehme
ich habe

After **ich** (*I*) the verb stem adds **-e** (exception: *ich bin*).

Sie dank**en**	Sie nehm**en**
Sie studier**en**	Sie hab**en**
Sie sprech**en**	

Sie means *you*, both singular and plural. After **Sie** the verb stem adds **-en** (exception: **Sie sind**).

Sie always has a capital **S** to distinguish it from **sie** meaning *they*; **ich** has a small **i**.

It must be emphasised again that there are three English renderings for the one form of the present tense in German:

ich studiere	I study, do study, am studying
Sie nehmen	you take, are taking, do take

die Freundin *(the girlfriend)*

Feminine equivalents are made by adding **-in** to masculine words and modifying where possible:

der Freund	*the friend*
die Freundin	*the girlfriend*
der Hund	*the dog*
die Hündin	*the bitch*
der Lehrer	*the teacher (male)*
die Lehrerin	*the teacher (female)*

EXERCISES

A Give the dative case of all words in Exercises A and B of Chapter 3 on page 31.

B Put in suitable words (1-3 accusative case; 4-6 dative) to complete the following sentences:

1 Leni bringt ihrem Freund ___.
2 Paula holt ihrem Bruder ___.

3 Das Fräulein wünscht seinem Freund ___.
4 Paula gibt ___ einen Schlips.
5 Die Mutter schenkt ___ ein Wörterbuch.
6 Karl holt ___ einen Mantel.

C In the following, change **er** or **sie** (3rd person singular) to **ich** (1st person singular), remembering also to change the ending of the verb.

1 Sie spielt Klavier.
2 Er ist ein Teenager.
3 Er gibt dem Lehrer ein Buch.
4 Er sagt seinem Freund kein Wort.
5 Sie hat nichts zu essen.
6 Er holt ein Glas Milch.
7 Er ist Student.
8 Sie macht den Tee.
9 Er hat keinen Hund.

D Repeat Exercise C, changing the person to the 2nd (**Sie**) and making the necessary changes in the verb endings.

E Reply to the following questions in German:

1 Wessen Geburtstag ist es?
2 Was gibt der Vater seinem Sohn?
3 Was schenkt die Mutter ihrem Sohn?
4 Wer ist Karls Freundin?
5 Was bringt sie ihm?
6 Wem gibt sie es?
7 Trinken Sie gern Bier?
8 Nimmt Leni Zucker?
9 Nehmen Sie Zucker?
10 Wem gibt Marie eine Tasse Kaffee?
11 Was studiert Karl?
12 Was studieren Sie?

F Write in German a short account of the gifts which Karl gets on his birthday and from whom.

G Translate these sentences into German:

1 I am studying German.
2 She gives her brother a tie.
3 Thank you very much.
4 Don't mention it.
5 'Goodbye,' says he to his friend.
6 He brings her her coat.
7 They give the child a glass of milk in the evening.

45

7

DER SCHNEIDER

Heute geht die Familie zum Schneider. Er ist klein und dick. Frau Schulz sagt zu dem Schneider: 'Machen Sie bitte einen Anzug für Karl, ein Kostüm für Paula und einen Mantel für Liesel. Ich will auch einen Anzug für Anton haben, aber er sagt immer 'Nein, ich habe schon einen'.' 'Das stimmt,' sagt der Schneider.

Dieser Schneider arbeitet nach Maß. Er nimmt bei jedem Kind Maß und schreibt alles auf.

Er zeigt dem Vater und der Mutter einen Stoff. Die Farbe dieses Stoffes ist braun.

Karl sieht den Stoff und sagt: 'Ich habe diesen Stoff sehr gern; er paßt auch gut zu Paulas Schlips.'

'Das stimmt,' antwortet der Schneider, und lacht.

Aber Paula lacht nicht. Sie sagt: 'Ich habe diesen Stoff nicht gern: die Farbe ist auch zu dunkel: sie steht mir nicht.'

Die Mutter sagt: 'Paula hat recht. Das Tuch ist gut aber es steht ihr nicht. Zeigen Sie mir bitte einen anderen Stoff.'

Der Schneider holt noch ein Tuch und zeigt es der Mutter. Paula sieht es auch. 'Ja,' sagt sie, 'das ist schön, das ist fein. Es ist blau und steht mir gut. Es ist Wolle aus England.'

Der Vater sagt: 'Paula hat recht. Das Tuch ist schön. Aber der Preis ist hoch. Aber das macht nichts, wir nehmen es, nicht wahr, Marie?'

Die Mutter lacht und antwortet: 'Wir kaufen nicht oft, aber wir kaufen gut. Es ist nicht zu teuer, und wir sind dann alle zufrieden.' 'Das stimmt,' sagt der Schneider. 'Ich bin auch zufrieden.' 'Wann ist das Kostüm fertig?' fragt Paula. 'Ich mache es bald fertig,' sagt der Schneider. 'Montag?' fragt Paula noch einmal. 'Montag paßt mir auch,' sagt Karl.

Die Familie sagt: 'Guten Tag,' und geht nach Hause.

'Das Tuch ist gut. Der Preis ist nicht zu hoch, nicht wahr?' sagt Paula. 'Das stimmt,' sagt der Vater, und alle lachen.

der Anzug	*the suit*	dick	*fat*
der Montag	*Monday*	dunkel	*dark*
der Preis	*price, prize*	fein	*fine, grand*
der Schneider	*the tailor*	hoch	*high*
der Stoff	*stuff, cloth*	wahr	*true, real*
die Farbe	*colour*	aus	*out, out of, from,*
die Wolle	*wool*		*made of*
das Kleid	*dress*	er schreibt	*he writes it all*
das Kostüm	*costume*	alles auf	*down*
das Maß	*measure*	das macht	*that does not*
das Recht	*right*	nichts	*matter*
das Tuch	*cloth*	bald	*soon*
bei	*(with dat.)*	für	*for*
	at, with, for	teuer	*dear, expensive*
braun	*brown*	mir	*to me, me*

kaufen	*to buy*	er arbeitet	*he work to*
passen	(with dat.) *to suit, fit*	nach Maß	*measure*
		er nimmt bei	*he measures*
passen zu	*to match*	jedem Kind	*each child*
sehen	*to see*	Maß	
er sieht	*he sees*	nicht wahr?	*isn't it? isn't that so?*
stehen	*to stand, suit*		
stimmen	*to tune, to be right*	noch einmal	*once more*
		sie hat recht	*she is right*
das stimmt	*that's right*	einen anderen	*a different*
zeigen	*to show*	Stoff	*cloth*
Guten Tag!	*Good day!*		

GRAMMAR

Summary of all cases, singular

Masculine

Nom.	der Mann	dieser Wind	ein Anzug	kein Preis
Acc.	den Mann	diesen Wind	einen Anzug	keinen Preis
Gen.	des Mannes	dieses Windes	eines Anzugs	keines Preises
Dat.	dem Mann	diesem Wind	einem Anzug	keinem Preis

Feminine

Nom. Acc. }	die Frau	diese Farbe	eine Mutter	seine Gabe
Gen. Dat. }	der Frau	dieser Farbe	einer Mutter	seiner Gabe

48

Neuter

Nom. } Acc. }	das Kleid	dieses Tuch	ein Zimmer	ihr Haus
Gen.	des Kleides	dieses Tuches	eines Zimmers	ihres Hauses
Dat.	dem Kleid	diesem Tuch	einem Zimmer	ihrem Haus

	he	*she*	*it*	*I*	*you*	*they*	*who*
PRONOUNS							
Nom.	er	sie	es	ich	Sie	sie	wer
Acc.	ihn	sie	es	mich	Sie	sie	wen
Gen.			(. . . not often found . . .)				wessen
Dat.	ihm	ihr	ihm	mir	Ihnen	ihnen	wem

More word order

When there are two noun objects, the indirect precedes the direct, i.e. the dative comes before the accusative.

Sie gibt ihrem Bruder einen Schlips.	*She gives her brother a tie.*
Er zeigt der Mutter das Tuch.	*He shows the mother the cloth.*

When there are two pronoun objects, the accusative comes before the dative.

Er zeigt es ihr.	*He shows it to her.*
Geben Sie es mir!	*Give it to me!*

With a pronoun and a noun, the pronoun precedes in any case.

Er gibt es seiner Schwester.	*He gives it to his sister.*
Er gibt ihr ein Buch.	*He gives her a book.*

Verbs

PRESENT TENSE	
machen *to make*	**sagen** *to say*
ich mache *I make, am making*	ich sage *I say, am saying*
Sie machen *you make*	Sie sagen *you say*
er/sie/es macht *he/she/it makes*	er/sie/es sagt *he/she/it says*
wir machen *we make*	wir sagen *we say*
Sie machen *you make*	Sie sagen *you say*
sie machen *they make*	sie sagen *they say*

Notice the irregularities of the verbs **sein, haben, werden**.

PRESENT TENSE		
sein *to be*	**haben** *to have*	**werden** *to become*
ich bin	ich habe	ich werde
Sie sind	Sie haben	Sie werden
er/sie/es ist	er/sie/ es hat	er/sie/es wird
wir sind	wir haben	wir werden
Sie sind	Sie haben	Sie werden
sie sind	sie haben	sie werden

Notice also that some verbs (called 'strong verbs') change their vowel in the 3rd person singular.

PRESENT TENSE		
sehen *to see*	**nehmen** *to take*	**geben** *to give*
ich sehe	ich nehme	ich gebe
Sie sehen	Sie nehmen	Sie geben
er/sie/es sieht	er/sie/es nimmt	er/sie/es gibt
wir sehen	wir nehmen	wir geben
Sie sehen	Sie nehmen	Sie geben
sie sehen	sie nehmen	sie geben

As in English, the present is frequently used for the future tense, where there is a definite intention indicated.

Ich mache es fertig.	*I am getting it ready./I shall have it ready.*
Wann gehen Sie nach Hause?	*When are you going home?/ When will you be going home?*

Adjectives as adverbs

Any adjective may also be used as an adverb.

Sie singt **gut**.	*She sings well.*
Er spielt **schön**.	*He plays nicely.*
Es paßt **gut**.	*It fits well. It suits nicely.*
Sie gehen **schnell**.	*They go quickly.*

EXERCISES

A Give all the cases (singular) of the following:

der Schneider	dieser Preis
keine Arbeit	jener Stoff
das Bett	welches Kleid
dieses Haus	kein Ende
welche Farbe	ihr Mann
mein Mantel	

B Give all persons, singular and plural, of the following verbs:

sagen	nehmen
öffnen	sehen
sein	geben
haben	fangen
werden	kaufen
holen	gehen

C Fill in the gaps with the correct endings, where necessary:

1 D __ Mantel paßt d __ Kind nicht.

2 D __ Schneider macht ein __ Anzug für Karl.

3 Er zeigt d __ Mutter sein __ Stoff.

4 Mein __ Vater gibt sein __ Hund ein __Kuchen.

5 D __ Farbe d __ Mantels ist blau.

6 Karl holt ihr d __ Hut und d __ Mantel.

7 Der Preis d __ Stoffes ist hoch.

D Reply in German:

1 Was macht ein Seemann?

2 Was macht ein Schneider?

3 Was macht ein Musiker?

4 Welche Farbe hat der Himmel?

5 Ist dieses Buch teuer?

6 Welches Buch ist gut?

7 Warum macht der Schneider keinen Anzug für Anton?

8 Was macht er für Liesel?

9 Wem zeigt er seinen Stoff?

10 Warum hat Paula Karls Stoff nicht gern?

11 Der Schneider ist klein: was ist er auch?

12 Wann macht der Schneider das Kostüm fertig?

13 Welcher Stoff ist nicht zu teuer?

14 Was studieren Sie?

15 Spielen Sie Klavier?

16 Essen Sie gerne Kuchen?

17 Haben Sie einen Hund?

18 Sind Sie Montag hier?

19 Give the answers to questions 15-19 in the 1st person pl. (*we*).

E Translate into German:

1 I am buying a book.

2 Do you see the sailor?

3 You are right.

4 That is right.

5 He is not doing anything.

6 It doesn't matter.

8

LIESEL LERNT

Liesel macht ihre Aufgaben: 'Katzen und Hunde sind nicht immer Freunde, aber unsere Tiere sind Kameraden. Tiere sind gut und lieben Mädchen, Frauen und Männer. Tiere ...'

Liesel schreibt nicht mehr, sondern beißt an ihrem Kugelschreiber. Sie liest auch nicht. Liesel ist ein Kind und Kinder machen viele Fehler, wenn sie schreiben und sprechen. Der Vater lehrt sie, gutes Deutsch sprechen.

Heute lehrt er sie den Plural. Zuerst liest er, was sie schreibt und sagt: 'Gut! Man lernt den Plural jedes Wortes, denn nicht alle Regeln stimmen: aber im Deutschen gibt es nur drei Endungen. Zuerst nehmen wir die Endung -n (-en). Vier Beispiele, bitte, Liesel!'

Liesel sagt:

'die Endung,	Plural, die Endungen
die Frau,	Plural, die Frauen
die Schwester,	Plural, die Schwestern
die Wolke,	Plural, die Wolken.'

'Sehr gut,' sagt der Vater. 'Nun, nehmen wir die Endung -e. Bitte, vier Beispiele, Liesel!'

Das Kind sagt:

'der Freund,	Plural, die Freunde
der Tag,	Plural, die Tage
der Sohn,	Plural, die Söhne
das Schiff,	Plural, die Schiffe.'

'Schön! Und nun, der Plural -er?' fragt der Vater. Liesel gibt noch vier Beispiele:

'das Kind,	Plural, die Kinder
das Haus,	Plural, die Häuser

das Glas,	Plural, die Gläser
der Mann,	Plural, die Männer.'

'Gibt es noch einen Plural?' fragt der Vater. Liesel antwortet nicht.

'Probieren wir einmal,' sagt er. 'Was bin ich?'

'Vater,' lacht Liesel.

'Und der Plural von Vater?'

'Ich habe nur einen Vater.'

'Natürlich, aber ich habe auch einen Vater und Leni hat einen Vater. Was sind sie?'

'Väter,' antwortet Liesel endlich.

'Richtig,' sagt der Vater.

'Und so ist es auch mit:

der Fehler,	Plural, die Fehler
der Mantel,	Plural, die Mäntel
der Bruder,	Plural, die Brüder
das Zimmer,	Plural, die Zimmer.'

'Genug,' lacht ihr Vater. 'Gibt es noch einen Plural im Deutschen?' 'Nein,' sagt Liesel.

'Was ißt meine Liesel gern?' 'Bonbons!'

'Bonbons, mit -s?' 'Ja, das ist auch ein Plural.

Es ist ein Fremdwort, nicht wahr?' 'Ganz richtig, mein Kind.

Es ist französisch. Und hier sind die Bonbons!'

der Fehler	*mistake*	natürlich	*natural(ly),*
der Kamerad	*comrade,*		*of course*
	friend	richtig	*right, correct*
der Plural	*plural*	rot	*red*
die Endung	*ending*	unser (*declines*	
die Regel	*rule, law*	*like* mein)	*our*
das Beispiel	*example*	es gibt	
das Bonbon	*sweet*	(with acc.)	*there is*
das Wort	*word*	endlich	*at last, finally*
das Fremdwort	*foreign word*	nun	*now, now then*
genug	*enough*	zuerst	*at first*

zuletzt	*last*	man sagt	*one says, it is said*
beißen	*to bite*		
lehren	*to teach*	nehmen wir	*let us take*
lernen	*to learn*	noch einen	*another plural*
lesen	*to read*	Plural	
er liest	*he reads*	probieren wir	*just let's try*
schreiben	*to write*	einmal	
im Deutschen	*in German*		

GRAMMAR

Plural of nouns

In English most nouns add **-s** to form the plural, though there are some exceptions such as man, *men*; mouse, *mice*.

In German, there are four different types of plurals of nouns:

1 ending in **-e**.
2 ending in **-er**.
3 ending in -**(e)n**.
4 having no ending.

Also, many nouns modify a vowel in the plural.

The plural of every noun should be learnt individually. A simple rough guide to plurals can be made from the following lists, but note that they provide a rough guide only and not rules. A complete list follows of plurals of all nouns met in this book so far, classified according to gender. Compound nouns have the plural of their last component, e.g. for **Kaffeekanne**, see **Kanne**.

FEMININE					
Singular	*Plural*	*Singular*	*Plural*	*Singular*	*Plural*
Sonne	Sonnen	Arbeit	Arbeiten	Regel	Regeln
Wolke	Wolken	Violine	Violinen	Freundin	Freundinnen

FEMININE

Singular	Plural	Singular	Plural	Singular	Plural
Frau	Frauen	Gabe	Gaben	Tür	Türen
Katze	Katzen	Farbe	Farben	Mutter	Mütter
See	Seen	Platte	Platten	Tochter	Töchter
Schwester	Schwestern	Kanne	Kannen	Maus	Mäuse
Familie	Familien	Zeit	Zeiten	Luft	Lüfte
Küche	Küchen	Endung	Endungen	Stadt	Städte

Nearly all feminine nouns add -(e)n in the plural. Very few modify a vowel.

MASCULINE

Singular	Plural	Singular	Plural	Singular	Plural
Tag	Tage	Preis	Preise	Mantel	Mäntel
Wind	Winde	Kapitän	Kapitäne	Schneider	Schneider
Sturm	Stürme	Mast	Maste	Schreiber	Schreiber
Sohn	Söhne	Schlips	Schlipse	Teenager	Teenager
Hund	Hunde	Fehler	Fehler	Junge	Jungen
Wein	Weine	Name(n)	Namen	Herr	Herren
Platz	Plätze	Musiker	Musiker	Kamerad	Kameraden
Stuhl	Stühle	Himmel	Himmel	Komponist	Komponisten
Freund	Freunde	Meister	Meister	Student	Studenten
Ton	Töne	Vater	Väter	Mann	Männer
Anzug	Anzüge	Bruder	Brüder	Seemann	Seeleute
Stoff	Stoffe	Spieler	Spieler		

Most masculine nouns add -e. Some modify. Those ending in -el, -en and -er add nothing. Some male beings and male professions add -n. The plural of -mann in most compund nouns is -leute.

NEUTER

Singular	Plural	Singular	Plural	Singular	Plural
Bild	Bilder	Lied	Lieder	Mädchen	Mädchen
Buch	Bücher	Glas	Gläser	Fräulein	Fräulein

NEUTER					
Singular	*Plural*	*Singular*	*Plural*	*Singular*	*Plural*
Land	Länder	Kleid	Kleider	Zimmer	Zimmer
Kind	Kinder	Tuch	Tücher	Segel	Segel
Dorf	Dörfer	Wort	Wörter	Kapitel	Kapitel
Haus	Häuser	Instrument	Instrumente	Bett	Betten
Boot	Boote	Schiff	Schiffe	Stück	Stücke
Ende	Enden	Jahr	Jahre	Klavier	Klaviere
Bier	Biere	Papier	Papiere	Päckchen	Päckchen

Many neuter nouns add **-er** and modify a vowel. May add **-e**.
Those ending in **-el**, **-en**, **-er**, **-chen** and **-lein** do not add anything.

Foreign plurals

Most words borrowed from other languages have their own foreign plural: e.g. **der Kaffee, der Tee, das Bonbon** add **-s**.

Declension of nouns, articles, etc. in the plural

Gender is not shown in the plural. **Der, die** and **das** are simplified into the common plural **die**. Similarly the plural of all genders of **dieser** (**-e**, **-es**) is **diese**, of **kein, keine**.

Singular	die Frau	der Tag	das Glas	dieser Baum
Plural				
Nom. Acc.	die Frauen	die Tage	die Gläser	diese Bäume
Gen.	der Frauen	der Tage	der Gläser	dieser Bäume
Dat.	den Frauen	den Tagen	den Gläsern	diesen Bäumen

The following decline like **dieser** in the plural:

welcher	aller	ihr
jener	mein	kein
jeder	sein	unser

The form of the noun in the accusative and genitive plurals is the same as in the nominative plural. But all dative plurals end in **-n** (excepting foreign words which end in **-s**).

There is, of course, no plural of **ein**. It is simply omitted. Thus the plural of **ein Glas** is **Gläser**, of **ein Mann**, **Männer**.

EXERCISES

A Give the nominative singular with the definite article, and the nominative plural of the following nouns. Here's an example to start you off: **das Jahr, die Jahre**.

Jahr	Wolke	Tochter	Maus
Stadt	Boot	Vater	Wein
Dorf	Land	Mädchen	Kanne
Mann	Bruder	Kind	Musiker
Sturm	Schwester	Bett	Arbeit
Tag	Mutter	Zimmer	Freundin

B Reply in German:

1 Wie alt ist Liesel?
2 Wie alt ist Paula?
3 Wie viele Stoffe zeigt der Schneider?
4 Wie viele Kinder hat Frau Schulz?
5 Welche Wörter haben die Endung -s im Plural?
6 Machen Sie oft Fehler?
7 Was fangen Katzen?
8 Sind alle Dörfer klein?
9 Hat der Himmel heute Wolken?
10 Welche Instrumente spielt Karls Vater?
11 Wer macht Kostüme und Anzüge?
12 Was sind England und Deutschland?
13 Was sind blau und schwarz?
14 Was sind Hamburg und Frankfurt?

C Write out these sentences in the plural:

1 Die Mutter liebt das Kind.
2 Der Vater des Kindes spielt nicht.
3 Die Tochter holt ihrer Mutter das Kleid.
4 Der Bruder liest sein Buch.

D Translate into German:

1 These words are German.

2 How many students are here?

3 Cats and dogs are animals.

4 The houses of the village are small.

5 The towns are not very big.

6 I give my friends books and pictures.

7 Does this tailor make your suits.

READING PASSAGE

Haus und Möbel

Antons Haus hat acht Zimmer, einen Garten und eine Garage. Alle Zimmer haben Lampen, Bilder und Teppiche. Aber in der Küche und im Badezimmer ist kein Teppich: dort liegt Linoleum.

Das Wohnzimmer ist sehr schön. Hier ist ein Klavier, denn Anton macht gern Musik. Hier ist ein Stuhl für jedes Kind, ein Lehnstuhl und auch ein Sofa.

Anton sitzt nicht oft dort, denn er arbeitet viel. Abends macht er seine Schularbeiten im Arbeitszimmer. Hier ist ein Schreibtisch, ein Stuhl und ein Bücherschrank.

Karl studiert auch, denn er ist Student. Aber er arbeitet in seinem Schlafzimmer. Dort ist es nicht sehr warm. Darum liegt er im Bett und liest seine Bücher. Das Eßzimmer ist das Zimmer, wo man ißt und trinkt. Die Familie ißt nur abends dort, denn die Küche ist groß. Man hat morgens auch nur wenig Zeit und abends sind alle da.

Die Küche ist ganz neu und sauber. Alles ist sehr modern; der Herd, der Kühlschrank und die Waschmaschine. Marie ist glücklich, wenn sie dort arbeitet, denn von hier aus sieht sie auch den Garten, wenn sie kocht. Hier hat sie auch ein Radio.

Im Schlafzimmer sind ein Bett, ein Kleiderschrank und ein Spiegel. Jedes Kind hat sein Schlafzimmer, aber Anton und Marie, die Eltern, haben nur ein Schlafzimmer. Dieses hat ein Doppelbett. Die Kinder haben Einzelbetten.

9

DER BAUCHREDNER

Ein Seemann kommt eines Tages in ein Wirtshaus. Er trinkt sehr gerne Wein oder Bier: aber er ist arm, er hat kein Schiff. Er hat auch kein Geld.

Sein Problem ist: wie trinkt man Wein ohne Geld? Dieser Seemann ist schlau: er ist ein Bauchredner. Er hat einen Hund. Wenn der Seemann spricht, so scheint der Hund zu sprechen.

Der Wirt sagt zu ihm: 'Trinken Sie etwas, mein Herr?' 'Ja gerne,' antwortet der Seemann, 'aber mein Freund trinkt auch gerne.'

'Wo ist Ihr Freund? Ich sehe hier keinen Freund.'

'Mein Hund ist natürlich mein Freund. Fragen Sie ihn doch, was er trinkt!'

'Und er antwortet? er spricht?' sagt der Wirt erstaunt. 'Fragen Sie ihn doch!' antwortet der Seemann.

Also fragt der Wirt den Hund: 'Was trinkt der Hund?' Der Hund öffnet das Maul, und der Bauchredner sagt: 'Ein Glas Wein, bitte.'

So öffnet der Wirt eine Flasche Wein und füllt dem Hund ein Glas. Er füllt auch eins für den Seemann.

Der Wirt sagt: 'Dieser Hund ist schlau. Ich mag ihn. Verkaufen Sie ihn mir, bitte!' Der Seemann sagt: 'Nein, dieser Hund ist mein Freund. Ich verkaufe meine Freunde nicht.'

Der Hund sagt dann: 'Das ist richtig. Mein Seemann ist gut. Er verkauft mich nicht.' Der Wirt ist sehr erstaunt und sagt: 'Ich gebe Ihnen zwanzig Mark für den Hund.' Der Seemann gibt keine Antwort, aber der Hund scheint 'Nein' zu sagen.

Endlich verkauft der Seemann den Hund für hundert Mark. Der Wirt ist zufrieden und öffnet noch eine Flasche. 'Nun, wie spricht mein Hund?' fragt er. Der Hund schweigt.

Zuerst sagt der Hund nichts, denn der Seemann trinkt den Wein. Aber schließlich ist kein Wein mehr da. Dann sagt der Hund: 'Herr Seemann, Sie sind nicht gut. Sie sind kein Freund. Ich mag Sie, aber Sie mögen mich nicht mehr. Jetzt spreche ich kein Wort mehr.'

'Ist das wahr?' fragt der Wirt. 'Spricht er jetzt nicht mehr?' 'Sie hören, was er sagt!' 'So geben Sie mir mein Geld wieder!'

'Nein, das geht nicht. Das ist jetzt Ihr Hund. Aber ich gebe Ihnen zehn Mark für Ihren Hund und bezahle auch den Wein. Was kostet der Wein?' 'Neunzig Mark.' 'Gut,' antwortet der Seemann und nimmt seinen Hund wieder.

So ist jedermann zufrieden. Der Seemann hat seinen Wein und seinen Hund. Der Wirt hat sein Geld. Und der Hund hat seinen Herrn.

From now onwards the plurals of nouns are quoted in brackets thus: **der Wirt (-e)** = **der Wirt**, plural: **die Wirte; das Maul (˝er)** = **das Maul**, plural: **die Mäuler**.

der Bauchredner(-)	*ventriloquist*	jedermann	*everybody*
		jetzt	*now*
der Wirt(-e)	*landlord*	mehr	*more*
die Flasche(-n)	*bottle*	ohne	*without*
die Mark(-)	*mark*	wenn	*when, if*
das Geld(-er)	*money*	schweigen Sie doch!	*do be quiet!*
das Maul(˝er)	*mouth, snout*		
das Problem(-e)	*problem*	hundert	*a hundred*
		bezahlen	*to pay*
das Wirts- haus(˝er)	*inn*	füllen	*to fill*
		mögen	*to like, may*
erstaunt	*astonished*	scheinen	*to seem*
zehn	*ten*	schweigen	*to be silent*
neunzig	*ninety*	verkaufen	*to sell*
Ihr (*same endings as mein*)	*your*	schlau	*sly, cunning, artful*
		schließlich	*final(ly)*

also	*and so, so*	geben Sie mir das Geld wieder	*give me the money back*
für	*for*		
doch	*but, yet, really, indeed*	fragen Sie ihn doch	*do ask him*
er scheint zu sprechen	*he seems to speak*	ich mag ihn	*I like him*
das geht nicht	*that won't do*		

GRAMMAR

Order of words

(a) The verb normally comes immediately after the subject as the second element of the sentence.

Ein Seemann **kommt** eines Tages in ein Wirtshaus.	*A sailor comes one day to an inn.*
Ich **sehe** hier keinen Freund.	*I see no friend here.*

(b) But if any words other than the subject come first, the second element must still be the verb. The subject will then come after the verb (inverted order).

Eines Tages **kommt** ein Seemann in ein Wirtshaus.	*One day a sailor comes to an inn.*
Hier **sehe** ich keinen Freund.	*Here I see no friend.*
'Was trinken Sie?' **fragt** er.	*'What will you drink?' he asks.*

(c) In a question the verb comes first, preceding the subject.

Ist das wahr?	*Is that true?*
Spricht der Hund?	*Does the dog speak?*
Geht sie nach Hause?	*Is she going home?*

(d) In the imperative (command) the verb precedes the pronoun, 'Sie'.

Geben Sie!	*Give!*

| Fragen Sie ihn! | *Ask him!* |
| Trinken Sie das Bier! | *Drink the beer!* |

The difference between the question **Trinken Sie?** and the imperative **Trinken Sie!** lies only in the question mark or in the tone of the voice.

Similarly the 1st person plural imperative shows inversion.

| Nehmen wir! | *Let us take.* |
| Probieren wir! | *Let us try.* |

Use of cases

(a) The nominative case is used for the subject of the sentence, the person or thing doing the action or governing the verb.

Dieser Seemann ist gut.	*This sailor is good.*
Der Wirt öffnet eine Flasche.	*The landlord opens a bottle.*
Ich spreche kein Wort.	*I am not saying a word.*

The nominative is also used in the predicate as a complement after the verbs **sein** (*to be*) and **heißen** (*to be called*), i.e. for an equivalent of the subject.

Dieser Seemann ist ein Bauchredner.	*This sailor is a ventriloquist.*
Miesbach ist ein Dorf.	*Miesbach is a village.*
Dieses Lied heißt der Erlkönig.	*This song is called the Earl King.*

(b) The accusative case is used to denote the object of a verb, the person or thing directly affected by the action.

Der Wirt öffnet eine Flasche.	*The landlord opens a bottle.*
Der Seemann liebt sein Schiff.	*The sailor loves his ship.*
Ich liebe ihn.	*I love him.*

(c) The genitive case is used to show possession (of).

| Die Farbe des Weins ist rot. | *The colour of the wine is red.* |
| Das Problem des Seemannes ist schwierig. | *The sailor's problem is difficult.* |

Leni ist eine Freundin der Familie.	*Leni is a friend of the family.*

The genitive is also used for expressions of indefinite time.

eines Tages	*one day*
des Nachts (irreg. gen.)	*at night*

(d) The dative case is used for the indirect object, the receiver of the direct object.

Er verkauft dem Wirt den Hund.	*He sells the dog to the landlord.*
Die Mutter gibt ihrem Sohn ein Wörterbuch.	*The mother gives her son a dictionary.*

The dative precedes the accusative (the indirect precedes the direct object), except when there are two pronouns, in which case the accusative comes first. When there is a pronoun and noun, the pronoun precedes.

Geben Sie es ihm. *But* Geben Sie mir den Hund.
Er gibt es seiner Mutter.

The dative of the personal pronoun is used after practically all verbs of saying, giving, thanking and the like.

Antworten Sie mir!	*Answer me!*
Sagen Sie ihr!	*Tell her!*
Geben Sie es ihnen!	*Give it to them.*

But the verbs **lehren** and **nennen** (used transitively) govern two accusatives, of the person and the thing.

Er lehrt sie den Plural.	*He teaches her the plural.*
Er nennt ihn einen Hund.	*He calls him a dog.*

(e) It is clear from the above that cases show the relationship between words quite logically. The cases are used grammatically after prepositions.

Ein Seemann geht in ein Wirtshaus.	*A sailor goes into an inn.*

| Er bezahlt ihm zehn Mark für den Hund. | *He pays him ten marks for the dog.* |

These uses are dealt with in the next three lessons.

EXERCISES

A Translate and then rewrite the following sentences, putting the words in bold at the beginning of the sentences, and seeing that the verbs are in the correct positions:

1 Ich spreche **jetzt** kein Wort mehr.
2 Der Wirt fragt, '**Ist das wahr?**'
3 Ich sehe **hier** keinen Freund.
4 Die Familie wohnt **in Miesbach**.
5 Der Seemann sagt, '**Das geht nicht.**'
6 'Mir paßt auch **Montag**,' sagt Karl.
7 Sie fängt **oft** eine Maus.

B Rewrite the following statements as questions:

1 Der Seemann ist schlau.
2 Die Familie liebt ihren Hund.
3 Karl spielt gern Klavier.
4 Sie verkaufen ihr Haus.
5 Das ist nicht wahr.

C Translate into German:

1 Bring me my coat, please.
2 The landlord opens a bottle of wine.
3 My boy is not working now.
4 Today I am going home.
5 Are you selling your house?
6 The sailor is most astonished.
7 Give me ten marks for the dog!
8 Please give my friend a glass of water.
9 Do be quiet, I'm reading my book.
10 I have no money: I'll pay tomorrow. I don't like that, please pay me today.

10

FRAU SCHULZ MACHT EINKÄUFE

Seit acht Jahren wohnt die Familie Schulz in Miesbach, d.h. seit der Geburt Liesels. Aber viele Freunde der Familie wohnen in Lippstadt, nur fünf Kilometer weit von Miesbach. Jeden Freitag geht die Mutter nach Lippstadt. Sie geht zu ihren Freundinnen und macht zugleich Einkäufe in den Läden.

Sie geht früh aus dem Haus. Es sind nur fünf Minuten zu der Haltestelle des Busses. Der Bus hält gegenüber der Kirche. Aber heute fährt sie nicht mit dem Bus. Heute fährt der Arzt mit seinem Auto nach Lippstadt, und Marie fährt mit ihm.

Sie kommt um acht Uhr zum Arzt. Der Arzt holt gerade seinen Wagen aus der Garage. Unterwegs sprechen sie von Musik, denn der Arzt ist auch musikalisch, und nach zehn Minuten kommen sie nach Lippstadt.

Der Herr Doktor fährt bis zum Krankenhaus, und Marie steigt dort aus dem Wagen, denn ihre Freundin wohnt nicht weit vom Krankenhaus. Ihre Freundin sieht sie vom Fenster, öffnet die Tür und kommt ihr entgegen.

Marie trinkt eine Tasse Kaffee bei ihrer Freundin, dann nach dem Kaffee gehen die zwei Damen zu den Läden und dort machen sie Einkäufe. Im Supermarkt kauft sie ein Pfund (500 Gramm) Butter, ein Kilo Zucker, 100 Gramm Wurst, zwei Brote und ein Pfund Kaffee. Dann kauft sie Fleisch beim Metzger. Außer diesen Eßwaren kauft Marie auch Bonbons, eine Bluse und zwei Paar Strümpfe für Anton. Aber die kauft Marie nicht im Supermarkt sondern im Kaufhaus. Hier macht ihre Freundin auch Einkäufe-Strumpfhosen, einen Hut und eine Handtasche.

der Arzt(ِ-e)	*doctor*	das Kauf-	*department*
der		haus(ِ-er)	*store*
Einkauf(ِ-e)	*purchase*	unterwegs	*on the way*
der Hut(ِ-e)	*hat*	weit	*far, distant*
der Super-		zugleich	*at the same*
markt(ِ-e)	*supermarket*		*time*
der		früh	*early*
Strumpf(ِ-e)	*sock, stocking*	gerade	*just*
die Bluse(-n)	*blouse*	der Laden(ِ-)	*shop*
die Dame(-n)	*lady*	der Metzger(-)	*butcher*
die Eßware(-n)	*eatables, food*	der Bus(-se)	*bus*
die Geburt(-en)	*birth*	halten (er hält)	*to stop, hold*
die Hand-		fahren (er	
tasche(-n)	*handbag*	fährt)	*to drive, go*
die Halte-		steigen	*to climb, get*
stelle(-n)	*stop*		*in (out)*
die Minute(-n)	*minute*	das (Kilo-)	*(1000) gram*
die Strumpf-		gramm(-)	
hose(-n)	*tights*	jeden Freitag	*every Friday*
die Uhr(-en)	*clock, watch,*	sie macht	*she shops, goes*
	o'clock	Einkäufe	*shopping*
die Tür(-en)	*door*	um acht Uhr	*at eight o'clock*
die Wurst(ِ-e)	*sausage*	vom	*contraction of*
	(*meat*)		*von dem*
das Fenster(-)	*window*	im = in dem,	
das Auto(-s)	*car*	beim = bei	
der Kilo-	*kilometer*	dem, zum =	
meter(-)		zu dem	
das Kranken-	*hospital*	d.h. (das	*i.e. (that is)*
haus(ِ-er)		heißt)	
das Brot(-e)	*bread, loaf*		
das Pfund(-)	*pound*		

aus	*out of, from*	
außer	*besides*	
bei	*with, at the house of, at, on*	
entgegen	*towards*	prepositions
gegenüber	*opposite*	followed
mit	*with*	by dative
nach	*towards, to, after*	case
seit	*since*	
von	*from, of, by*	
zu	*to, at*	
bis zu	*up to*	

GRAMMAR

Prepositions with the dative case

● **Mit, von, zu, nach, bei, seit, aus, außer, entgegen, gegenüber**.
Note the use of these prepositions:

Sie fährt mit dem Arzt.	*She goes with the doctor.*
Ich gehe zu meinem Bruder.	*I am going to my brother.*
Der Seemann trinkt nach der Arbeit.	*The sailor drinks after work.*
Ich wohne bei meinem Onkel.	*I live at my uncle's house.*
Das Haus ist bei der Kirche.	*The house is near the church.*
Ich arbeite seit acht Jahren.	*I have been working for eight years.*
Sie kommt aus dem Haus.	*She is coming out of the house.*
Dieses Tuch ist aus Papier.	*This cloth is made of paper.*
Niemand ist dort außer meinen Kindern.	*Nobody is there except my children.*
Sie wohnt mir gegenüber.	*She lives opposite me.*
Er geht ihr entgegen.	*He goes towards her.*

- **Mit ihm** (*with him*); **von ihm** (*by him*); **zu ihnen** (*to them*);
  damit (*with it*); **davon** (*from it*); **dazu** (*to them, things*).
  Similarly **dabei, daraus, danach**, etc. for things, not persons.

- In the same way, **womit** (*with what*); **wovon** (*from what, by what*);
  woraus (*out of what*).
  Similarly **wobei, wozu, wonach**, etc. But **mit wem** (*with whom*); **von
  wem** (*by whom, for persons*).

Order of words

Seit fünf Jahren	wohnt	die Familie in Miesbach.
Die Familie	wohnt	seit fünf Jahren in Miesbach.
In Miesbach	wohnt	die Familie seit fünf Jahren.

Whether a sentence begins with the subject or with a time or
place expression, the verb always occupies the second position in
the sentence.

EXERCISES

A Reply in German:

1 Wann geht Marie nach Lippstadt?
2 Was macht sie dort?
3 Was holt der Arzt aus der Garage?
4 Was macht Marie bei ihrer Freundin?
5 Was kauft sie (a) im Supermarkt, (b) beim Metzger?
6 Wie viele Strümpfe machen ein Paar?
7 Was kauft (a) Marie, (b) ihre Freundin, im Kaufhaus?

B Fill in the correct endings to the words after prepositions in the
following sentences:

1 Ich spreche von mein- Arbeit.
2 Ich wohne seit acht Jahr- in England.
3 Wer wohnt bei d- Doktor?
4 Wir spielen nach d- Arbeit.

5 Das Kind spielt mit sein- Vater.
6 Unsere Freundin fährt aus d- Stadt.
7 Der Hund geht sein- Herrn entgegen.
8 Er spricht von sein- Freund.

C Rewrite Exercise B in the plural, remembering that all dative plurals end in -n.

D Put the adverbial phrase of time or place, in bold, at the begining of each sentence and invert the order of subject and verb:

1 Der Arzt holt seinen Wagen **aus der Garage**.
2 Sie kommen **in zehn Minuten** nach Lippstadt.
3 Der Schneider wohnt **seit zwei Jahren** hier.
4 Der Schneider wohnt seit zwei Jahren **hier**.
5 Man spricht **hier** Deutsch.

E Retell, in your own words in German, Marie's Friday programme.

READING PASSAGE

Frei

Peter ist ein Junge von zwölf Jahren. Er hat kein Geld. Es ist Sonntag; er hat den Tag frei. Jeden Sonntag gibt's Konzerte in der Stadt und Peter hört gern Musik. Sein Vater gibt ihm zehn Mark und Peter geht zu Fuß in die Stadt. Er kommt schließlich zum Konzertsaal. Hier steht auf einem Anschlag 'Eintritt frei'. Das Konzert kostet nichts, daher geht er hinein. Er hört zwei Symphonien von Mozart und ist sehr zufrieden.

Unterwegs nach Hause wird er hungrig und kommt zu einem Restaurant. Dort steht auf einem Anschlag 'Plätze frei'. Daher tritt der Junge ein. Der Kellner kommt zu ihm und fragt, 'das Essen?' 'Ja, bitte,' sagt Peter. Der Kellner bringt ihm das Essen und auch die Rechnung: DM 9,80 (Neun Mark achtzig Pfennig). Peter lernt; die Plätze sind frei, das Essen aber nicht. Er versteht seinen Fehler, lacht und bezahlt die Rechnung.

II

IM RESTAURANT

Gegen Mittag gehen unsere zwei Damen die Hauptstraße entlang. Sie kommen zum Restaurant Wagner und gehen durch die Tür. Der Saal ist voll. Sehr viele Leute sitzen um die Tische. Sie finden zuerst keinen Platz, denn alle Plätze sind schon besetzt. Aber der Kellner macht für sie einen Tisch frei.

'Was bestelle ich für Sie?' fragt Marie. 'Ich bin nicht hungrig,' antwortet Frau Thoma. 'Ich esse nur eine Portion Fisch ohne Kartoffeln.' 'Werden Sie zu dick?' fragt Marie und lacht. 'Nein! Ich habe nichts gegen das Essen, aber ich habe keinen Hunger. Bitte, keine Vorspeise und kein Bier.'

Marie liest die Speisekarte und bestellt Fisch für ihre Freundin und bittet den Kellner um Schweinefleisch. Es ist heute kein Schweinefleisch da, also bekommt sie statt des Schweinefleisches ein Paar Würstchen mit Kartoffelsalat. Sie bestellt auch ein Glas Bier und als Nachspeise zweimal Apfelkuchen. Wegen ihres Hungers ißt sie zwei Portionen Würstchen.

Der Kellner bringt das Essen zu den Damen. 'Guten Appetit!' sagt Marie. 'Mahlzeit!' antwortet ihre Freundin. Während des Essens spielt ein Orchester im Radio. Die Musik ist schön. Aber trotz der Musik sprechen die zwei Damen ohne Pause.

Alles Gute hat ein Ende: nur die Wurst hat zwei. Schon nach einer Stunde ist es Zeit zu gehen. Frau Thoma will bezahlen. 'Um Gottes willen!' sagt Marie. 'Ich esse zwei Portionen, und Sie nehmen nichts. Ich bezahle, natürlich... Herr Kellner!' Der Kellner kommt nicht. 'Herr Ober!' ruft sie. Dann kommt der Kellner, und sie bezahlt die Rechnung.

Marie will zunächst noch eine Freundin besuchen, aber es beginnt zu regnen. 'Wir fahren mit einem Taxi', sagt Frau

Thoma. 'Sehr gern,' antwortet Marie. 'Denn unsere Freundin wohnt außerhalb der Stadt.' Sie winkt, und ein Wagen hält. 'Wohin?' fragt der Fahrer. 'Zur Hansastraße, hinter dem Krankenhaus.' Innerhalb zehn Minuten sind sie bei ihrer Freundin. Während der Fahrt sprechen sie noch immer.

der Appetit	*appetite*	das Taxi (-s)	*taxi*
der Eingang (⁻e)	*entrance*	das Essen (-)	*meal, food*
der Fisch (-e)	*fish*	das Orchester (-)	*orchestra*
der Fahrer (-)	*driver*	das Restaurant (-s)	*restaurant*
der Kellner (-)	*waiter*	das Schweine-fleisch	*pork*
der Mittag (-e)	*midday*		
der Platz (⁻e)	*place, space*	das Würstchen (-)	*small sausage*
der Saal (Säle)	*room, hall*		
die Fahrt (-en)	*drive, trip*	hungrig	*hungry*
die Haupt-straße (-n)	*high street*	voll	*full*
die Kar-toffel (-n)	*potato*	wohin	*where to, whither*
die Mahl-zeit (-en)	*meal*	zunächst	*next, to begin with*
die Pause (-n)	*interval, pause*	zur	*contraction of zu der*
die Portion (-en)	*helping*	beginnen	*to begin*
die Rech-nung (-en)	*bill*	bestellen	*to order*
die Speise-karte (-n)	*menu*	bitten (um)	*to ask (for)*
die Nach-speise (-n)	*desert*	finden	*to find*
die Vorspeise	*starters*	regnen	*to rain*
die Stunde (-n)	*hour*	rufen	*to call, exclaim*
		stehen	*to stand*
		treten (er tritt)	*to tread, step*
		winken	*to wave, sign*

durch	*through*	
entlang	*along*	prepositions
für	*for*	followed
gegen	*against*	by accusative
ohne	*without*	case
wider	*against*	
um	*around, about*	

diesseits	*this side of*	
jenseits	*the other side of*	
innerhalb	*inside*	
außerhalb	*outside*	prepositions
statt (anstatt)	*instead of*	with genitive
trotz	*in spite of*	case
um . . . willen	*for the sake of*	
während	*during*	
wegen	*on account of, for*	

Wo ist er?	*Where is he?*
Wohin geht er?	*Where is he going to?*
Woher kommt er?	*Where does he come from?*

Guten Appetit! Mahlzeit! are expressions used before a meal, meaning *I hope you'll enjoy your meal.*

Sie sprechen noch immer.	*They are still talking.*
Ist dieser Stuhl frei (besetzt)?	*Is this chair vacant (occupied)?*
Er macht einen Tisch frei.	*He clears a table.*
Herr Ober! (*It is usual to refer to all waiters as* Herr Ober.)	
Herr Oberkellner	*head waiter*
im Radio	*on the radio*
zweimal Apfelkuchen	*two helpings of apple cake*

GRAMMAR

Prepositions with the accusative case

● **Für, um, durch, ohne, gegen, wider, entlang**.

Note their use as follows:

Er arbeitet für meinen Vater.	*He works for my father.*
Wir sitzen um den Tisch.	*We are sitting round the table.*
Wir fahren durch das Dorf.	*We are driving through the village.*
Er kommt ohne sein Buch.	*He comes without his book.*
Er hat nichts gegen meinen Freund.	*He has nothing against my friend.*
Er fährt die Straße entlang.	*He drives along the street.*

Entlang follows the noun it governs.

Prepositions with the genitive case

● **Während, wegen, trozt, statt, diesseits, jenseits, außerhalb, innerhalb**.

Note their use as follows:

Sie spielt während des Tages.	*She plays during the day.*
Statt des Schweinefleisches bringt der Kellner Fisch.	*Instead of pork the waiter brings fish.*
Die Dame wohnt außerhalb der Stadt.	*The lady lives outside the town.*
Trotz des Windes segelt er gut.	*In spite of the wind he sails well.*
Wegen seiner Mutter geht er nicht aus.	*Because of his mother he does not go out.*

EXERCISES

A Reply in German:

1 Wann gehen die zwei Damen zum Restaurant?
2 Was macht man im Restaurant?
3 Wer findet einen Platz für sie?
4 Ist Marie hungrig?
5 Wann spielt das Orchester?
6 Wer bezahlt das Essen?
7 Wen besuchen die Damen?
8 Wie kommen sie zu ihr?
9 Wo wohnt sie?

B Give the right case ending on the word after the preposition:

1 Der Hund läuft durch d- Garten.
2 Ich habe nichts gegen dies- Herrn.
3 Der Wagen fährt d- Straße entlang.
4 Wir machen die Aufgabe wider unser- Willen.
5 Diese Frau fährt ohne ihr- Mann.
6 Ich wohne innerhalb d- Stadt.
7 Der Student lernt trotz sein- Fehler.
8 Wegen d- Kindes geht er nicht aus d- Zimmer.
9 Statt d- Buches liest er eine Zeitung.

C Give the definite article nominative and genitive singular and nominative plural for the following words:

Auto	Garage	Stadt
Fenster	Arzt	Minute
Strumpf	Fahrer	Stunde
Kirche	Rechnung	Eingang

D Translate these sentences into German:

1 During the rain we sit inside the car.
2 Instead of a coat he makes a suit for my father.
3 The boys run out of the house and through the garden.
4 This lady is coming with her husband. She never goes alone.

5 He does not drive quickly through the village.
6 After her work my mother likes to sit with my father.
7 In spite of his mistakes he speaks good German.
8 Take your (the) hand from your (the) pocket.

READING PASSAGES

Der Autofahrer

Die Szene spielt auf der Hauptstraße einer Stadt in Deutschland. Es ist Morgen und viele Leute gehen zur Arbeit. Ein Auto hält an und fährt nicht mehr. Der Autofahrer hat eine Panne.

Dieser Autofahrer ist kein Mechaniker; er weiß nicht, was los ist. Er nimmt das Handbuch und studiert es, aber er versteht es nicht. Da kommt ein Polizist und fragt: 'Was ist denn los?' 'Ich weiß nicht, Herr Polizist; ich habe eine Panne,' sagt der Fahrer. 'Diese Hauptstraße ist kein Parkplatz,' antwortet der Polizist. 'Holen Sie einen Mechaniker! Dort am Ende der Straße ist eine Werkstatt'.

Der Polizist bewacht das Auto und der Fahrer sucht die Werkstatt und holt einen Mechaniker. Dieser nimmt einen Schraubenschlüssel, macht eine Reparatur und schon nach einer Minute läuft der Motor wieder. Der Fahrer ist sehr zufrieden. 'Was kostet die Reparatur?' 'Hundert Mark!' antwortet der Mechaniker. Da wird der Fahrer unzufrieden. 'Das finde ich wirklich zu teuer.' Sie arbeiten nur eine Minute. Warum hundert Mark?'

Der Mechaniker lacht: 'Meine Arbeit kostet nur zehn Mark; aber ich weiß, was los ist; das kostet noch neunzig Mark.'

12

IM KRANKENHAUS

Am Morgen fährt der Arzt zum Krankenhaus und läßt seinen Wagen vor der Tür. Er geht in sein Büro, hängt seinen Mantel an die Wand und setzt sich auf einen Stuhl am Tisch. Er öffnet seine Briefe.

Um neun Uhr ist Sprechstunde. Die Schwester klopft an die Tür. 'Herein!' sagt der Doktor. Sie kommt in sein Büro und grüßt, 'Guten Morgen, Herr Doktor.' Sie bringt ihm eine Liste der Patienten und legt die Liste auf den Tisch. 'Gott sei Dank, nur zwanzig,' sagt der Arzt, 'dann sind wir bis Mittag fertig.'

Sie gehen in das Sprechzimmer im (in dem) zweiten Stockwerk. Dort im Wartezimmer warten die Eltern mit ihren Kindern, denn Doktor Horn ist Spezialist für Kinderkrankheiten. Die Kinder haben ihn gern, denn er ist sehr freundlich und auch noch jung.

Jetzt beginnt die Sprechstunde. Doktor Horn sitzt in seinem Zimmer an dem Tisch. Vor ihm steht die Schwester. Neben ihm auf dem Tisch liegen seine Instrumente. Über dem Tisch ist eine elektrische Lampe, und unter dem Tisch, auf dem Fußboden ist Spielzeug für die Kinder, denn nicht alle Kinder sind krank.

'Ich habe Schmerzen,' sagt eine kleine Patientin. 'Was für Schmerzen?' fragt der Arzt. 'Augenschmerzen!' Er untersucht ihre Augen. Dann zeigt sie ihm die Zunge. Er fühlt ihren Puls und mißt die Temperatur. Er untersucht Nase, Mund und Ohren. Alles in Ordnung! Er gibt ihr keine Medizin, sondern ein Bonbon.

Danach bringt die Schwester ein anderes Kind herein. 'Geht's besser, Toni?' fragt der Arzt. 'Ja, Herr Doktor, nur nicht in der Nacht. Am (an dem) Tag ist alles gut.' 'Hier hinter dem Ohr ist eine Geschwulst–tut das weh?' 'Nein, Herr Doktor . . .'

So geht es bis zwölf Uhr. Der Arzt bemerkt alles, nur nicht die Zeit. Die Kinder sind glücklich, und er macht sie gesund.

German	English	German	English
der Brief(-e)	*letter*	das Auge(-n)	*eye*
der Fuß-		das Büro(-s)	*office*
boden(⊛)	*floor*	das Ohr(-en)	*ear*
die Sprech-		das Spielzeug	*toy*
stunde(-n)	*surgery*	das Stock-	*storey, floor*
das Sprech-	*consulting*	werk(-e)	
zimmer(-)	*room*	elektrisch	*electric*
der Puls(-e)	*pulse*	gesund	*healthy, well*
der	*pain*	krank	*ill*
Schmerz(-en)		der Mund(⸚e)	*mouth*
der Tisch(-e)	*table*	der Patient(-en)	*patient*
das Warte-	*waiting room*	alles in	*all O.K.*
zimmer(⸚e)		Ordnung	
die Ge-	*lump*	fühlen	*to feel*
schwulst(⸚e)		hängen	
die Klinik(-en)	*clinic*	(er hängt)	*to hang*
die Krank-	*illness*	klopfen	*to knock*
heit(-en)		lassen (er läßt)	*to let, leave*
die Lampe(-n)	*lamp*	laufen	*to run*
die Liste(-n)	*list*	(er läuft)	
die Medizin	*medicine*	legen	*to put, place*
die Nase(-n)	*nose*	bemerken	*to notice*
die Schwester,	*sister, nurse*	messen	*to measure*
Kranken-		(er mißt)	
schwester (-n)		sich setzen	*to sit down*
die Temperatur	*temperature*	tun (er tut)	*to do, make*
die Wand(⸚e)	*wall*	untersuchen	*to examine*
die Zunge(-n)	*tongue*	warten	*to wait*

an	*on, to, at*	
auf	*on, upon*	prepositions
hinter	*behind*	followed
in	*in, to*	by accusative
neben	*near, by,*	= motion,
	beside	by dative
über	*above, over*	= rest
unter	*beneath,*	
	under	
vor	*before,*	
	in front of	
zwischen	*between*	

Gott sei Dank!	*Thank the*	herein!	
	Lord!	(= kommen	
das tut weh	*that hurts*	Sie herein!)	*come in*
es geht besser	*things are*	in der Nacht	*at night*
	improving	am Tag	*in the day time*
		er mißt die	*he takes his/her*
		Temperatur	*temperature*

GRAMMAR

Prepositions with the accusative or dative case

These prepositions govern the accusative when movement is implied. They govern the dative when there is no movement: **in, an, auf, vor, hinter, neben, zwischen, über, unter.**

Observe their use as follows:

MOVEMENT

REST

Der Arzt geht in **das Zimmer**.

Der Arzt sitzt in **dem Zimmer**.

Wohin? (*Where to?*)
Ich gehe in das Büro.
Er hängt den Mantel an die Wand.
Die Katze springt auf den Tisch.
Das Auto fährt vor das Haus.
Das Kind geht hinter den Stuhl.
Sie legt den Brief unter das Buch.
Sie setzt sich neben den Doktor.
Der Kellner stellt den Tisch zwischen die zwei Damen.

Wo? (*Where?*)
Ich bin im (in dem) Büro.
Der Mantel hängt an der Wand.
Die Katze liegt auf dem Tisch.

Das Auto wartet vor dem Haus.
Das Kind steht hinter dem Tisch.
Der Brief ist unter dem Buch.

Sie sitzt neben dem Doktor.

Der Tisch steht zwischen dem Stuhl und der Wand.

In all these, movement is implied.

Contractions

Note the contractions **ins** (in das), **im** (in dem), **ans** (an das), **aufs** (auf das), **am** (an dem) and **zum** (zu dem).

EXERCISES

A Reply in German:

1 Wohin geht der Arzt?
2 Wohin setzt er sich?
3 Wer klopft an die Tür?
4 Wohin legt die Schwester die Liste?
5 Wo ist das Spielzeug?
6 Wer wartet im Wartezimmer?
7 Was hat Toni hinter dem Ohr?
8 Was liegt auf dem Tisch?
9 Was für Schmerzen hat die kleine Patientin?
10 Wie untersucht sie der Arzt?
11 Was gibt ihr der Arzt?

B Insert an article or similar suitable word in the correct case after the prepositions in the following sentences:

1 Das Auto ist in ___ Garage.
2 Der Arzt fährt in ___ Stadt.
3 Der Hund liegt vor ___ Tisch.
4 Der Tisch ist neben ___ Fenster.
5 Die Katze springt auf ___ Tisch.
6 Ich stehe an ___ Tür.
7 Die Kinder laufen über ___ Straße.
8 Das Spielzeug ist unter ___ Stuhl.
9 Das Haus liegt zwischen ___ Kirche und ___ Wirtshaus.
10 Der Kellner bringt das Schweinefleisch zu ___ Herren.

C Translate into German:

At night
In the day-time
At first
Thank you
Don't mention it

You are right
Isn't that so?
Another glass, please
Put my book on the table
I have a pain in my eyes

READING PASSAGE

Der Briefträger

Während des Frühstücks lesen wir die Zeitung. Liesel wartet auf den Briefträger. Sie hört ihn kommen. Da läuft sie aus dem Zimmer hinaus, durch die Haustür bis an die Gartentür. Dort wartet der Briefträger schon mit der Post.

Sie steckt einen Brief in die Hosentasche, einen anderen unter ihre Bluse, und hält die anderen in der Hand. Dann kommt sie wieder ins Haus zurück. Trotz unserer Bitten und Fragen gibt sie uns nicht gleich unsere Briefe. Wir raten: wer hat Post?

Schließlich zeigt sie uns die Briefe und gibt sie uns. Sie bittet um die Briefmarken, geht auf ihr Schlafzimmer und steckt die Marken in ihr Album.

13

DIE JAGD

Ein Bauer im Dorf, Herr Fritsch, Lenis Vater, hat eine Krankheit und schickt nach dem Arzt. Der Arzt kommt zu ihm und macht ihn gesund. Der Arzt will kein Geld, aber er will jagen. 'Haben Sie ein Gewehr?' fragt der Bauer. 'Nein,' sagt der Arzt. 'Können Sie schießen?' fragt der Bauer. 'Nein,' antwortet wieder der Arzt. 'Also, ich gebe Ihnen ein Gewehr und zeige Ihnen, wie man schießt.'

Die zwei Männer gehen auf die Jagd. Der Bauer trägt ein Gewehr. Der Arzt trägt auch ein Gewehr; er trägt einen Sportanzug. Sie jagen in einem Wald nicht weit von Miesbach.

Der Arzt ist kein Jäger und auch kurzsichtig, daher steht der Bauer neben ihm und hilft ihm. Sie stehen im Wald. Plötzlich

hören sie ein Geräusch hinter einem Baum, und etwas kommt durch die Büsche. Der Arzt hebt das Gewehr und schießt.

Ein Schrei! Blut ist auf dem Boden und an den Bäumen. Der Arzt ist sehr zufrieden. Er sagt zum Bauer: 'Schieße ich gut?' 'Jawohl, Herr Doktor, Sie schießen ausgezeichnet.' 'Und wie heißt das Tier?' fragt der Arzt. 'Ich will sehen,' sagt der Bauer, geht hinter den Baum und sieht den Körper. 'Es heißt Herr Braun, mein Nachbar,' antwortet er.

Der Arzt wird blaß. 'Ist er tot?' fragt er besorgt. 'Nein,' lacht der Bauer. 'Es ist alles in Ordnung!' 'Aber das Blut?' 'Das sind nur Himbeeren; er sammelt sie jeden Tag im Wald.'

der Bauer(-n)	*farmer*	tot	*dead*
der Busch(⸚e)	*bush, shrub*	ausgezeichnet	*excellent(ly)*
der Jäger(-)	*hunter*	kurzsichtig	*short-sighted*
der Körper(-)	*body*	plötzlich	*sudden(ly)*
das Geräusch(-e)	*sound*	auf die Jagd gehen	*to go hunting*
der Nachbar(-n)	*neighbour*	heben	*to lift, raise*
		helfen (er hilft) (with dat.)	*to help*
der Schrei(-e)	*scream, shout*	jagen	*to hunt*
der Wald (⸚er)	*wood, forest*	sammeln	*to collect*
die Himbeere(-n)	*raspberry*	schicken	*to send*
die Jagd(-en)	*hunt, chase*	schießen	*to shoot*
das Blut	*blood*	tragen (er trägt)	*to carry, wear*
das Gewehr(-e)	*gun, rifle*	wollen (er will)	*to wish, want to*
besorgt	*worried*		
blaß	*pale*		

EXERCISES

A Give the nominative and genitive singular, and nominative plural, with the definite article, of:

Wald	Boden	Hund
Gewehr	Wand	Buch
Baum	Lampe	Tuch
Krankheit	Ohr	Tochter
Tisch	Krankenhaus	Glas
Brief	Wagen	Brot

B Give the 1st and 3rd persons singular and the 3rd and 2nd person plural of the following verbs (e.g. **halten: ich halte, er hält, Sie halten**):

machen	antworten	sehen
sagen	lassen	gehen
sprechen	schreiben	fahren

C Insert a suitable word with the correct ending or add the correct ending where necessary:

1 Mein Vater fährt in ___ Dorf.
2 Dieser Herr trägt kein- Mantel: er ist auch ohne ___ Hut.
3 Ich rufe mein- Hund aber die Katze kommt statt ___ Hundes.
4 Der Bauer hört ein- Schrei und schießt mit sein- Gewehr.
5 Das Tier springt über ___ Stuhl.
6 Wir schlafen in unser- Schlafzimmer.
7 Trotz ___ Regens fährt der Wirt in ___ Stadt.
8 Kommen Sie mit Ihr- Frau!
9 Herr Schulz arbeitet in sein ___ Zimmer.
10 Unser Freund, der Schneider, wohnt außerhalb ___ Dorfes.
11 Der Arzt arbeitet am Freitag in d- Klinik.
12 Er fährt jed- Freitag in ___ Klinik.
13 Wir schlafen in ___ Nacht.
14 Dieser Junge wohnt bei mein- Schwester.
15 Der Student legt d- Papier unter sein- Buch.
16 Das Bild hängt an d- Wand.

D In sentences 9-16 of Exercise C change the word order by putting the prepositional phrase at the beginning and inverting the subject-verb order, e.g. 13. **In der Nacht schlafen wir**.

E Translate these sentences into German:

1 The doctor does not want any money.
2 An electric lamp hangs over the table.
3 Where do you come from?
4 Where are you going to?
5 Is there a seat vacant, please?
6 We like to hear the orchestra in the café.
7 There are no pictures hanging on our walls.
8 Do you go to town every Friday?
9 My friend lives in town.

READING PASSAGE

Die Grundschule

Mit sechs Jahren besucht jedes deutsche Kind regelmäßig eine Elementarschule, die sogenannte Grundschule. Hier lernt es vier Jahre lang. Das Hauptfach ist Deutsch (Lesen und Schreiben); andere Fächer sind Religion, Rechnen, Geschichte, Erdkunde (Geographie), Naturkunde, Singen, Zeichnen, Turnen und Handarbeiten. Nach einer Prüfung gehen sehr begabte Kinder auf ein Gymnasium; Kinder, die mehr praktisch veranlagt sind, besuchen die Realschule, alle übrigen Kinder gehen in die Hauptschule.

14

VARIATIONEN EINES THEMAS

Ein reicher Bauer im Dorfe hat eine schwere Krankheit. Er schickt nach seinem guten Freund, Herrn Doktor Horn. Dieser gute Arzt kommt zu ihm und macht ihn gesund. Der Arzt ist reich und will kein Geld, aber er will jagen.

'Haben Sie ein gutes Gewehr?' fragt der reiche Bauer.

'Nein, nur ein schlechtes Gewehr,' sagt der Arzt. 'Also, ich gebe Ihnen ein gutes Gewehr und zeige Ihnen, wie man schießt'.

Die beiden Männer gehen auf die Jagd. Sie jagen in einem großen Wald nicht weit von dem kleinen Dorf Miesbach. Der freundliche Bauer steht neben seinem neuen Freund und hilft ihm. Sie stehen in der Mitte des großen Waldes.

Plötzlich hören sie ein lautes Geräusch hinter einem dicken Baum, und etwas kommt durch die kleinen Büsche. Der Arzt hebt sein neues Gewehr und schießt.

Ein lauter Schrei! Rotes Blut ist auf dem dunklen Boden und an den grünen Bäumen. Unser wilder Jäger sagt zum klugen Bauern: 'Schieße ich nicht gut? Wie heißt das arme Tier?'

Der Freund unseres wilden Jägers geht hinter den dicken Baum, sieht den Körper seines armen Nachbars und antwortet: 'Der Name des armen Tieres ist Herr Braun, mein Nachbar.'

die Mitte (-n)	*middle*	grün	*green*
die Variation (-en)	*variation*	laut	*loud*
		reich	*rich*
das Thema (Themen)	*theme, subject*	schlecht	*bad (ly)*
		schwer	*heavy, hard, difficult*
arm	*poor*		
beide	*both*	wild	*wild*

GRAMMAR

Inflection in declension of adjectives

The preceding passage is a variation of the text of Chapter 13 with adjectives added.

An adjective is inflected when preceding the noun it qualifies (attributive adjective).

ein reicher Bauer	*a rich farmer*
der reiche Bauer	*the rich farmer*
rotes Blut	*red blood*

When an adjective comes after the verb *to be* (predicative adjective), it has no inflection.

Der Bauer ist reich.	*The farmer is rich.*
Das Blut ist rot.	*The blood is red.*

Adjectival inflections are a formula for showing case and gender. Where the case is obvious from the definite article, the adjective does not need a positive ending. **Eines** is obviously genitive case, therefore the adjective is relieved of its duty of showing the case and adds the weak ending **-en**.

Declension of adjectives, first class

		SINGULAR	PLURAL
Masculine	Nom.	der alte Baum	die alten Bäume
	Acc.	den alten Baum	die alten Bäume
	Gen.	des alten Baumes	der alten Bäume
	Dat.	dem alten Baum	den alten Bäumen
Feminine	Nom.	die gute Frau	die guten Frauen
	Acc.	die gute Frau	die guten Frauen
	Gen.	der guten Frau	der guten Frauen
	Dat.	der guten Frau	den guten Frauen

		SINGULAR	PLURAL
Neuter	Nom.	das kleine Haus	die kleinen Häuser
	Acc.	das kleine Haus	die kleinen Häuser
	Gen.	des kleinen Hauses	der kleinen Häuser
	Dat.	dem kleinen Haus	den kleinen Häusern

The adjective has similar endings after **dieser**, **jener**, **jeder** and **welcher**.

Declension of adjectives, second class

		SINGULAR	PLURAL
Masculine	Nom.	ein großer Mann }	keine großen Männer
	Acc.	einen großen Mann	
	Gen.	eines großen Mannes	keiner großen Männer
	Dat.	einem großen Mann	keinen großen Männern
Feminine	Nom.	eine kleine Tasse }	meine kleinen Tassen
	Acc.	eine kleine Tasse	
	Gen.	einer kleinen Tasse	meiner kleinen Tassen
	Dat.	einer kleinen Tasse	meinen kleinen Tassen
Neuter	Nom.	ein altes Dorf }	unsere alten Dörfer
	Acc.	ein altes Dorf	
	Gen.	eines alten Dorfes	unserer alten Dörfer
	Dat.	einem alten Dorf	unseren alten Dörfern

The adjectives have similar endings after **mein**, **sein**, **kein**, **ihr** and **unser**.

Declension of adjectives, third class (strong)

		SINGULAR		PLURAL
Masculine	Nom.	alter Freund	}	alte Freunde
	Acc.	alten Freund		
	Gen.	alten Freundes		alter Freunde
	Dat.	altem Freund		alten Freunden
Feminine	Nom.	schöne Frau	}	schöne Frauen
	Acc.	schöne Frau		
	Gen.	schöner Frau		schöner Frauen
	Dat.	schöner Frau		schönen Frauen
Neuter	Nom.	gutes Kind	}	gute Kinder
	Acc.	gutes Kind		
	Gen.	guten Kindes		guter Kinder
	Dat.	gutem Kinde		guten Kindern

Summary of rules

(a) An adjective coming after the verb *to be* has no endings:

Das Dorf ist alt.	*The village is old.*
Meine Mutter ist gut.	*My mother is good.*

Coming before a noun, the adjective shows gender and number by adding an inflection. There are three declensions:

1 When the adjective comes after **der, dieser**, etc.
2 When the adjective comes after **ein, mein**, etc.
3 When no other inflected word precedes.

(b) In the first and second classes, the adjective ends in **-en**, except in the nominative masculine and the nominative and accusative feminine and neuter cases.

(c) In the third class the adjective has the ending of the definite article, except in the genitive masculine and neuter. Here the **-s** ending on the noun shows genitive case, therefore the adjective has the weak (**-en**) ending.

EXERCISES

A Decline the following in all cases, singular and plural, setting
them out as in the first, second and third class tables above:

der junge Mann   ihr armes Kind
die schwarze Katze   dieser lange Tag
das rote Kleid   jene klare Wolke
ein neuer Wagen   welches deutsche Wort
eine kleine Straße   lieber Freund
ein schlechtes Kind   frische Luft
mein roter Hut   helles Bier
seine gute Aufgabe

READING PASSAGE

Liesel macht Einkäufe

Eines Nachmittags hat Liesels Mutter Besuch und hat nichts
Leckeres zum Tee. Daher geht Liesel zum Bäckerladen im Dorf,
um zwei Brote, ein Pfund Butter und allerlei Gebäck zu kaufen.
Natürlich geht Wotan mit ihr. Liesel nimmt das frische Brot vom
Bäcker und wählt ein halbes Dutzend schöne kleine Kuchen. Sie
legt alles in ihren Korb; aber sie geht langsam nach Hause, denn
der Korb ist so schwer.

Auf dem Weg nach Hause kommt ein großer, schwarzer Hund
auf sie zu. Zuerst spielt er mit Wotan, aber dann riecht er das
frische Gebäck im Korb. Der Hund ist hungrig und beißt nach
den Kuchen. Liesel hat keine Angst vor Hunden, aber ein Kuchen
fällt zu Boden. Der böse Hund hebt ihn auf und läuft schnell
damit weg. Wotan bellt und folgt ihm.

Die arme Liesel ist sehr jung: sie weint und läuft direkt nach
Hause ohne ihren Hund. Aber als sie zur Haustür kommt, weint
sie nicht mehr. Denn dort steht der treue Wotan und hat den
Kuchen im Maul.

15

AUS LIESELS HEFT

Die Zahlen

1	eins	16	sechzehn
2	zwei	17	siebzehn
3	drei	18	achtzehn
4	vier	19	neunzehn
5	fünf	20	zwanzig
6	sechs	21	einundzwanzig
7	sieben	22	zweiundzwanzig
8	acht	30	dreißig
9	neun	40	vierzig
10	zehn	50	fünfzig
11	elf	60	sechzig
12	zwölf	70	siebzig
13	dreizehn	80	achtzig
14	vierzehn	90	neunzig
15	fünfzehn	100	hundert

201	zweihunderteins
292	zweihundertzweiundneunzig
345	dreihundertfünfundvierzig
1000	tausend
2000	zweitausend
6000	sechstausend
7896	siebentausendachthundertsechsundneunzig
1066	tausendsechsundsechzig
1955	neunzehnhundertfünfundfünfzig (tausendneunhundert fünfundfünfzig)
1,000,000	eine Million

Die Zeit und die Tage

Jede Stunde hat sechzig Minuten und jede Minute hat sechzig Sekunden. Der Tag hat vierundzwanzig Stunden und im Monat sind dreißig ober einunddreißig Tage. Im Februar sind natürlich nur achtundzwanzig Tage.

In der Woche sind sieben Tage. Sie heißen: der Sonntag, Montag, Dienstag, Mittwoch, Donnerstag, Freitag, Sonnabend (Samstag).

Die zwölf Monate des Jahres heißen: der Januar, Februar, März, April, Mai, Juni, Juli, August, September, Oktober, November, Dezember.

Aufsatz über die Jahreszeiten

Es gibt vier Jahreszeiten—den Sommer, den Winter, den Frühling und den Herbst.

Im Winter ist es kalt, weil wir Eis und Schnee und viel Regen haben. Die ganze Erde schläft in ihrem Mantel von Schnee und Eis. Die Tage sind kurz, und die Nächte sind lang, weil die Sonne wenig (nicht viel) scheint. Die Bäume haben keine Blätter.

Im Frühling ist es weniger kalt, weil die Tage wärmer und länger werden. Das Gras wächst und wird grün, und andere Pflanzen beginnen zu wachsen. Die Blätter auf den Bäumen werden grün.

Im Sommer sind die Tage länger als die Nächte. Die Sonne scheint warm. Die Kinder spielen draußen, wenn sie keine Schule haben. Die Äpfel werden reif, und die Blumen sind schön.

Im Herbst werden die Tage wieder kürzer. Die Bauern ernten ihr Korn und ihre Kartoffeln. Die Blätter fallen von den Bäumen und bedecken die Erde. Weil es kälter wird, trage ich im Herbst dickere und wärmere Kleider.

| der Apfel(⁼) | *apple* | der Frühling(-e) | *spring* |
| der Aufsatz(⁼e) | *essay* | der Herbst(-e) | *autumn* |

der Monat(-e)	*month*	die Woche(-n)	*week*
der Regen(-)	*rain*	das Eis	*ice*
der Schnee	*snow*	das Gras (⁼er)	*grass*
der Sommer(-)	*Summer*	das Heft(-e)	*exercise book*
der Winter(-)	*Winter*	das Korn(⁼er)	*corn*
die Erde(-n)	*earth*	als	*than*
die Jahres-	*season*	ander	*other*
zeit(-en)		draußen	*outside*
die		kurz	*short*
Mathematik	*mathematics*	lang	*long*
die Pflanze(-n)	*plant*	reif	*ripe*
die	*second*	weil	*because*
Sekunde(-n)		wenig	*little*
die Stunde(-n)	*hour*	bedecken	*to cover*
die Zahl(-en)	*number*	ernten	*to harvest*
die Zeit(-en)	*time*	wachsen	*to grow*
das Blatt(⁼er)	*leaf*	(er wächst)	

GRAMMAR

Cardinal numbers

(a) Numeral adjectives do not decline: e.g. zwei Männer, vier Frauen.

(b) **Ein** declines except in compounds:
Ich habe einen Hund.
Ich habe einundzwanzig Hunde.

When **ein** has no other number or noun following, it becomes **eins, hunderteins**.

(c) It is usual to write numerals, however long, as one word:
tausendvierhundertzweiundachtzig.

Comparatives

The comparative is formed by adding **-er** to the positive adjective or adverb. Most, especially those of one syllable, modify in comparison:

wenig → **weniger**
warm → **wärmer**
lang → **länger**

Der Sommer ist wärmer als der Winter.   *Summer is warmer than winter.*

Der Tag ist länger als die Nacht.   *Day is longer than night.*

Wenn and weil affecting word order

Wenn sie keine Schule haben,...   *When they have no school,...*

Weil die Sonne nicht viel scheint,...   *Because the sun does not shine much,...*

After **wenn** (*when, if*) and **weil** (*because, as*) the verb comes at the end of the clause.

EXERCISES

A Lesen Sie diese Zahlen auf deutsch:

6	85	1498
8	92	3264
11	121	15478
23	387	256781
54	432	1897536
69	1172	34809758

B Beantworten Sie auf deutsch:

1 Wie viele Studenten sind in dieser Klasse?
2 Wie viele Tage hat der April? der Mai? der Dezember?
3 Was macht zweimal vier? dreimal vier?
4 Wieviel ist neunmal acht? neunmal neun?

5 Was sind vier und sechs? zehn und neun?
6 Wieviel sind neunzehn und achtzig? einundvierzig und elf?
7 Wieviel ist vier weniger zwei? einundzwanzig weniger neun?
   hundert weniger eins?
8 Wann sind die Tage lang?
9 Wie sind die Tage im Winter?
10 In welcher Jahreszeit fallen die Blätter?
11 Wann beginnen die Pflanzen zu wachsen?
12 Was ernten die Bauern im Herbst?
13 Wie viele Tage hat eine Woche?
14 Wie viele Stunden hat jeder Tag?

C Insert a suitable verb, notice its position and translate:

1 Die Blätter fallen, weil sie alt ___.
2 Der Seemann trinkt nicht, weil er kein Geld ___.
3 Ein Tag ist schön, wenn die Sonne ___.
4 Ich esse Brot, wenn ich keinen Kuchen ___.

D Translate into German:

1 The days are shorter in autumn.
2 It is warmer in summer.
3 We have less ice in spring, because it is warmer.
4 I am older than you.
5 When I have no meat, I eat fish.
6 When the days are short, we go to bed early.
7 Karl practises a new piece, because he likes it.

READING PASSAGE

Gespräch auf dem Postamt

der Kunde	Haben Sie ein Telegrammformular, bitte?
der Beamte	Die hängen dort an der Wand.
der Kunde	Darf ich mir eins nehmen, bitte? (füllt das Formular aus und gibt es dem Beamten)
	Wann bekommt der Empfänger mein Telegramm?

der Beamte	Von hier nach Düsseldorf braucht es anderthalb Stunden. Wir haben jetzt sieben Uhr zwanzig: sagen wir um neun Uhr.
der Kunde	Ich möchte auch an meine Frau Geld schicken. Wie mache ich das?
der Beamte	Am besten mit einer Postanweisung am Schalter Nummer sechs.
der Kunde	Danke schön. Und Briefmarken? Wo bekomme ich die?
der Beamte	Briefmarken bekommen Sie am Schalter zwei. Werfen Sie die Briefe dann in den Briefkasten.

der Kunde	*the customer*	es braucht	*it takes/needs*
der Beamte	*the clerk*	die Postan-	*the postal*
darf	*may*	weisung	*order*
ich möchte	*I should/*	der Schalter	*the counter*
	would like		

16

KARL ERZÄHLT EINE ANEKDOTE

 Karl ist älter als Liesel, aber das älteste Kind in der Familie ist Paula. Der Vater ist am ältesten.

Paula spielt besser Klavier als Karl, aber Anton spielt am besten. Er ist der beste Spieler. Marie hat den Hund gern; sie hat die Katze lieber, aber sie hat ihre Kinder am liebsten.

Der Vater ist klüger als Karl und Paula ist schöner als er, aber Karl ist am freundlichsten. Karl hat von seinem Vater die Gabe, Anekdoten zu erzählen.

Eines Abends nach dem Kaffee ist Leni da und sagt: 'Karl, welche ist Ihre amüsanteste Anekdote?' Karl lacht und sagt: 'Kennen Sie die vom Amerikaner in Köln?' 'Nein!' Also erzählt Karl:

'Ein Amerikaner besucht einmal Köln. Dieser Herr ist ein sehr netter Mann, er hat jedoch einen Fehler: er prahlt zu viel. Sein Kölner Freund zeigt ihm die ältesten Gebäude der schönen Rheinstadt. Der Ausländer findet alles kleiner als in seinem Lande. Der Deutsche zeigt ihm den berühmten Kölner Dom.

'Wie heißt denn diese kleine Kirche?' fragt der Amerikaner.

'Das ist der Kölner Dom,' antwortet der Deutsche.

'Die Marienkirche in Boston ist viel größer und höher als dieser Dom. Auch ist Stahlbeton besser als Stein. Kennen Sie unsere Wolkenkratzer? Das sind die größten Gebäude in der Welt.'

Der Deutsche wird müde: er wird es satt und sucht eine praktische Antwort. Jetzt kommen sie zum Rhein. Dort ist die

Rheinbrücke, die längste von allen Rheinbrücken.

'Wie heißt die Brücke dort?' fragt der Amerikaner.

'Welche Brücke?' fragt der Deutsche. 'Ich sehe keine Brücke.'

Der Fremde zeigt ihm die Brücke. 'Ach so,' antwortet der Kölner.

'Die ist neu. Ich war gestern hier, und dort war noch keine Brücke.'

Der Amerikaner ist gar nicht so dumm. Er lacht und sagt: 'Ich verstehe. Ich habe alles besser als Sie, aber Sie halten mich zum besten.'

der Ameri-kaner(-)	*the American*	interessant	*interesting*
		müde	*tired*
der Ausländer(-)	*the foreigner*	nett	*nice*
		gestern	*yesterday*
der Dom(-e)	*cathedral*	jedoch	*however*
der Stahlbeton	*reinforced concrete*	damit	*with it, with them*
der Fluss(®e)	*river*	besuchen	*to visit*
der Fremde(-n)	*stranger*	erzählen	*to recount*
der Stein(-e)	*stone*	kennen	*to know*
der Wolken-kratzer(-)	*skyscraper*	prahlen	*to boast*
		suchen	*to seek, look for*
die Anekdote(-n)	*anecdote*	verstehen	*to understand*
		war	*was*
die Antwort(-en)	*answer*	die vom Amerikaner	*the one about the American*
die Brücke(-n)	*bridge*		
die Welt(-en)	*world*	ich bin es satt	*I am tired of it*
das Gebäude(-)	*building*	einen zum besten halten	*to make a fool of someone*
amüsant	*amusing*		
berühmt	*famous*		

GRAMMAR

Adjectives

(a) Any number of adjectives governing the same word have the same ending.

mein **guter**, **alter** Freund
viele neue Anekdoten.

(b) Adjectives are made from towns by adding **-er**:

die Bostoner Kirche
der Kölner Dom
eines Berliner Kuchens

These adjectives do not decline.

Comparison of adjectives

POSITIVE	COMPARATIVE	SUPERLATIVE
stark *strong*	stärker *stronger*	stärkst *strongest*
alt *old*	älter *elder*	ältest *eldest*

As in English, the comparative is made by adding **-er** and the superlative by adding **-(e)st** to the positive adjective. In English you often form comparatives of long adjectives by prefixing *more*, e.g. *more interesting*. The Germans do not do this. No adjective is too long to have another addition, e.g. **interessanter**, **die interessantesten Bücher**.

Comparative and superlative adjectives decline like the positive.

mein ält**erer** Bruder
die schön**ste** Frau
ein bess**eres** Zimmer
ein teu(e)**rerer** Freund

Most adjectives modify in the comparative and superlative (especially if they are of one syllable):

groß	lang	kurz
größer	länger	kürzer
größt	längst	kürzest

Nicht so groß wie.	*Not as big as.*
So hoch wie.	*As high as.*
Er ist größer als ich.	*He is bigger than I.*
Dieser Stock ist länger als jener.	*This stick is longer than that one.*

There are two forms of the superlative: **größt** and **am größten**; **schönst** or **am schönsten**, etc. The first form is used before a noun, or when a noun is understood:

das größte Kind
die schönste Frau
Karl ist der beste (Schüler) in der Klasse.

The **am** form is used in the predicate:

Fritz ist am besten im Deutsch (his best subject).
Paula ist am schönsten, wenn sie lächelt.

Any adjective can be used without change as an verb. This applies also to comparatives and superlatives, e.g. Anton spielt am besten; die Mutter spricht am schnellsten.

Note the following irregular comparisons:

gut	besser	am besten
viel	mehr	am meisten
hoch	höher	am höchsten
gern	lieber	am liebsten
nah	näher	am nächsten

EXERCISES

A Beantworten Sie auf deutsch:

1 Wer ist älter als Paula?
2 Welches Kind ist am jüngsten?
3 Wer spricht besser Deutsch als Sie?
4 Aus welcher Stadt kommt der Amerikaner?

5 Was zeigt ihm der Deutsche?

6 Welchen Fehler hat dieser Amerikaner?

B Fill in the gaps with **wie** or **als**:

1 New York ist größer ___ Paris aber nicht so groß ___ London.

2 Ich spreche nicht so gut Deutsch ___ Englisch: mein Lehrer spricht es besser ___ ich.

3 Ich trinke Tee lieber ___ Bier, aber nicht so gern ___ Wasser.

4 Liesel geht früher ins Bett ___ ihre Mutter.

C Give the correct form of the comparative and the superlative in the following sentences:

1 Das Pferd ist (stark) als der Hund, aber das Auto ist (stark).

2 Der Dom ist (hoch) als die Kirche, aber ein Wolkenkratzer ist (hoch).

3 Der Student liest (viel) als die Studentin, aber der Professor liest (viel).

D Revise the declension of adjectives and give the genitive singular and nominative plural of:

mein englischer Freund	eine neue Kirche
die ältere Stadt	mein bester Freund
sein schönes Land	ein Londoner Wolkenkratzer

E Retell in your own words in German the anecdote about the American in Köln.

F Translate the following sentences into German:

1 Paula is better-looking than Karl, but he is cleverer than she.

2 Do you know my doctor? He is the best in town.

3 This bridge is longer than those in England.

4 I speak German well but not so well as a German.

5 Karl's best friend is a bit older than he is.

6 Which of your children is the cleverest?

17

DAS MOTORRAD

Wenn Karl nach Hause kommt, geht er zuerst in die Garage. Hier steht der Wagen seines Vaters. Der interessiert ihn nicht so sehr wie sein Motorrad, aber er arbeitet gerne mit allen Maschinen. Er ist ein leidenschaftlicher Mechaniker.

Dieses Motorrad ist nicht so gut wie es früher war. Es hat zwar zwei Räder und einen Motor, aber es ist kaputt. Karl versucht immer, die Maschine zu reparieren. Heute bringt er eine neue Batterie, weil die alte Batterie so schwach (nicht stark) war.

Er nimmt die alte Batterie weg, montiert die neue, wo die alte früher war, und macht alles fertig. Dann dreht er den Starter. Nichts passiert. Wenn er den Starter wieder dreht, passiert wieder nichts. Er dreht den Starter noch schneller, und wieder passiert nichts.

Wenn er endlich müde wird, setzt er sich und ruht. Wenn er nicht mehr müde ist, beginnt er wieder zu drehen. Diesmal passiert wieder nichts. Er versucht es zweimal, dreimal, viermal, hundertmal, aber die Maschine will nicht starten. So setzt er sich noch einmal und denkt.

Nach zehn Minuten beginnt er wieder zu arbeiten. Es ist nichts zu machen. Die Maschine ist ja kaputt. Er freut sich, wenn er die Stimme seiner Mutter hört. 'Karl,' ruft sie, 'es ist Zeit zum Abendessen zu kommen.'

Karl hat Maschinen gern, aber er hat sein Essen noch lieber. Weil er hungrig ist, verläßt er die Garage und geht sogleich in das Haus. Sobald er sich an den Tisch setzt, fragen ihn die anderen nach seiner neuen Batterie. Er sagt ihnen nichts, weil sein Mund voll ist. Er lacht aber, weil er freundlich ist.

der Mechaniker(-)	*mechanic*	sogleich	*at once, immediately*
der Motor(-en)	*motor, engine*	zwar	*indeed, as a matter of fact*
der Mund(-e)	*mouth*		
das Aben-dessen(-)	*dinner, supper*	denken	*to think*
		drehen	*to turn*
das Motor-rad(-er)	*motor bike*	interessieren	*to interest*
		montieren	*to fit, assemble*
das Rad(-er)	*wheel*	passieren	*to happen*
kaputt	*broken, out of order*	reparieren	*to repair*
		ruhen	*to rest*
leidenschaftlich	*enthusiastic*	stellen	*to put*
schwach	*weak*	verlassen	*to leave*
stark	*strong*	versuchen	*to try*
einmal	*once*	es ist nichts zu machen	*there is nothing to be done*
zweimal	*twice*		
diesmal	*this time*		
hundertmal	*a hundred times*	er fragt nach meiner Arbeit	*he asks about my work*
ja	*indeed*		
der Starter(-)	*starter*	er freut sich	*he is glad*
die Batterie(-n)	*battery*	er macht alles fertig	*he gets every-thing ready*
die Maschine(-n)	*engine*		
sobald	*as soon as*	er nimmt alles weg	*he takes every-thing away*

GRAMMAR

Infinitive: wenn *and* weil *sentences*

Es ist Zeit nach Hause zu gehen.	*It is time to go home.*
Er hat heute im Hause zu arbeiten.	*He has to work in the house today.*
Sie versuchen, die Maschine zu reparieren.	*They try to mend the engine.*

The infinitive comes at the end of its clause and is usually preceded by **zu** (*to*).

Weil er hungrig ist.	*Because he is hungry.*
Wenn er nach Hause kommt.	*When he comes home.*
Sobald er sich an den Tisch setzt.	*When he sits down to table.*

The conjunctions **weil**, **wenn** and **sobald** put the verb at the end of the clause.

Such a clause is a time or reason clause and is called subordinate, since it cannot make sense by itself, but must be dependent on a main clause:

Weil er müde **wird**, ...

                        setzt er sich an den Tisch.

Sobald er nach Hause **kommt**, ...

                      geht er in die Garage.

Compare the above with:

Am Abend	**setzt** er sich an den Tisch.
Oft	**geht** er in die Garage.

It is obvious that a subordinate clause is only an element in a full sentence, and if it comes first, the main verb comes second, immediately after it.

Sie trinkt ein Glas Wasser, wenn sie durstig ist.
Wenn sie durstig ist, trinkt sie ein Glas Wasser.

Ich spiele mit meinem Hund, sobald ich nach Hause komme.
Sobald ich nach Hause komme, spiele ich mit meinem Hund.

Similar subordinate clauses can always be identified because:
(a) of their dependence on the main sentence,
(b) they express either, time, place (**wo**, **wohin**, etc.) or reason,
(c) they begin with **weil**, **wenn**, **wo**, **wie**, etc.,
(d) the verb comes at the end of the clause,
(e) they are always enclosed in commas (unless there is other punctuation, such as a full-stop).

It is not difficult to distinguish a subordinate clause from a main clause. It is most important to know the difference, since the most important rules of word order in German are:

THE VERB COMES SECOND IN A MAIN SENTENCE.

THE VERB COMES AT THE END OF A SUBORDINATE CLAUSE.

EXERCISES

A Beantworten Sie diese Fragen:

1 Was tut Karl, sobald er nach Hause kommt?
2 Wo hat er sein Motorrad?
3 Wie viele Räder hat ein Auto?
4 Warum kauft Karl eine neue Batterie?
5 Warum verläßt er sogleich sein Motorrad?
6 Warum antwortet Karl nicht?

B Supply the missing words and translate into English:

1 Der Hund läuft schneller ___ der Mensch.
2 Dieses Auto ist nicht so gut ___ es früher war.
3 Jedermann arbeitet besser am Tag ___ in der Nacht.
4 Paula ist ___ als die Mutter, aber Liesel ist ___.
5 Im Sommer sind die Tage länger ___ im Winter.
6 Der Schneider versucht, den Anzug ___ reparieren.
7 Dieser Herr hat mir nichts ___ sagen.

C Translate these sentences into English, then put the subordinate clause first, revising the word order:

1 Er repariert die Maschine, weil sie kaputt ist.
2 Er kauft eine neue Batterie, weil der Starter nicht geht.
3 Sie geht ins Restaurant, weil sie hungrig ist.
4 Der Arzt besucht uns, wenn wir krank sind.
5 Das Boot kommt ans Land, sobald der Wind stärker wird.
6 Das Kind hat den Hund gern, weil er gut ist.

DAS FAHRRAD

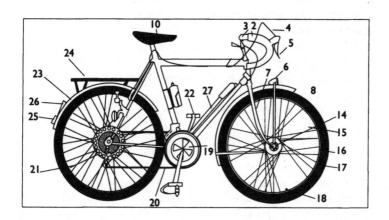

Key to of bicycle

1 das Fahrrad(-er), Rad, Zweirad *cycle*
   der Radler(-), die Radlerin(-nen) *cyclist*
   der Radfahrer(-), die Radfahrerin, radeln *to cycle*

2 der Lenker(-), die Lenkstange(-n) *handle bar*

3 der Handgriff(-e) *grip*

4 die Fahrradklingel(-n) *bell*

5 die Handbremse(-n) *brake*

6 der Scheinwerfer(-) *head-lamp*

7 die Vorderradgabel(-n) *front fork*

8 das vordere Schutzblech(-e) *front mudguard*

10 der Fahrradsattel(-) *saddle*

14-18 das Rad, Vorderrad *front wheel*

14 die Nabe(n) *hub*

15 die Speiche(-n) *spoke*

16 die Felge(-n) *rim*

17 der Reifen(-) *tyre* der Schlauch (-̈e) *tube* der Mantel (-̈) *cover*

18 das Ventil(-e) *valve*
19 das Ketternrad *chain-wheel*
20 die Kette(-n) *chain*
21 das hintere Kettenzahnrad *rear gear-wheel*
22 das Pedal(-e) *pedal*
23 das hintere Schutzblech *rear mudguard*
24 der Gepäckträger(-) *carrier*
25 der Rückstrahler(-), das Katzenauge(-n) *reflector*
26 das Rücklicht(-er) *rear-light*
27 die Fahrradpumpe(-n) *pump*

das Werkzeug(-e)	*tools*	der Mutternschlüssel(-)	*wrench*
der reifenheber	*tyre-levers*	der Schraubenzieher(-)	*screwdriver*
der Schraubenschlüssel(-)	*adjustable spanner*	das Flickzeug(-e)	*repair outfit*

READING PASSAGE

Einige Tips für den Radler

Immer vorsichtig fahren! In Deutschland fährt man rechts und überholt links. Es ist polizeilich verboten auf dem Bürgersteig, auch auf der Autobahn und im Stadtgarten zu radeln. Die Lichter, auch das Rücklicht, müssen in Ordnung sein. Das Rad muß immer rost- und staubfrei sein. Wenn ein Reifen geplatzt ist, reparieren Sie ihn sogleich. Ein guter Radler braucht die Klingel ebenso wenig wie die Bremse – nur im Notfall (wenn er muß).

18

DAS NOTIZBUCH

Es ist Neujahr, d.h. der erste Januar, und Karl hat ein neues Notizbuch. Zuerst schreibt er auf die erste Seite seinen Namen und seine Adresse,

> Karl Schulz,
> Hauptstrasse 19,
> 8395 Miesbach.

Dann schreibt er auf die zweite Seite alles Persönliche wie z.B. (zum Beispiel) die Größe seiner Schuhe (40), die Nummer seines Motorrads (IVB 2961), die Nummer seines Führerscheins, u.s.w. (und so weiter).

Die dritte Seite ist für die Telefonnummern seiner Freunde, seiner Freundinnen und seiner Bekannten bestimmt. Aber es sind nur 21 Zeilen auf jeder Seite, und er hat wenigstens 36 Freunde und Freundinnen. So schreibt er die Hälfte der Namen auf Seite drei und die andere Hälfte auf die vierte Seite des Notizbuchs. Auf der fünften und sechsten Seite steht nützliche Auskunft über die Post, Kirchenfeste und Feiertage. Er lernt daraus, es kostet eine Mark, wenn er einen Brief nach England schicken will; Ostermontag ist am siebenundzwanzigsten März. Ostern, wie Weihnachten, ist ein Fest für alle.

Auf der siebenten Seite findet er das Einmaleins (achtmal eins ist acht, achtmal zwei ist sechzehn, achtmal drei ist vierundzwanzig, u.s.w.). Auf der achten Seite ist eine Tabelle der Atomgewichte. Dann beginnt das Notizbuch für das neue Jahr. Karl beginnt zu schreiben:

Sonntag, den ersten Januar.

Frei: Ich kann zwei Stunden lang Englisch lernen.
Am Nachmittag will ich das Motorrad reparieren.
Um 7 Uhr abends kommt Leni.
8 bis 10 Uhr abends, Konzert in Lippstadt.

Montag, den zweiten Januar.

9.15 vorm. (neun Uhr fünfzehn, vormittags) Büro.
6 Uhr nachm. (sechs Uhr nachmittags) Abend-Hochshule.

Dienstag, den dritten Januar.

Hier schreibt Karl nichts, denn das Programm ist genau wie für Mittwoch. Er kann genau dasselbe für alle Tage der Woche schreiben, nur nicht für Sonnabend und Sonntag. So schreibt er:

Sonntag, den achten Januar.

Frei: Wenn es regnet, können wir Karten spielen.
Wenn es schön ist, wollen wir zum Möhnesee fahren.
Leni will auch kommen.
Was er weiter schreibt, ist persönlich. Wir wollen es darum nicht lesen.

der Bekannte(-n)	*acquaintance*	die Adresse(-n)	*address*
der Feiertag(-e)	*holiday*	die Auskunft(⁼e)	*information*
der Führer-schein(-e)	*driving licence*	die Größe(-n)	*size*
der Ostermontag	*Easter Monday*	die Nummer(-n)	*number*
der Schuh(-e)	*shoe, boot*	die Post	*post*
die Abend-Hochschule	*advanced evening classes*	die Postleit-zahl(-en)	*post code*
		die Seite(-n)	*page, side*
		die Tabelle(-n)	*table*

Weihnachten(-)	*Christmas*	daraus	*from it,*
die Zeile(-n)	*line*		*from them*
das Atom-		ich, er will	*I, he will*
gewicht(-e)	*atomic weight*	wir, Sie, sie	*we, you, they*
das Einmaleins	*multiplication*	wollen	*will*
	table	ich, er kann	*I, he can*
das Kirchen-	*church festival*	wir, Sie, sie	*we, you, they*
fest(-e)		können	*can*
(das) Neujahr	*New Year*	Abkürzungen	*abbreviations*
das Notiz-	*diary*	Pf. Pfennig	(100 Pf. =
buch(⁻er)			1 Mark)
das Telefon(-e)	*telephone*	z.B. zum	
zwei Stunden	*for two hours*	Beispiel	*e.g. for example*
lang		d.h. das heißt	*i.e. that is*
bestimmt	*certain,*	Str. Straße	*st. street*
	assigned,	u.s.w. und so	*etc., and so on*
	definite	weiter	
persönlich	*personal*	vorm.	*a.m. morning*
genau	*exact(ly)*	vormittags	
dasselbe	*the same*	nachm.	*p.m. afternoon*
darum	*therefore*	nachmittags	

GRAMMAR

Numerals: date, time

(a) **Persönliche** and **Bekannten** are adjectives used as nouns.
They have capital letters but still decline as adjectives (see Chapter 33 for further details if required).

(b) Ordinal numbers

erste (*first*)	vierte
zweite (*second*)	fünfte
dritte	sechste

are made by adding **-te** to the cardinal number up to 19 (**neunzehnte**); **erste** and **dritte** are irregular.

zwanzigste, einundzwanzigste, dreißigste, vierzigste and so on are formed by adding **-ste** from 20-100 (**hundertste**).

These decline like ordinary adjectives:

den ersten April
seine zweite Frau
der Name des vierten Tages ist Mittwoch
ein fünftes Glas
der dreißigste Tag im April ist der letzte

(c) Fractions
Halb (adjective) or **die Hälfte** (noun) *half* (**die Hälfte seines Geldes = sein halbes Geld**);

ein Drittel *a third*
ein Viertel
ein Fünftel
ein Zehntel
ein Zwanzigstel
ein Hundertstel.

These add **-tel** to the cardinal up to one-nineteenth and **-stel** from one-twentieth to a hundredth. They are neuter.

(d) Multiples

einmal *once*	fünfzigmal *fifty times*
zweimal *twice*	hundertmal *a hundred times*
dreimal *three times*	tausendmal *a thousand times*
erstens *firstly*	letztens *lastly*
zweitens *secondly*	wenigstens *at least*
drittens *thirdly*	
einfach *simply*	hundertfach *a hundredfold*
zweifach *twofold*	vielfach *manifold*
dreifach *threefold*	

(e) Date

Der wievielte ist es?	
Den wievielten haben wir? }	*What is the date?*
Wir haben den ersten April.	*It is the first of April.*
Es ist der dritte März.	*It is the third of March.*

Use the nominative case after the verb **ist**:

Weihnachten ist am fünfundzwanzigsten Dezember.

Use **am** for *on the*, when referring to days and dates.

den ersten Januar
den dreißigsten Oktober

Use the accusative for dates at the head of letters.

(f) Time
Wieviel Uhr ist es? Es ist drei Uhr, vier Uhr, zwölf Uhr.

Zehn Minuten nach zehn (Uhr).	*10 past ten.*
Viertel nach sechs (or Viertel sieben).	*Quarter past six.*
Fünfundzwanzig Minuten vor sieben.	*25 to seven.*
Viertel vor sechs (or Dreiviertel sechs).	*Quarter to six.*
Halb acht.	*Half past seven.*
Halb eins.	*Half past twelve.*
Um acht Uhr.	*At eight o'clock.*

EXERCISES

A Lesen Sie diese Zahlen auf deutsch:

1 1	85	387	15748
23	92	432	1994
54	121	1172	
69			

2 one half   seven eighths   one sixtieth
  two thirds   seven tenths
  three quarters nine twentieths
3 first   eighth   twentieth
  second   third   thirty-second
  fifth   fourth   hundredth
                                     hundred and first

B Read the following times in German:

one o'clock   25 past nine
8 pm   5 past eight
quarter past eight   10 to three
quarter to nine   quarter to eleven
20 past five   half past ten

C Beantworten Sie auf deutsch:

1 Wann ist Neujahr?
2 Um wieviel Uhr gehen Sie ins Büro?
3 Wann endet der Sommer?
4 Wie lange dauert der Winter? (dauert = lasts).
5 Was machen zwei Achtel und drei Achtel?
6 Wie heißt der dritte Tag der Woche?
7 Wieviel Uhr ist es jetzt?
8 Den wievielten haben wir heute?
9 Was tut Karl am ersten Januar?

19

REINEKE FUCHS

Liesel setzt sich jeden Morgen in den Schatten des alten Apfelbaums im Garten. Sie amüsiert sich eine halbe Stunde mit einem Buch. Heute hat sie ein Bilderbuch: es heißt Reineke Fuchs.

In diesem alten Buch sind alle Charaktere Tiere, so wie in einer Fabel. Der edele König der Tiere heißt Nobel, der Löwe; der einfältige Bär nennt sich Braun. Reineke ist der Name des schlauen Fuchses. Dieser spielt oft den anderen Tieren böse Streiche.

Eines Tages unterhält sich der Fuchs mit dem Bären. 'Interessieren Sie sich für Honig?' fragt er den Bären. 'Jawohl, alle Bären lieben süßen Honig,' sagt der einfältige Bär. 'Wo befindet sich der Honig?' 'Kommen Sie mit mir! Ich erinnere mich, wo der Honig ist,' antwortet der Fuchs.

Reineke macht sich auf den Weg mit Braun und führt seinen einfältigen Freund an einen dicken Baum. Dort zeigt er ihm den süßen Honig im hohlen Stamm. Braun riecht den Honig, freut sich und steckt die Nase und das ganze Gesicht in den Honig. Er steht sogar auf dem Kopf und fällt in den hohlen Stamm.

Ein Bauer arbeitet am nächsten Baum, hört den Lärm und kommt mit seinem Gewehr. Reineke weiß von diesem Bauer, sieht ihn, sagt nichts und entfernt sich schnell. Braun interessiert sich sehr für den Honig und hört nichts.

Glücklicherweise schießt der Bauer schlecht. Braun kriecht schnell aus dem Baum und läuft nach Hause. Am nächsten Tag geht der Bär zu Nobel, dem König der Tiere, und beklagt sich über den Fuchs. Aber der Fuchs ist zu schlau: er entschuldigt sich mit klugen Antworten.

der Lärm	*noise*	einfältig	*simple*
das Tier (-e)	*animal, beast*	hohl	*hollow*
der Bär	*bear*	nächst	*next, nearest*
der Charakter (-e)	*character*	süß	*sweet*
der Fuchs (®e)	*fox*	sogar	*even*
der Honig	*honey*	glücklicher-weise	*fortunately*
der König (-e)	*king*	führen	*to lead*
der Löwe (-n)	*lion*	stecken	*to put, stick*
der Stamm (-e)	*stem, trunk*	wissen (er weiß)	*to know*
der Streich (-e)	*trick*		
die Fabel (-n)	*fable*	sich auf den Weg machen	*to set off*
die Geschichte (-n)	*story*	entfernen	*to remove*
das Gesicht (-er)	*face*	erinnern	*to remind*
böse	*bad, evil, angry, wicked*	entschuldigen	*to excuse*
		riechen	*to smell*
edel	*noble*	kriechen	*to creep*

For reflexive verbs see Grammar below.

GRAMMAR

Reflexive verbs

sie setzt sich	*she seats herself, sits down*
sie amüsiert sich	*she amuses herself, is amused*

er nennt sich	*he calls himself, is named*
Sie interessieren sich	*you interest yourself, are interested*
er freut sich	*he is glad*
sie unterhält sich	*she converses*
es befindet sich	*it finds itself, is found, is*
er entfernt sich	*he removes himself, goes away*
ich erinnere mich	*I remind myself, remember*
sie entschuldigen sich	*they excuse themselves*
wir beklagen uns	*we complain*

Reflexive pronouns

mich *myself*
sich *himself, itself, themselves, yourself, yourselves, one's self*
uns *ourselves*

Almost any transitive verb can within reson be used reflexively.

er liebt	*he loves*
er liebt sich	*he loves himself*
sie dreht den Kopf	*she turns her head*
sie dreht sich	*she turns*

But some verbs have a fixed use as reflexives, where you do not use reflexive verbs in English: e.g. **er setzt sich** does not mean *he puts himself*, but *he sits down*. The verb *to remember* is **sich erinnern**; the verb *to be pleased* is **sich freuen**.

The reflexive pronoun occupies the normal place in the word order for an object. In a main sentence it comes immediately after the verb; in a subordinate sentence, as near the beginning as possible, usually after the subject.

EXERCISES

A Name orally the case and gender of every adjective in Reineke Fuchs above.

B Beantworten Sie auf deutsch:

117

1 Wohin setzt sich Liesel?
2 Was hat sie in der Hand?
3 Nennen Sie die Charaktere in Reineke Fuchs.
4 Wo findet man: (a) Honig, (b) Äpfel, (c) Löwen, (d) Bären?
5 Womit schießt der Bauer?

C Decline in full:

    ein armes Tier   böser Streich
    die kluge Antwort   ein anderer Mann

D Fill in the correct endings:

1 Unser- alt- Freundin nimmt ihr- schwarz- Mantel und rund- Hut.
2 An d- nächst- Haltestelle des rot- Busses warten viel- müd- Menschen.
3 Jed- gut- Hausfrau macht viel- nötig- Einkäufe am Freitag.
4 D- neu- Eingang dies- schön- Hauses kostet viel Geld.
5 Bringen Sie mir ein klein- Stück kalt- Fleisch- und ein frisch- Bier.
6 Er setzt sich auf ein- Stuhl in d- Garten.

E Insert the reflexive pronouns and translate:

1 Ich interessiere ___ *heute* nicht für Bücher.
2 Wir erinnern ___ *niemals* an böse Streiche.
3 Der böse Junge entschuldigt ___ *immer* mit klugen Antworten.
4 Sie machen ___ *heute abend* auf den Weg nach Köln.
5 Amüsieren Sie ___ recht schön!

F Translate this short passage into German:

The simple-minded bear is pleased to see so much honey. He sticks his face into the sweet stuff and does not notice the farmer. Fortunately the latter is slow and does not shoot well. Bruin creeps out of the tree and runs home. Reynard makes his excuses before the king but the other animals do not like him. He plays nasty tricks on them.

20

EIN AUSFLUG

Fast jeden Sonntag im Sommer macht Anton einen Ausflug mit der ganzen Familie. Jedes Mitglied der Familie hilft bei den Vorbereitungen. Karl, der ein so guter Mechaniker ist, putzt das Auto und prüft den Motor. Die Mutter, die gerne in der Küche arbeitet, schneidet das Brot und macht das Essen fertig.

Paula hat nicht jeden Sonntag frei, aber wenn sie frei hat, kocht sie den Kaffee und füllt die Thermosflaschen, die die kleine Liesel in den Korb packt. Das Essen, das die Mutter fertig macht, kommt dann in den Korb, den Liesel in das Auto trägt.

Fast jedes Mal fahren sie zum Möhnesee. Dies ist ein See, der nur zwanzig Kilometer entfernt ist, und den sie gegen Mittag erreichen. Dort baden sie, liegen in der Sonne und unterhalten sich und spielen mit ihren Freunden, die sie hier treffen. Besonders Paula, deren Freundin hier in der Nähe wohnt, hat viele Bekannte, mit denen sie gern badet und spielt.

Am Abend tanzen sie in einem großen Restaurant, das gutes Bier hat, und dessen Orchester so schön spielt.

Aber um zehn Uhr sagt der Vater, der etwas streng und altmodisch ist, immer: 'Jetzt los, Kinder! Es ist Zeit, nach Hause zu fahren.' Karl und Paula, die ihren Vater gut kennen, sagen nichts, aber sie machen sich fertig zur Abfahrt.

Sie nehmen Abschied von ihren Freunden und fahren langsam durch die Dörfer, in denen jetzt alles schläft. Die Tage, die sie hier in der frischen Luft verbringen, sind glückliche Tage, die sie nie vergessen.

der Abschied	leave, departure	erreichen	to reach
der Arm(-e)	arm	prüfen	to test
der Ausflug(̈-e)	trip, excursion	putzen	to clean, polish
der Korb(-e)	basket	schneiden	to cut
der See(-n)	lake	schwimmen	to swim
die Abfahrt	departure	tanzen	to dance
die Nähe	nearness, vicinity	treffen (er trifft)	to meet, hit
die Thermos-flasche(-n)	thermos flask	verbringen	to spend
die Vorberei-tung(-en)	preparation	vergessen (er vergißt)	to forget
das Mit-glied(-er)	member	sich fertig machen	to get ready
altmodisch	old-fashioned	Abschied nehmen	to take leave
frei	free	er hat heute frei	he has a holiday today
streng	strict	jetzt los!	come on now
fast	almost	gegen Mittag	at around midday
langsam	slow(-ly)		
baden	to bathe		

GRAMMAR

Relative clauses

(a) **Karl**, der ein so guter Mechaniker ist, **putzt das Auto**.
Die Mutter, die gerne in der Küche arbeitet, **schneidet das Brot**.

In the above sentences the following meanings arise:

Karl putzt das Auto.

Die Mutter schneidet das Brot.

These are main clauses, containing the main statement, and the following are subordinate clauses, subsidiary to the main clause:

120

,der ein so guter Mechaniker ist,

  ,die gerne in der Küche arbeitet,

This type of clause is called a relative clause. In this, as in all subordinate clauses, the verb comes last.

There is a comma before and after each relative clause.

(b) Each relative clause begins with a relative pronoun, which refers to something in the main clause.

In English, the relative pronoun is *who* (*that*) for persons and *which* (*that*) for things.

In German the relative pronoun agrees in gender with the noun to which it refers:

der refers to masculine nouns,
die refers to feminine nouns,
das refers to neuter nouns,
die is the plural for all genders.

Karl, der ...	*Charles, who ...*
Die Mutter, die ...	*The mother, who ...*
Das Auto, das ...	*The car, which ...*
Die Freunde, die ...	*The friends, who ...*

(c) The English relative pronoun changes to *whom* in the objective and *whose* in the possessive case. Obviously the pronoun can be either subject, object, possessive or used after a preposition. To show its function it declines as follows:

	MASCULINE	FEMININE	NEUTER	PLURAL
Nom.	der	die	das	die
Acc.	den	die	das	die
Gen.	dessen	deren	dessen	deren
Dat.	dem	der	dem	denen

(d) Sentences showing use of the relative pronoun:

Der Kellner, der im Café arbeitet, ist Deutscher.
  (*who works in the café*)
Der Kellner, den wir im Café sehen, ist Deutscher.
  (*whom we see in the café*)
Der Kellner, dessen Anzug so gut ist, ist Deutscher.
  (*whose suit is so good*)
Der Kellner, dem ich 1 Mark gebe, ist Deutscher.
  (*to whom I give 1 Mark*)
Die Tassen, die auf dem Tisch stehen, sind ganz neu.
  (*which are on the table*)
Die Tassen, die Paula auf den Tisch stellt, sind ganz neu.
  (*which Paula puts on the table*)
Die Tassen, deren Farbe weiß ist, sind ganz neu.
  (*whose colour is white*)
Die Tassen, aus denen wir trinken, sind ganz neu.
  (*from which we drink*)

In the above examples every one of the antecedents (the words to which the relative pronoun refers) is in the nominative case, whereas the relative pronoun changes in each sentence according to its function. The relative pronoun has its own case.

EXERCISES

A Beantworten Sie auf deutsch:

1 Wann macht Anton einen Ausflug?
2 Wer fährt mit ihm?
3 Welche Vorbereitungen trifft (a) Karl, (b) die Mutter?
4 Woraus trinkt man den Kaffee?
5 Wie weit liegt der Möhnesee entfernt?
6 Was tun sie am See?
7 Wo tanzen sie am Abend?
8 Warum trifft Paula viele Bekannte am See?
9 Wann fährt die Familie nach Hause?
10 Warum vergessen sie diese Tage nicht?

B Fill in the correct form of the relative pronoun, making it agree in gender with the word to which it refers and using the appropriate case:

1 Der Hund, ___ wir auf der Straße sehen, heißt Wotan.
2 Das Brot, ___ im Korb liegt, ist ganz frisch.
3 Der Vater, ___ Kinder so glücklich sind, ist streng.
4 Der Kaffee, ___ sie kocht, schmeckt sehr gut.
5 Das Fräulein, ___ Freunde hier wohnen, arbeitet im Restaurant.
6 Das Orchester, ___ Musik so schön ist, spielt jeden Sonntag.
7 Die Freunde, mit ___ sie spielt, sind auch jung.
8 Das Auto, in ___ Sie fahren, fährt langsam.
9 Der See, ___ sie gegen Mittag erreichen, ist still und klar.
10 Der See, in ___ sie baden, ist ganz warm.

READING PASSAGE

Nach der Grundschule

Die Erziehung in der Hauptschule dauert noch fünf Jahre. Mit 15-16 Jahren verläßt das Kind sie und erlernt einen Beruf. Während seiner Ausbildungszeit in Fabrik, Büro oder Warenhaus muß es noch eine Berufsschule besuchen. Die Berufsausbildung schließt mit einer Prüfung ab.

21

VOM AUFSTEHEN

Szene: Eßzimmer der Familie Schulz.
Zeit: Acht Uhr früh.
Vater und Mutter sitzen am Tisch und beginnen, das Frühstück zu essen.
Liesel macht die Tür auf und kommt ins Zimmer herein.

Liesel Guten Morgen, Pappi und Mutti.
Mutter Guten Morgen, Liesel.
Vater Hmm!
Mutter Es ist schön heute, nicht wahr?
Vater Hmm!
Liesel Ja, die Sonne geht schon am Himmel auf.
Mutter Noch eine Tasse Kaffee, Anton?
Anton Hmm!
Mutter Hier ist die Zeitung.
Vater nimmt die Zeitung und macht sie auf: er gibt der Mutter einen Teil: sie nimmt ihn.
Mutter Liesel, steht Karl schon auf?
Liesel Ja, Mutti, er ist im Badezimmer. Er rasiert sich und badet. Ich höre ihn dort singen. (Sie lacht.)
Mutter Der Junge ist fröhlich, nicht wahr?
Vater (sieht auf) Was? Ach, ja! Wo bleibt denn Paula? Steht sie denn noch nicht auf? Liegt sie noch im Bett?
Mutter Ich höre sie nicht. Das arme Kind ist vielleicht müde.
Vater Hat sie den Tag frei? Geht sie heute nicht zur Arbeit?
Mutter Doch. Sie muß zur Arbeit gehen. Liesel, geh hinauf und wecke Paula auf.

Liesel läuft aus dem Zimmer hinaus und geht die Treppe hinauf. Man hört sie an Paulas Tür klopfen. Keine Antwort. Sie klopft wieder an die Tür.

Paula   Ja? (spricht im Schlaf und macht die Augen nicht auf.)

Liesel   Es ist schon acht Uhr. Mutti sagt, du mußt aufstehen. Verstehst du? Es ist spät. Steh gleich auf! Hörst du?

Paula   Ja, gut. Ich stehe schon auf. (macht die Augen wieder zu.)

Liesel geht nicht weg. Sie kennt ihre Schwester. Sie bleibt vor der Tür und hört nichts. Paula schläft wieder ein. Nach fünf Minuten weckt sie Paula wieder. Diesmal macht sie die Tür auf und versucht, Paula aus dem Bett zu ziehen. Paula wacht wieder auf und springt aus dem Bett.

Paula   Ich komme schon. Sieh doch, ob das Badezimmer frei ist. (Sie bürstet und kämmt sich das Haar.)

Liesel   Ja, die Tür ist auf. Es ist frei. Karl geht schon die Treppe hinunter. (Sie geht selber hinunter.)

Paula zieht den Morgenmantel schnell an, läuft ins Badezimmer hinein und macht die Tür zu. Sie putzt sich die Zähne mit Bürste und Zahnpasta. Sie wäscht sich das Gesicht und die Hände. Dann geht sie ins Schlafzimmer zurück und zieht sich die Kleider blitzschnell an.

Mutter   Paula! Stehst du nicht auf? Bist du noch nicht fertig?

Paula   (ruft von oben): Doch, Mutter. Ich komme in zwei Minuten hinunter. (Vor dem Spiegel pudert sie sich Nase und Wangen, und malt sich die Lippen mit Lippenstift an (schminkt sich die Lippen). Jetzt ist sie fertig.)

Karl   (der ein großes Stück Brot ißt): Diese Mädels! Wenn sie zu spät ins Bett gehen, so stehen sie zu spät auf. Und wenn sie zu spät aufstehen, gehen sie zu spät ins Bett.

Vater   Hmm!

Paula hat wenig Zeit zum Frühstück, aber um halb neun sitzt sie schon im Bus nach Lippstadt, wo sie arbeitet. 'Guten Morgen,' grüßen sie ihre Bekannten. 'Guten Morgen,' antwortet Paula und sagt nichts mehr, weil sie schon wieder im Bus einschläft.

der Lippen-stift(-e)	*lipstick*	aufgehen (geht auf)	*to rise (sun)*
der Morgen-mantel(-̈e)	*dressing gown*	aufmachen (er macht auf)	*to open*
der Zahn(-̈e)	*tooth*	aufsehen	*to look up*
die Treppe(-n)	*stairs*	(er sieht auf)	
die Bürste(-n)	*brush*	aufstehen	*to rise, get up*
die Hand(-̈e)	*hand*	(er steht auf)	
die Lippe(-n)	*lip*	aufwachen	*awake*
die Wange(-n)	*cheek*	(er wacht	(*intransitive*)
die Zahn-pasta(-n)	*toothpaste*	auf)	
die Zeitung (-en)	*newspaper*	aufwecken (er weckt auf)	*to waken* (*transitive*)
das Aufstehen	*getting up, rising*	ausgehen (er geht aus)	*to go out*
das Früh-stück(-e)	*breakfast*	bleiben	*to stay*
		bürsten	*to brush*
das Gesicht(-er)	*face*	hinaufgehen (er geht hinauf)	*to go up*
das Haar(-e)	*hair*		
das Mädel(-s)	*girl*	hinauslaufen	*to run out*
blitzschnell	*quick as lightning*	(er Läuft hinaus)	
ob (verb last)	*if, whether*	hinunter gehen (er geht hinunter)	*to go down*
oben	*upstairs*		
selber	*herself, himself, self*		
spät	*late*	kämmen	*to comb*
doch	*yes (after a negative question)*	pudern	*to powder*
		rasieren	*to shave*
		einschlafen (er schläft ein)	*to fall asleep*
anziehen (er zieht an)	*to put on*		

er steht früh auf	*he gets up early*	weggehen (er geht weg)	*to go away*
sie macht die Tür zu	*she closes the door*	ziehen	*to pull, draw, drag*
er zieht sich die Schuhe an	*he puts on his shoes*	zumachen (er macht zu)	*to close*
anmalen (sie malt an)	*to paint*	zurückgehen (er geht zurück)	*to go back*
hereinkommen (er kommt herein)	*to come in*	schminken	*to put make-up on*
waschen (er wäscht)	*to wash*		

GRAMMAR

Du

(a)   du kommst   *you* (informal) *come*
       du mußt   *you* (informal) *must*
       du verstehst   *you* (informal) *understand*

This is the 2nd person singular familiar form, and is used between intimate friends and relatives and to all children. It is identical in form with the 3rd person singular plus an -s- before the final -t. Strong verbs which alter their stem vowel in the 3rd person also change it in this 2nd person singular: **du siehst, du trägst** and so on.

In the imperative, the -st is omitted. Most weak and some strong verbs add -e:

     Gehe! Sage! Komme! Sieh!   *Go! Say! Come! Look!*

(b)   Nom. du   Dat. dir
       Acc. dich   e.g. ich liebe dich; ich gebe es dir.

Separable verbs

(a) **Er macht die Tür auf.**
   The infinitive is **aufmachen.**
Die Sonne geht früh auf.
   The infinitive is **aufgehen.**

A separable verb is a root verb with a particle. From one root verb many separable verbs may be derived.

As in English: to go *out*, to go *up*, to go *down*, to go *on*, to go *in*,

so in German: **aus**gehen, **auf**gehen, **unter**gehen, **vor**gehen, **hinein**gehen.

In the infinitive the particle is attached in front.

In a main sentence the particle separates and goes to the end of the sentence:

   aufgehen: die Sonne geht früh **auf.**

In a subordinate clause, as the verb is already last, the prefix does not separate: wenn die Sonne früh **auf**geht.

(b) Most particles (prefixes) are separable:

an	herunter
aus	hinüber
ab	mit
ein	zurück
herein	

A few prefixes which never separate are **be-, ge-, ent-, emp-, er-, ver-, zer-**:
   beginnen, er beginnt
   erinnern, er erinnert
   verstehen, er versteht
Be-, er-, ver- are called inseparable prefixes.

Her- means *this way*, towards the speaker; **hin-** means *that way*, away from the speaker, as in **woher**, *whence*, **wohin**, *whither*. **Hin-** and **her-** are frequently prefixed to separable verbs of motion:

   Kommen Sie herein!   *Come in!*

Er springt hinüber.	*He jumps across.*

Note the difference between the following:

Er macht eine Tür.	*He is making a door.*
Er macht eine Tür **auf**.	*He is opening a door.*
Er macht eine Tür **zu**.	*He is closing a door.*

As the operative word comes last, it is essential to read to the final word of a sentence before translating.

Reflexive pronouns in dative case

In the dative case the reflexive pronoun **mich** becomes **mir**, **dich** becomes **dir**. All other persons are the same as the accusative, i.e. **sich** and **uns**. Their chief use is as follows:

Steck es in **die** Tasche. = *Put it in your pocket.*

Germans use the definite article instead of the possessive adjective with parts of the body and personal things. But the personal idea is mostly reinforced by adding the reflexive (or personal) pronoun in the dative.

Ich wasche **mir das** Gesicht.	*I wash my face.*
Sie kämmt **sich das** Haar.	*She combs her hair.*
Ziehe **dir die** Schuhe an!	*Put on your shoes!*

EXERCISES

A Beantworten Sie auf deutsch:

1 Wann geht die Sonne auf?
2 Um wieviel Uhr stehen Sie auf?
3 Was ziehen Sie an, wenn Sie ins Badezimmer gehen?
4 Was ziehen Sie aus, wenn Sie ins Bett gehen?
5 Warum steht Paula spät auf?
6 Was sagt der Vater während des Frühstücks?
7 Warum singt Karl im Badezimmer?

8 Warum hat Paula wenig Zeit zum Frühstück?

9 Um wieviel Uhr sitzt sie im Bus?

10 Wir riechen mit der Nase. Womit (a) sehen Sie, (b) hören Sie?

11 Wann brauchen Sie (a) Seife, (b) Lippenstift, (c) Zahnpasta, (d) eine Haarbürste, (e) einen Spiegel?

B Rewrite the following sentences, putting the verb in brackets (the infinitive) into the correct form of the present tense and taking care to put the separable prefix in the proper place:

1 Im Winter (aufgehen) die Sonne spät.

2 Ich (aufstehen) früher im Sommer als im Winter.

3 Mein Hund (aufmachen) die Tür, aber er (zumachen) sie nicht.

4 Sein alter Freund (zurückfahren) morgen nach Deutschland.

5 Warum (weggehen) Sie so früh?

6 (hereinkommen) Sie doch, wenn Sie Zeit haben!

7 Ich (anziehen) den Mantel, weil es kalt ist.

8 Karl (beginnen) das Brot zu schneiden.

9 Sie (verstehen) mich nicht.

C Write the following verbs in the **du** form: (e.g. ich gehe . . . du gehst)

ich stehe	ich singe
ich verstehe	Sie halten
er geht	sie nimmt
wir sagen	ich trage
sie machen	ich bringe

D Translate these phrases into German.

In the bathroom; during breakfast; they get up early; it is eight o'clock; you must get up; he doesn't go away; she stays in front of the door; she falls asleep; do you (du) close the window at night? I am putting my shoes on; why don't you wash your face? I always wash my hands before eating.

22

AUS EINER ZEITUNG

Es ist Sonntag Nachmittag: der Tag ist regnerisch: die Familie sitzt vor dem Feuer im Wohnzimmer. Paula strickt sich einen neuen Pullover aus gelber Wolle: Karl liest einen englischen Roman: Anton studiert einen Bericht über die Erziehungsprobleme in den deutschen Hauptschulen, während die Mutter die Zeitung liest. Sie interessiert sich für das Leben anderer Leute, weil sie sehr sentimental ist. Darum liest sie das Feuilleton. Im Feuilleton erscheint jeden Sonntag ein Artikel vom 'Onkel Konrad'. Er heißt 'Der Ratgeber–unsere Leser fragen, wir antworten.' Marie liest Folgendes:

O.G. schreibt: 'Ich kenne einen Mann, der mich liebt, aber ich liebe ihn nicht. Er ist ziemlich alt und sehr klein–viel kleiner als ich. Wenn ich ihn heirate, werde ich reich, weil er viel Geld hat. Aber ich fürchte, unglücklich zu werden. Meine Mutter ist Witwe, und ich bekomme keine Mitgift: aber ich habe eine gute Stellung als Stenotypistin. Meine Mutter will, daß ich diesen Herrn heirate. Ich weiß, daß meine Mutter nur mein Glück will, und nicht will, daß ich arm bleibe. Ich will mich aber nicht verkaufen. Ich weine viel und weiß nicht, was ich machen soll. Ich bin siebzehn Jahre alt. Kann ich mir dem Heiraten noch Zeit lassen?'

Onkel Konrad antwortet: 'Sie haben mit dem Heiraten bestimmt noch Zeit. Diese Frage können Sie in fünfzehn Jahren stellen. Er liebt Sie, Sie lieben ihn nicht? Das ist traurig, aber nur für ihn. Sie müssen keine Diskussionen mit Ihrer Mutter haben. Sie sind ohne Mitgift? Sie dürfen wegen dieser Sache nicht weinen. Sie haben eine gute Stellung, und das ist auch Kapital. Wenn man siebzehn Jahre alt ist, soll man seine Arbeit machen und im übrigen lachen, singen und tanzen. Noch eins sollen Sie wissen, daß auch viele große Männer klein sind.'

der Artikel(-)	*article*	das Kapital(-ien)	*capital*
der Bericht(-e)	*report*	das Leben(-)	*life*
der Ratgeber(-)	*adviser*	das Erziehungs-problem(-e)	*educational problem*
der Roman(-e)	*novel*		
die Dis-kussion(-en)	*discussion*	albern	*foolish*
die Mitgift	*dowry*	gelb	*yellow*
die Haupt-schule(-n)	*secondary modern school*	regnerisch	*rainy*
		sentimental	*sentimental*
		stolz	*proud*
die Sache(-n)	*thing, affair*	traurig	*sad*
die Stellung(-en)	*post, position*	ziemlich	*rather, fairly*
		daß	*that, so that (verb last)*
die Steno-typistin(-nen)	*shorthand-typist*		
		während	*while (verb last)*
die Witwe(-n)	*widow*	an sehen (er sieht an)	*to look at*
das Feuer(-)	*fire*		
das Feuilleton(-s)	*feature pages*	erscheinen	*to appear, seem*
das Glück	*happiness*	fürchten	*to fear*
das Heiraten	*marriage*	heiraten	*to marry*
er stellt eine Frage	*he asks a question*	stricken	*to knit*
		weinen	*to weep, cry*
ein Bericht über	*a report about*	tanzen	*to dance*
		im übrigen	*for the rest*
ich interessiere mich für Deutsch	*I am interested in German*	kann ich mir mit dem Heiraten Zeit lassen?	*can I postpone getting married for a while?*
ich weiß nicht, was ich machen soll	*I do not know what to do*		
		Gott sei Dank	*Thank God*

GRAMMAR

Subordinate clauses

. . . während die Mutter die Zeitung liest	*. . . while mother reads the paper*
Meine Mutter will, daß ich diesen Mann heirate.	*My mother wishes me to marry this man.*

After **daß** and **während** the verb stands at the end of the clause as it does after **weil** and **wenn**.

Wissen *and* kennen

Wissen means *to know* (*about*), *have knowledge of,* whereas **kennen** means *to know* (*personally*), *be acquainted with.*

Ich kenne diesen Engländer.	*I know this Englishman.*
Wir wissen, daß er gut Deutsch spricht.	*We know that he speaks good German.*

The singular of **wissen** is irregular, as follows:
   ich weiß, du weißt, er weiß.
And the plural is regular:
   wir, Sie, sie wissen.

Modal verbs

The six modal verbs are irregular in the present tense.

	können *can, am able to*	wollen *want to, will*	müssen *must, have to*	sollen *shall, am to*	dürfen *may, am allowed to*	mögen *may, like to*
ich	kann	will	muß	soll	darf	mag
du	kannst	willst	mußt	sollst	darfst	magst
er	kann	will	muß	soll	darf	mag
wir Sie sie }	können	wollen	müssen	sollen	dürfen	mögen

There is no **zu** with the infinitive governed by a modal verb. Here is an example:

Er kann Fußball spielen, aber er darf nicht spielen.   *He can play football but he is not allowed to play.*

Infinitives as nouns

heiraten	*to marry*	das Heiraten	*marriage*
leben	*to live*	das Leben	*life*
essen	*to eat*	das Essen	*meal*
aufstehen	*to get up*	das Aufstehen	*rising*

Any infinitive may be used as a noun by giving it a capital letter and making it neuter.

EXERCISES

A Beantworten Sie auf deutsch:

1 Warum sitzt die Familie vor dem Feuer?
2 Karl liest einen Roman. Was tut (a) Paula, (b) der Vater, (c) Marie?
3 Was ist das Problem des jungen Mädchens?
4 Geben Sie die Antwort Onkel Konrads.
5 Ist es wahr, daß viele große Männer klein sind? Geben Sie Beispiele.

B Put the verbs in the correct position in the following sentences:

1 Ich sehe, daß Sie (sind) glücklich.
2 Er weiß, daß dieser Hund (beißt) keine Kinder.
3 Sie schreibt, daß sie (will) uns morgen besuchen.
4 Während Karl (schreibt) in sein Tagebuch, er (denkt) an Leni.

Revision

EXERCISES

A Give the correct form of the verb in the following:

1 Meine Mutter (wollen), daß ich ihn (heiraten).
2 Ich (wissen), wo Ihr Roman (liegen).
3 Sie (aufstehen) um sieben Uhr.
4 Wenn es kalt (sein), (zumachen) Sie die Tür.
5 (Müssen) Sie schon gehen?
6 Karl (essen) gern Kuchen.
7 Anton (lesen) einen Bericht.
8 Wir (verstehen) kein Wort von dem, was Sie (sagen).
9 Du (wissen), daß ich dich (lieben).
10 Wenn er schnell (laufen), (kommen) er bald an das Dorf.
11 Sobald ich (gehen) ins Bett, (einschlafen) ich.

B Was ist das Gegenteil (*opposite*) zu:

kühl	jung	aufstehen
dumm	glücklich	spielen
der Winter	weinen	schlecht
groß	vergessen	die Nacht
kalt	schwarz	

C Fill in the correct endings:

1 D- arm- Mädchen will d- reich- klein- Mann heiraten.
2 Er gibt ein- klug- Antwort auf dies- dumm- Frage.
3 D- müd-Junge steht an dies- kalt- Tag spät auf.
4 Sein schmutzig- Kind geht in unser- sauber- Küche.
5 D- hungrig- Kinder essen ein groß- Frühstück.
6 All- wild- Tiere haben scharf- Zähne und scharf- Ohren.

7 Wie viel- neu- Patienten warten in d- groß- Saal?

D Give the nominative, the genitive singular and the nominative plural of the following with the definite article:

Abend	Brief	Jahreszeit
Zeitung	Stockwerk	Doktor
Kirche	Fisch	Dame
Stock	Rechnung	Fenster
Zahn	Kartoffel	Wald
Körper	Flasche	Mark
Büro	Krankenhaus	Amerikaner
Wand	Minute	Brücke
Lampe	Tür	

E Complete these sentences in German:

1 Wenn man krank ist, . . .
2 Weil Paula nicht aufsteht, . . .
3 Dieses Motorrad kann nicht fahren, weil . . .
4 Sobald er nach Hause kommt, . . .
5 Der Seemann kann nichts kaufen, weil . . .

F Beantworten Sie auf deutsch:

1 Ein Kellner ist ein Mann, der in einem Restaurant arbeitet (a) Was ist ein Wirt, (b) ein Arzt, (c) ein Mechaniker, (d) eine Radfahrerin?
2 Nennen Sie fünf Tiere.
3 Wann ist es warm?
4 Was findet man in einer Garage?
5 Was für Kleider tragen Sie im Herbst?
6 Was trägt man an den Füßen?
7 Was trägt man auf dem Kopf?
8 Was trägt man im Wasser, wenn man schwimmt?
9 Was ißt man zum Frühstück?
10 Was trinkt man im Restaurant?

G Lesen Sie diese Zahlen, Zeiten und Daten auf deutsch:

2	one third	20 to four	1.2.1950
6	eleven twelfhs	a quarter past five	26.4.1924
21	nineteen twentieths	5 minutes to three	
98		half past twelve	
736		25 past six	
1066		half past nine	
1645			
1714			
1815			
1901			

Now translate these:

his first mistake	the eighth book
my second wife	her twenty-first birthday
his third glass	a hundred times

H Put in the correct gender and case of the relative pronoun and translate:

1 Der Student, mit __ er spricht, kann gut Deutsch.
2 Die Stadt, in __ sie wohnen, heißt Hamburg.
3 Das Kind, __ man Bonbons gibt, soll 'Danke schön' sagen.
4 Das Gebäude, __ Fenster so schmutzig sind, ist leer.
5 Die Bekannten, __ ich gut kenne, werden meine Freunde.
6 Der Komponist, __ Lied sie singt, heißt Mozart.

I Translate these phrases into German:

put your hat on	every wise child
sit down	the son of clever parents
in winter	the teacher is poorer than the
in the evening	doctor
the tree is in the garden	he is not as rich as the farmer
come with me	you like reading English books
her second husband	thank you
the third storey	good-bye

J Schreiben Sie einen kleinen Aufsatz über jedes Mitglied der Familie Schulz (60-90 Worte).

READING PASSAGE

Fest- und Feiertage

Wir verdanken der Kirche die meisten unserer Feiertage. In Deutschland fallen die bedeutendsten Feste zu Ostern, zu Pfingsten und zu Weihnachten. Besonders im Rheinland ist auch Fastnacht (Fasching) sehr beliebt. Man feiert im Karnevalszug, man singt und tanzt und jeder trägt ein Kostüm.

Karfreitag dagegen ist ein Trauertag für alle Gläubigen, aber bald danach kommen die Tage der Freude, Ostersonntag und - montag. Alte und Junge schenken sich Osterhasen und Ostereier.

Weihnachten, wie die anderen Feste, ist im Plural, weil es drei Tage lang dauert (darum heißt *Boxing Day* der Zweite Weihnachtstag). Dann singt man Weihnachtslieder, legt die Weihnachtsgeschenke um den Weihnachts (Tannen-) baum und ziert die Zimmer mit Tannenzweigen, Sternen, Kugeln und Herzen.

Andere schöne alte Bräuche sind 1) der Adventskranz (Tannenzweige mit vier Kerzen und einem roten Band), 2) der

Adventskalender (aus Pappe mit 24 Fenstern), 3) die Krippe.

Man wünscht 'Fröhliche Weihnachten!' oder 'ein frohes Weihnachtsfest!' und zum Neuen Jahr wünscht man 'ein recht glückliches Neues Jahr!' oder 'Alles Gute zum Neuen Jahr!' Der Abend vor dem Neujahrstag heißt Silvesterabend.

Das Fest(-e), der Festtag(-e), die Feier(-n), der Feiertag	*holiday festival*	der Heilige Abend	*Xmas Eve*
ein Fest begehen, feiern	*to celebrate*	der Karfreitag	*Good Friday*
das Freuden (Trauer-)fest	*day of rejoicing (sorrow)*	der Karnevals- zug(ᵋe)	*carnival, procession*
		der Kranz(ᵋe)	*wreath, garland*
Weihnachten (pl.), das Weihnachts- fest	*Christmas*	der Silvester (abend)	*New Year's Eve*
		der Stern(-e)	*star*
der Weihnachts- mann	*Father Xmas*	der Zweig(-e)	*branch, twig*
		die Fastnacht, der Fasching	*pre-Lent carnival, Shrovetide*
das Weihnachts- lied(-er)	*carol*	die Freude(-n)	*joy, rejoicing*
Ostern (pl.) das Osterfest	*Easter*	die Kerze(-n)	*candle*
		die Krippe(-n)	*crib, manger*
der Oster- hase(-n)	*chocolate hare*	die Kugel(-n)	*ball, bullet*
		die Pappe(-n)	*cardboard*
das Osterei(-er)	*Easter egg*	die Tanne(-n)	*fir*
das Band(ᵋer)	*ribbon*	das Herz(-en)	*heart*
der Brauch(ᵋe)	*custom*	das Pfingsten (or pl.)	*Whitsun*
der Gläubige(-n)	*faithful*	bedeutend	*important*
		bunt	*gay, coloured*
		feiern	*to celebrate*
		verdanken	*to owe*
		zieren	*to decorate*

1 Wann ist (a) Silvester, (b) der Heilige Abend?
2 Was geschieht an diesen zwei Abenden?
3 Wie grüßt man seine Freunde (a) zu Weihnachten, (b) zum Neujahr?
4 Beschreiben Sie die Krippe.
5 Womit ziert man die Zimmer zu Weihnachten?
6 Nennen Sie die bedeutendsten Feste des Jahres.

Eine Reise nach Deutschland

Karl war in London. Jetzt fährt er nach Hause zurück. Mit ihm reist Hilda, die eine englische Freundin von Paula ist. Die zwei jungen Menschen fahren zusammen nach Miesbach, zuerst mit dem Schiff und dann mit dem Zug.

23

DIE SEEREISE

Hilda　Die See ist ruhig: das Schiff fährt schnell: es ist ein schöner Tag, kein Wind, keine Wolken am Himmel.

Karl　Ja, es wird eine gute Fahrt für alle.

Hilda　Nicht für alle. Sehen Sie doch das arme Mädchen dort. Es scheint krank zu sein. Vielleicht braucht es Hilfe.

Karl　Nein, es ist nicht krank, es ruht sich nur aus.

Hilda　Vielleicht haben Sie recht. Aber, sagen Sie mal, Karl. Ist das Schiff nicht ziemlich voll besetzt?

Karl　Es sind sehr viele Reisende an Deck. Einige stehen vorne, aber es sind sehr viele hinten.

Hilda　Sie fahren zweiter Klasse, nicht wahr?

Karl　Ja, und die meisten Passagiere der ersten Klasse sind unten in den Kabinen oder sie nehmen Erfrischungen im Restaurant zu sich.

Hilda　Was macht der Matrose da, der in der blauen Jacke?

Karl　Er teilt die Landungskarten aus.

Hilda　Landungskarten? Wozu braucht man die?

Karl   Die müssen wir abgeben, wenn wir ankommen. Sonst kommen wir nicht herunter vom Schiff.

Hilda   Das wäre schlecht! Ich will nicht ewig auf der See fahren wie der Fliegende Holländer. (Sie geht zum Matrosen und holt die Karten.) Das Rettungsboot da ist nicht sehr groß, Karl.

Karl   Hoffentlich brauchen wir es nicht. Aber es sind außerdem genügend Rettungsjacken für alle da.

Hilda   Ich möchte mal einen Rundgang durch das Schiff machen.

Karl   Gute Idee! Ich bleibe solange hier und passe auf das Gepäck auf, bis Sie wiederkommen.

In diesem Augenblick kommt dicker, schwarzer Rauch aus dem Schornstein. Hilda eilt rasch nach vorne am Schornstein vorbei. Sie kommt zur Kommandobrücke und sieht hinauf. Hier steht der Kapitän und spricht mit dem Steuermann. Dann läuft er die kurze Treppe herunter, sieht Hilda und grüßt sie höflich: 'Angenehme Fahrt, nicht wahr?' 'Wunderbar!' sagt Hilda. 'Nur noch eine halbe Stunde, dann kommen wir an Land. Also, gute Reise, Fräulein!' Der Kapitän eilt in seine Kabine, und Hilda kehrt sehr zufrieden zu Karl zurück.

der Matrose (-n)	sailor	die Kommando-brücke (-n)	bridge
der Rauch	smoke		
der Rund-gang (-̈e)	circular tour	die Landungs-karte (-n)	landing card
der Schorn-stein (-e)	chimney	die Reise (-n)	journey
		die Seereise (-n)	sea trip
der Reisende (-n)	traveller	die Rettungs-jacke (-n)	life jacket
der Steuer-mann (-̈er)	helmsman		
		das Gepäck (-e)	luggage
die Erfrisch-ung (-en)	refreshment	sonst	otherwise, or else
zu sich nehmen	to take	unten	below, down below
die Kabine (-n)	cabin	vorne	in front, forward

nach vorne	*in a forward direction*	außerdem	*besides*
		vollbesetzt	*full up*
auf dem Schiff	*on the boat*	hoffentlich	*it is to be hoped that*
im Zuge	*on the train*		
der Fliegende Holländer	*the flying Dutchman*	mal (einmal)	*just*
		ewig	*eternal (ly), for ever*
das Rettungs- boot(-e)	*life boat*		
		genügend	*sufficient*
das Deck(-e)	*deck*	hinten	*behind, aft*
abgeben	*to hand in*	mit dem Zug	*by train*
aufpassen	*to look out, see to*	mit der Bahn	*by rail*
		recht (unrecht) haben	*to be right (wrong)*
ausruhen, sich	*to rest*		
austeilen	*to distribute, give out*	in diesem Augenblick	*at this moment*
brauchen	*to need*	eilt am Haus vorbei	*hurries past the house*
vorbeieilen	*to hurry past*		
zurückkehren	*to return*	'Gute Reise!'	*'Pleasant journey!'*
angenehm	*agreeable, pleasant*		

EXERCISES

A 1 Wie ist das Wetter für die Seereise?
   2 Wo stehen die Passagiere zweiter Klasse?
   3 Wer trägt eine blaue Jacke?
   4 Wer ist der Fliegende Holländer?

B Translate: It is a fine day. There are no clouds in the sky and the boat sails for Germany. It is rather full. Most of the first class passengers are down below in their cabins, but many people are on deck. They stand around the life boat when the sailor gives them their landing cards. Karl does not sit down. He keeps his eye on the baggage.

24

ANKUNFT IM HAFEN

Hilda Stehen Sie doch auf, Karl. Das Schiff kommt an Land.

Karl Sind wir schon im Hafen? Ich will unser Gepäck holen.

Hilda Das ist nicht nötig. Sehen Sie doch die Gepäckträger. Sie laufen schon auf das Schiff.

Karl Ja, hier ist schon einer. (Zum Gepäckträger) Gepäckträger! Diese vier Koffer, die braunen, aus Leder! Bringen Sie die an den Zug nach Köln! Wir sehen Sie wieder auf dem Kai. Welche Nummer haben Sie? Ach so, 123!

Hilda Mit Hilfe eines Gepäckträgers geht das Umsteigen viel Leichter. Die Koffer sind schwer zu tragen. Wollen wir nicht auch an Land gehen? Der Landungssteg ist schon bereit.

Karl Aber die Beamten sind es nicht. Es geht ziemlich langsam voran. So viele Reisende warten vor uns.

Hilda Haben Sie den Paß bereit?

Karl Nein, wir brauchen ihn nicht. Die Paßkontrolle findet im Zug statt. Dort steht die Bekanntmachung auf französisch.

Hilda Sie wissen, Karl, ich verstehe kein Französisch. Aber ich habe die Landungskarten. Wo gebe ich sie ab?

Karl Unten am Landungssteg.

der Beamte (-n)	*official*	die Bekannt-	*notice*
der Gepäck-	*porter*	machung (-en)	
träger (-)		die Kontrolle (-n)	*control,*
der Hafen (®)	*port, harbour*		*check*
der Kai (-s)	*quay, dock*	das Leder (-)	*leather*
der Koffer (-)	*bag, suit-case*	stattfinden	*to take place*
der Landungs-	*gangway*	bereit	*ready*
steg (-e)		nötig	*necessary*
der Paß (-̈e)	*passport*	aus Leder	*made of*
der Zug (-̈e)	*train*		*leather*
die Ankunft (-̈e)	*arrival*		

EXERCISES

A Fragen:

1 Was sieht man in einem Hafen?
2 Wie bringt Karl die Koffer an den Zug?
3 Wozu dient ein Landungssteg?
4 Wo gibt man die Landungskarten ab?
5 Was für Koffer hat Karl und wie viele?

B Translate this passage into German:

When the ship arrives, Karl gets up and collects the luggage. He has four suitcases. The porter takes these to the train for Köln, while the young people wait on the deck. Many passengers stand by the gangway but the officials are not yet ready. Karl sees a notice in French, but Hilda cannot read it. She only understands German.

25

AM BAHNHOF UND IM ZUG

Hilda Dort ist ein Zeitungskiosk. Warten Sie bitte mal! Ich will eine deutsche Zeitung kaufen.

Karl Aber, schnell, Hilda! Da steht schon der Zug. (Hilda kommt bald zurück.) Dort ist unser Wagen, und hier sind unsere Pläze – reserviert. Es ist ein ICE, d.h. Inter City Express.

Hilda Wie schön sind die Sitze und wie breit die Fenster. (Zwei Damen sitzen im Abteil. Die eine sitzt in der Ecke und liest ein Buch. Die andere scheint müde zu sein, und schläft. Karl bezahlt den Gepäckträger. Das Gepäck liegt schom im Netz. Jetzt schreibt er eine Postkarte. Hilda ißt ein Stück Schokolade.) Achtung! Der Zug fährt jetzt ab.

Karl Jetzt kann ich nicht mehr schreiben. Hier kommt der Schaffner.

Schaffner Fahrkarten, bitte! Danke schön! Nach Lippstadt? Also, in Köln umsteigen! Anschluß um halb acht!

Hilda Um wieviel Uhr kommen wir in Köln an?

Schaffner Um sieben Uhr zwanzig.

Hilda Wir haben keine Verspätung? Gut! Vielen Dank, Herr Schaffner! Es ist eine sehr angenehme Reise!

Schaffner Auf Wiedersehen, meine Herrschaften! Die Paß-kontrolle kommt gleich hinter mir her. Wir sind an der Grenze.

Beamter Guten Tag! Bitte die Pässe vorzeigen.

Hilda Moment, bitte. Mein Paß ist im Koffer . . . Nein, er ist nicht dort.

Beamter Vielleicht ist er hier auf dem Sitz unter dieser

Zeitung?

Hilda Nein, ich habe ihn hier in der Handtasche. So, bitte!

Beamter Dies ist das erste Mal, daß Sie nach Deutschland kommen? Sie sprechen sehr gut Deutsch. Ich wünsche Ihnen viel Vergnügen auf der Reise. (Er stempelt die Pässe und geht weiter.)

der Anschluß (-̈e)	*connection*	reserviert	*reserved*
der Bahnhof (-̈e)	*station*	alles in Ordnung	*all is well/ okay*
der Kiosk (-s)	*stall*	gleich er kommt	*immediately, like he is right*
der Schaffner (-)	*guard*	gleich hinter mir her	*behind me*
die Ecke (-n)	*corner*		
die Fahrkarte (-n)	*ticket*	er scheint müde zu sein	*he seems to be tired*
die Grenze (-n)	*frontier*		
die Herrschaft (-en)	*lady or gentleman*	wir haben Verspätung	*we are late*
die Lokomotive (-n)	*engine*	der Moment (-e)	*moment*
die Verspätung (-en)	*lateness*	der Sitz (-e)	*seat*
das Abtei (-e)	*compartment*	stempeln	*to stamp*
das Netz (-e)	*net, rack*	vorzeigen	*to show, produce*
Achtung!	*look out!*	breit	*wide, broad*
abfahren	*to leave, start*	Moment, bitte!	*just a moment, please!*
aussteigen	*to get out, descend*	ich wünsche Ihnen viel Vergnügen!	*have a nice time!*
einsteigen	*to get in, mount*		
umsteigen	*to change*		

Fragen:

1 Was tun die zwei Damen im Abteil?
2 Was schreibt Karl?
3 Was will der Schaffner?
4 Wie viele Minuten Verspätung hat der Zug?
5 Um wieviel Uhr kommen sie in Köln an?
6 Was sieht man an einem Bahnhof?

26

ANKUNFT IN KÖLN

Hilda Es ist sieben Uhr, Karl. Wir kommen bald in Köln an.

Karl Ja. Aber, sehen Sie nur! Dort ist die Rheinbrücke und dahinter der Kölner Dom.

Hilda Wunderbar! Was sind die anderen Gebäude rechts und links?

Karl Die sind nicht Besonderes. Es sind meistens Supermärkte, Kaufhäuser, Amtsgebäude, Fabriken und auch Wohnblocks.

Hilda Was heißt Amtsgebäude, Karl?

Karl Das sind öffentliche Stellen, so wie das Rathaus und das Postamt, verstehen Sie?

Hilda Jawohl! Karl, wir sind schon fast am Bahnhof. Ich muß einmal schnell auf die Toilette gehen. Wissen Sie, wo sie ist? Am Ende des Korridors? (Hilda verschwindet und kehrt bald zurück.) Da bin ich schon wieder!

Karl Was für ein Gedränge! Sehr viele Menschen warten hier auf den Zug. Ich steige zuerst aus, und Sie geben mir die Koffer durch das Fenster. Geht das?

Hilda Dort ist der Ausgang und auch die Gepäckaufbewahrung.

Karl Aber wir wollen unser Gepäck doch mitnehmen. Hier ist ein Kofferkuli für das Gepäck. Vor dem Bahnhof rufen wir uns ein Taxi, das uns zum Hotel fährt. (Das Taxi bringt die Freunde zum Hotel.)

der Aus-gang(-̈e)	*exit*	das geht	*that will do, that's all right*
der Bahn-steig(-e)	*platform*	er wartet auf den Zug	*he waits for the train*
der Koffer-kuli(-s)	*luggage trolley*	der Wohn-block(-s)	*block of flats*
die Gepäckauf-bewahrung	*left-luggage office*	die Fabrik(-en)	*factory*
die Stelle(-n)	*place, office*	das Rathaus	*Town Hall*
die Toilette(-n)	*toilet*	mitnehmen	*to take with one*
das Gedränge	*crowd*	verschwinden	*to disappear*
das Hotel(-s)	*hotel*	öffentlich	*public, official*
das Amtsge-bäude(-n)	*offices*	wunderbar	*wonderful*

EXERCISES

A Fragen:

1 Woher weiß Hilda, daß sie in Köln ankommen?
2 Woher weiß es Karl?
3 Wie kommen sie zum Hotel?
4 Erklären Sie das Wort 'das Gedränge'.
5 Wie bringt Karl das Gepäck aus dem Abteil?

B Translate into German:

When one arrives in a strange town, the best thing is to take a taxi to a hotel. You get a luggage trolley for your luggage and go to the exit. There you call a taxi which takes you to the hotel.

27

IM HOTEL

Die Freunde steigen aus, gehen ins Hotel und warten an der Rezeption. Dort schreiben sie ihre Namen auf einen Zettel. Der Angestellte sagt ihnen ihre Zimmernummern: zwei Einzelzimmer, mit Bad und WC. Der Boy bringt sie im Fahrstuhl zum ersten Stock, und trägt die Koffer in die Zimmer.

Hilda ist sehr schmutzig von der Reise. Sie wirft den Hut und den Mantel auf einen Stuhl, zieht sich aus und badet. Wie schön ist das warme Wasser! Dann zieht sie sich schnell wieder an, und bald sitzt sie vor dem Spiegel und schminkt sich. Dann geht sie nach unten, und der Kellner führt sie zu einem Tisch. Dieser ist schon gedeckt. Das Besteck–Löffel, Messer, Gabeln, sowie Teller–alles ist schon auf dem Tisch und eine Karaffe mit einem Viertel Rheinwein neben einem Glas. Die Blumen auf dem Tisch sind schön.

Was tut Karl inzwischen? Er bleibt auf seinem Zimmer. Er ist sehr müde und gar nicht hungrig. Also schreibt er eine Postkarte und telefoniert nach dem Hausdienst. Ein Kellner bringt ihm eine Portion Tee auf einem Tablett. Nach dem Teetrinken ist er wieder erfrischt und geht nach unten, um Hilda zu suchen. Zuerst aber schließt er die Tür seines Zimmers ab und gibt den Schlüssel an der Rezeption ab.

Am nächsten Tag fahren unsere Freunde mit dem Zug nach Lippstadt weiter, wo Paula sie abholt und nach Miesbach fährt.

der Boy(-s)	*page*	der Tisch ist gedeckt	*the table is laid*
der Dienst(-e)	*service*	der Zettel(-)	*chit, form*
der Ange- stellte(-n)	*employee*	die Gabel(-n)	*fork*
der Fahr- stuhl(-̈e)	*lift*	die Karaffe (-n)	*carafe*
der Löffel(-)	*spoon*	das Besteck(-e)	*cutlery*
der Schlüssel(-)	*key*	das Einzel- zimmer(-)	*single room*
der Spiegel(-)	*mirror*	abholen	*to pick up, fetch*
der Teller(-)	*plate*		
das Tablett(-e)	*tray*	abschließen	*to lock*
das Viertel(liter)(-)	*quarter (of a litre)*	telefonieren	*to telephone*
schmutzig	*dirty*	weiterfahren	*to continue the journey*
sowie	*and, as well as*	erfrischt	*refreshed*
auf seinem Zimmer	*in his room*		

EXERCISES

A Translate into German:

- May I have a single room, please, with en suite facilities?
- Yes. Will you please write your name on this form?
- On which floor is the room, and what is the number?
- 231 on the second floor! Here is your key, sir. Please hand it in at reception when you go out.
- I am very tired from the journey. I am not going out.
- The waiter can bring you a cup of tea on a tray. Please telephone room-service if you want anything.

B Was tut Hilda im Hotel?

DAS AUTO

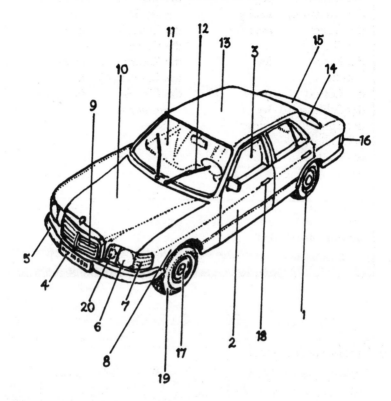

Key to the car

1 das Rad(⁻er) *wheel*
2 die Tür(-en) *door*
3 die Seitenscheibe(-n) *side window*
4 das Nummernschild(-er) *number plate*
5 die Stoßstange(-n) *bumper*
6 der Scheinwerfer(-) *head-lamp*
7 der Blinker(-) *indicator*
8 der Kotflügel(-) *mud-guard*
9 die Kühlerverkleidung(-en) *radiator*

10 die Haube(-n) *bonnet*
11 die Windschutzscheibe(-n) *wind-screen*
12 der Scheibenwischer(-) *wiper*
13 das Dach(-er) *roof*
14 das Rückfenster(-) *rear window*
15 der Kofferraum(-er) *boot*
16 das Schluß, Brems-, Warnlicht(-er) *tail, brake, warning light*
17 die Radkappe(-n) *hub-cap*
18 der Griff(-e) *handle*
19 der Reifen(-) *tyre*
20 das Nebellicht(-er) *fog-lamp*

READING PASSAGE

Das Autofahren

Das Autofaren ist eine teure Sache. Selbst ein Gebrauchtwagen (vielleicht eine 'alte Kiste') kostet viel Geld und die Service- und Versicherungskosten sind hoch. An den Tankstellen werden Benzin und Öl teuerer, so oft man tankt. Aber bevor man überhaupt fahren darf, muß man eine Fahrschule besuchen, um die Fahrprüfung zu bestehen: sonst bekommt man keinen Führerschein.

Wenn man dann endlich am Lenkrad sitzt, kommen neue Probleme. Es herrscht fast überall Parkverbot (deswegen sind die Supermärkte mit ihren großen Parkplätzen sehr beliebt).Zur Hauptverkehrszeit gibt es oft Verkehrstaus, gant besonders dann, wenn eine Hauptstraße gesperrt ist. Die Fußgänger und andere Fahrer scheinen recht dumm zu sein und Verkehrsschilder warnen an jeder Kreuzung; dort muß man besonders vorsichtig fahren.

Es gibt viel Verkehr auf den Landstraßen, sowie in der Stadt; die Höchstgeschwindigkeit ist gewöhnlich fünfzig km/h in der Stadt und 80 km/ h auf den Landstraßen.

Trotzdem gibt es zu viele Unfälle. Wenn Sie zu schnell oder ohne Vorsicht fahren, darf der Verkehrspolizist auf der Stelle von

Ihnen eine Geldstrafe fordern. Wenn Sie nur ein Gläschen Wein trinken, haben Sie schon Angst vor dem Atemtest.

Auf dem Autobahnnetz kann man theoretisch schnell und bequem von einem Ende Deutschlands bis zum anderen fahren. Aber auf vielen Strecken kriecht man nur langsam in dichtem Verkehr vorwärts. Trotzdem lohnt es sich, auf dem Land ein Auto zu besitzen, da dort die öffentlichen Verkehrsmittel nicht so oft fahren.

Many motoring terms are compounds of **Auto-**, **Wagen**, **Motor**, **Fahr-**, **Straße-**, **Verkehr-**. The following occur in the text:

das Auto(-s)	*car*	die Haupt- straße	*main road,* *high street*
das Auto- mobil(-e)	*car*	die Nebenstraße	*side road*
das Autofahren	*driving*	die Einbahn- straße	*one-way street*
der Autobus(-se)	*bus*		
der Wagen (-)	*cart, carriage,* *car*	die Straßen- sperrung	*road block*
der Kraftwagen/ Personen- wagen	*car*	das Straßen- netz	*road network*
der Gebraucht- wagen	*used car*	der Straßen- unfall(-e)	*road accident*
der Verkehr	*traffic*	die Straßen- kreuzung(-en)	*crossroads*
das Verkehrs- schild(-er)	*traffic sign*	der Motor(-en)	*engine*
die Verkehrs- ordnung(en)	*highway code*	die Motor- störung	*engine trouble*
die Haupt- verkehrszeit	*rush (peak)* *hour*	der Atemtest	*breath test*
der Verkehrs- stau(-s)	*traffic jam*	der Führer- schein(-e)	*driving license*
die Straße(-n)	*road, street*	der Fuß- gänger(-)	*pedestrian*
die Landstraße	*through road,* *main road*	vorsichtig	*careful*
		das Benzin	*petrol*
		das Öl	*oil*

das Lenk-rad(-er)	*steering-wheel*	fahren	*to drive*
das Verbot(-e)	*ban*	der (Auto-)Fahrer(-)	*driver*
gefährlich	*dangerous*	das Fahr-zeug(-e)	*vehicle*
die Spur(-en)	*lane*	die Fahr-schule(-n)	*driving school*
die Sache(-n)	*thing, business*	die Fahr-prüfung(-en)	*driving test*
eigen	*own*		
bestehen	*to pass (an exam)*	die Fahrt(-en)	*trip*
fordern	*to demand*	die Geld-strafe(-n)	*fine*
warnen	*to warn*	die (Höchst-)Geschwindigkeit(-en)	*(maximum) speed*
eine alte Kiste	*an old crate*		
es lohnt sich	*it is worth while*	die Strecke(-n)	*distance, section*
km/h (Kilometer pro Stunde)	*m.p.h. (miles per hour)*	die Tank-stelle(-n)	*filling station*
auf der Stelle	*on the spot*	die Versicherung	*insurance*
der Last(kraft)-wagen	*lorry*	die Vorsicht	*care, attention*

Part Two

28

IM BÜRO

Paula kommt um acht Uhr in der Fabrik an. Das ist nicht zu spät. Sie ist Privatsekretärin des Herrn Direktor. Der Direktor ist ein sehr netter Herr.

'Guten Morgen, Fräulein Paula,' grüßt er sie, "Haben Sie ein schönes Wochenende gehabt?' 'Ja, danke, und Sie, Herr Direktor?'

'Ja, wir haben den Geburtstag meiner Frau gefeiert. Wir haben sehr gut gegessen und vielleicht zu viel getrunken. Darum habe ich heute einen echten Kater.'

'Oh, wie schade! Warum nehmen Sie nicht zwei Aspirin?' 'Das habe ich schon getan und es geht mir etwas besser. Nun dann! Haben wir ein großes Programm für heute?' Paula sieht in ihren Schreibblock. 'Nicht besonders viel! Ausschuß der Direktoren um zehn Uhr. Besuch des Herrn Doktor Ganns vom Arbeitsamt um halb zwölf. Sie haben auch versprochen, die neue Kantine zu besuchen.'

'Ist sonst noch etwas los?' 'Der amerikanische Konsul hat wegen Ihres Passes telefoniert. Sie haben es nicht vergessen – Sie fliegen nächste Woche nach New York?'

'Das habe ich ganz vergessen. Haben Sie die Flugtickets besorgt?' 'Natürlich! Es ist alles in Ordnung. Ich habe sie unserem Auslandskorrespondenten, Herrn Weiß, gegeben, der mit Ihnen fährt.' Das Telefon klingelt.

'Herr Schwarz am Apparat! ... Was? ... Ich kann Sie nicht gut hören. Bitte, sprechen Sie etwas lauter'. Paula beginnt, die Post zu lesen. Sie legt alle Rechnungen beiseite, um sie zur Buchhaltung zu schicken. Am Ende des Morgens hat sie alle Briefe gelesen und auch ein paar Antworten geschrieben. Als sie dann die Kantine besucht, ist sie wirklich hungrig.

der Apparat(-e)	*the telephone*	die Buch-	*accounts*
der Auslands-	*foreign*	haltung(-en)	*department*
korrespondent	*correspondent*	das Flug-	*plane ticket*
(-en)		ticket(-s)	
der Aus-	*committee*	nächste Woche	*next week*
schuß(⁼e)		das Arbeits-	*Employment*
der Besuch(-e)	*visit*	amt(⁼er)	*Exchange,*
der Direktor	*manager*		*job centre*
(-en)		das	*programme*
der Kater	*hangover*	Programm(-e)	
der Konsul	*consul*	ein paar	*a few*
(-en)		beiseite	*aside*
der Schreib-	*writing pad*	echt	*genuine, real*
block(-s		wirklich	*real(ly)*
or ⁼e)		besorgen	*to see to, order*
das Aspirin	*aspirin*	versprechen	*to promise*
die Fabrik(-en)	*factory*	wie schade!	*what a pity!*
die	*invoice, bill*	sonst noch	*anything else?*
Rechnung(-en)		etwas?	
die Kantine(-n)	*canteen, mess*	das Wochen-	*weekend*
die Sekretärin	*secretary*	ende(-n)	
(-nen)			
am Apparat	*on the 'phone, speaking*		
ist etwas los?	*Is there anything the matter? Is anything on?*		

GRAMMAR

Perfect tense

The past participles in the left hand column are weak in German, as in English. The English weak ending is -*d*.
The German weak ending is **-t**.

The past participles in the right hand column are strong in German. Their ending is **-en**. The stem vowel changes from the infinitive as it often does in English strong verbs, e.g. *Begin, begun*: **beginnen, begonnen**; *speak, spoken*: **sprechen, gesprochen**.

gesagt	*said*	gegeben	*given*
gehabt	*had*	gegessen	*eaten*
gefeiert	*celebrated*	getrunken	*drunk*
gemacht	*made*	gelesen	*read*
besorgt	*ordered*	gewesen	*been*
telefoniert	*telephoned*	versprochen	*promised*
		vergessen	*forgotten*

The German past participle prefixes **ge-**, except to verbs beginning with **be-, er-, ver- ge-, ent-, emp, zer-** and those ending in **-ieren**.

Separable verbs are split by the **ge-** in their past participle:
angekommen
ausgegangen
aufgemacht
zugemacht.

All verbs are either strong or weak. Most verbs which are weak in English (those whose past participle ends in -*d*) are also weak in German. Most English strong verbs (those which change their vowel, like *sing, sung*: *drink, drunk*) are also strong in German. But there are many exceptions and it is recommended that all strong verbs' parts should be learnt, because of their vowel change in the past participle. The change of vowel is indicated in the vocabulary and in the list of strong verbs. Any verbs not in this list are weak.

The perfect tense is formed by compounding the present tense of **haben** with the past participle.

ich habe gemacht	{ *I have made* { *I have been making*
du hast gehabt	*you have had, etc.*
er, sie, es hat gesagt	*he, she, it has said*
wir haben gesungen	*we have been singing, etc.*
Sie, sie haben geschlafen	*you, they have slept, etc.*
Ihr habt gespielt	*you have played*

Intransitive verbs of motion and a few others (notably **sein, werden, bleiben**) conjugate with **sein** instead of **haben**.

ich bin gekommen	*I have come, I have been coming*
du bist gegangen	*you have gone*
er, sie, es ist gewesen	*he, she, it has been, etc.*
wir sind geworden	*we have become, etc.*
Sie, sie sind eingetreten	*you, they have entered, etc.*
Ihr seid geblieben	*you have stayed*

The past participle comes at the end of the main sentence.

Er hat uns gestern **besucht**.
Ich bin nie in Deutschland **gewesen**.

The past participle comes immediately before the auxiliary verb in a subordinate clause.

Weil er uns gestern **besucht** hat, . . .
Karl ist der Mann, der dem Hund ein Stück Fleisch **gegeben** hat.

EXERCISES

A Beantworten Sie folgende Fragen:

1 Was für eine Arbeit macht Paula in der Fabrik?
2 Um wieviel Uhr kommt sie in der Fabrik an?
3 Warum hat der amerikanische Konsul telefoniert?
4 Was hat Paula besorgt?
5 Wem hat sie die Flugtickets gegeben?
6 Was macht Paula den ganzen Morgen?

B Fill in with a suitable past participle:

1 Das Telefon hat——.
2 Der Direktor und seine Frau haben im Hotel——.
3 Die Sängerin hat drei Lieder——.
4 Der Vater hat die Zeitung——.
5 Der Arzt hat den Bauer gesund——.
6 Paula hat kein Frühstück——.

C Put the verbs in these sentences into the perfect tense:

1 Ich lese ein deutsches Buch.
2 Er macht eine Reise nach England.
3 Sie tanzt mit ihrem Mann.
4 Wir spielen Karten am Abend.
5 Sie geht nach Deutschland.
6 Sie vergessen das Wort.
7 Was verspricht der Direktor?
8 Wenn er nach Hause kommt, repariert er sein Motorrad.

D Deutsch ist eine Sprache. England ist ein Land.

Was ist:
1 Englisch	5 August
2 eine Violine	6 sieben
3 ein Hund	7 das Frühstück?
4 Mittwoch	

E What verbs are connected with the following nouns? (e.g. Telefon – telefonieren)

Studentin	Gang	Bad
Arbeit	Stand	Anzug
Spiel	Teil	Antwort
Gabe	Küche	

Now give the definite article with each noun.

29

DAS RADIO

Nachdem Anton, Karl und Paula am Morgen zur Arbeit gegangen sind, ist das Haus ganz still. Selbst der Hund schläft ruhig im Garten, wo Liesel ihr Buch liest. Marie atmet auf und beginnt, das Haus sauber zu machen.

Zuerst trägt sie das schmutzige Geschirr in die Küche, um es abzuspülen. Sobald sie die Küche und das Eßzimmer aufgeräumt hat, geht sie nach oben, um alle Betten zu machen.

Während sie die Betten macht, kommt Liesel in das Haus herein und sagt, 'Mutti, ich bin hungrig.' 'Warte nur fünf Minuten, bis ich wieder hinunterkomme,' ruft die Mutter. Als sie alles im Schlafzimmer aufgeräumt hat, geht sie zur Küche herunter, um ein Butterbrot für Liesel und zugleich eine Tasse Kaffee für sich zu machen.

Nachdem sie den Kaffee getrunken hat, fühlt sie sich wieder erfrischt. Jetzt saugt sie den Teppich im Wohnzimmer. Sie benutzt den neuen Staubsauger, den ihr Anton zu Weihnachten geschenkt hat.

Danach bereitet sie das Essen vor. Sobald sie die Kartoffeln geschält hat, wäscht sie das Gemüse und macht einen Salat für das Abendessen. Sie kocht auch eine Suppe für das Mittagessen.

Während des Mittagessens hören sie im Radio ein Programm vom Nordwestdeutschen Rundfunk. Doch Marie schaltet gleich wieder ab.

'Das Radio funktioniert heute nicht richtig. Ich weiß nicht, was los ist! Karl muß mal nachsehen. Vielleicht ist eine Schraube am

Lautsprecher lose.'

Als Karl am Abend nach Hause kommt, sieht er sogleich, daß die Antenne nicht eingeschaltet ist. Er steckt den Stecker ein. Aber da er ein vorsichtiger Junge ist, prüft er alles andere auch selbst. Er schaltet an, um Kurz-, Lang- und Mittelwellen zu prüfen, bis er guten Empfang bekommt. Es ist jetzt alles in Ordnung.

der Empfang(̈-e)	*reception*	abspülen	*to rinse, wash up*
der Laut- sprecher(-)	*loudspeaker*	aufatmen	*to breathe a sigh of relief*
der Rundfunk	*wireless*	abschalten	*to switch off*
der Salat (-e)	*salad*	anschalten	*to switch on*
der Staub- sauger(-)	*vacuum cleaner*	aufräumen	*to tidy, clear up*
der Stecker(-)	*plug*	einstecken	*to stick in, plug in*
die Antenne(-n)	*aerial*	einschalten	*to switch on*
die Kurz-, Lang- und Mittel- welle(-n)	*short, long and medium wave*	fühlen, sich	*to feel*
		schälen	*to peel, skin*
die Schraube(-n)	*screw*	nachsehen	*to look at, inspect*
		selbst	*even, self*
die Sendung (-en)	*transmission*	sie selber	*she herself*
		vorsichtig	*careful (-ly)*
das Butter- brot(-e)	*bread and butter*	alles andere	*everything else*
		warte nur	*just wait*
das Gemüse(-)	*vegetable*	vorbereiten	*to prepare*
das Geschirr(-e)	*crockery*	saugen	*to vacuum clean*
das Radio(-s)	*radio*	lose	*loose*

GRAMMAR

Subordinate clauses

als	*when*	nachdem	*after*
bevor	*before*	ob	*if, whether*
bis	*until*	sobald	*as soon as*
da	*as, since*	während	*while*
daß	*that, so that*	weil	*because*
damit	*so that*	wenn	*when, if*
indem	*while*		

The above conjunctions introduce subordinate clauses. In a subordinate clause the verb comes at the end (as in relative clauses). There must be commas round the subordinate clause, and if this precedes the main clause, the main verb will come immediately after the subordinate clause, inverting subject and verb in the main clause.

Sobald sie die Betten gemacht hat, kommt sie herunter.	*When she has made the beds, she comes down.*
Wenn er zurückkommt, spielt er Klavier.	*When he comes back, he plays the piano.*
Während sie die Betten macht, singt sie ein Lied.	*While she makes the beds, she sings a song.*
Bevor sie mich besuchen, kaufen sie immer Bonbons.	*Before they visit me, they always buy sweets.*
Sie arbeiten in dieser Klasse, damit Sie Deutsch lernen.	*You work in this class, so as to learn German.*

The verb stands at the end of the clause after:

als	damit	während
bevor	indem	weil
bis	nachdem	wenn
da	ob	
daß	sobald	

If a subordinate clause precedes a main clause, the main clause begins with the verb.

In compound tenses the operative verb is the auxiliary verb.

Um . . . zu *plus the infinitive*. . .

um die Betten zu machen   *to make the beds*

In this construction, **um** is at the beginning of the phrase, and **zu** with the infinitive at the end. **Um** is preceded by a comma. A separable verb is split by **zu**.

Er geht nach Deutschland, um die Sprache zu lernen.   *He goes to Germany to learn the language.*

Karl kommt früh nach Hause, um das Radio zu reparieren.   *Karl comes home early to mend the radio set.*

Emphatic pronoun

sie selber   *she herself*

Selber is indeclinable and is used as an emphatic with all the personal pronouns, as is **selbst**.

ich selber (selbst)	*I myself*
er selber (selbst)	*he himself*
wir selber (selbst)	*we ourselves*
sie selber (selbst)	*they themselves*

Notice the difference between:

sie macht den Kaffee selber   *she makes the coffee herself*

and

sie macht den Kaffee für sich   *she makes the coffee for herself*

Sich is a reflexive pronoun. **Selber** (**selbst**) is an emphatic pronoun.
The word order of **selbst** must be carefully noted.

ich selbst   *I myself*

but
    selbst ich   *even I*

EXERCISES

A Beantworten Sie folgende Fragen:

  1 Was liest Liesel und wo?
  2 Was trägt Marie in die Küche?
  3 Warum geht sie nach oben?
  4 Was macht sie für das Abendessen?
  5 Was essen sie zu Mittag?
  6 Was ist mit dem Radio los?

B Geben Sie ein anderes Wort für:

  still   die Frau
  das Essen   antworten
  das Auto   Rundfunk
  putzen

C Complete the following sentences with an infinitive phrase: (e.g. with 'Sie geht hinauf, um ...' you should add 'die Betten zu machen').

  1 Karl geht in die Garage, um . . .
  2 Wir gehen zu Bett, um . . .
  3 Liesel kommt in die Küche, um . . .
  4 Wir gehen in ein Restaurant, um . . .
  5 Paula geht in die Fabrik, um . . .
  6 Karl kommt am Abend zurück, um . . .
  7 Man geht zum Möhnesee, um . . .

D Translate these sentences into German:

  1 After he has gone out, I wash the dishes.
  2 He bought a vacuum cleaner to make the work easier.
  3 The young man came home early to mend the radio set.
  4 During the meal they listened to the radio.
  5 She turned off because the set was not working too well.

30

EIN BESUCH IM KINO

Jedermann liebt einen guten Film. Letzte Woche lief ein sehr guter Film im Kino in Lippstadt. Marie las davon in der Zeitung. Sie sah die Anzeige – 'Neue Aufführung! Hamlet, von William Shakespeare! Englische Originalfassung mit deutschen Untertiteln.'

'Das Kino in Lippstadt scheint ein gutes Programm zu haben,' sagte Marie. 'Was gibt's?' fragte Paula. 'Hamlet,' antwortete die Mutter. 'Das ist ein wunderschöner Film!' rief Paula aus. 'Ich habe ihn voriges Jahr in Hamburg gesehen. Unsere Eltern müssen den Film sehen, nicht wahr, Karl?'

Karl saß in der Ecke und reparierte das Radio. Er sah auf und lachte. 'Also, ich sah den Film vor zwei Jahren in England und fand ihn scheußlich.' 'Dann bist du ein Esel . . . du . . . du Dummkopf!' antwortete Paula hitzig. Karl lachte, denn er verstand Paula gut. Aber sie sprach so laut, daß sie Liesel weckte, die oben schlief. Die Mutter mußte hinaufgehen und bei ihr bleiben, bis das Kind wieder einschlief.

Als sie wieder in die Stube zurückkam, sprachen sie wieder über den Film, und Anton versprach mit seiner Frau ins Kino zu gehen.

Am nächsten Tag kam er früh nach Hause, und sie fuhren zusammen nach Lippstadt. Bevor sie das Kino besuchten, gingen sie in ein Restaurant, wo sie zu Abend aßen. Sie tranken auch eine Flasche Wein dazu.

Dann gingen sie um halb neun zu Fuß ins Kino. Unterwegs sagte die Mutter: 'Du hast doch die Plätze reserviert, Anton?' Dieser sah verlegen aus. 'Nein,' antwortete er. 'Als ich heute früh telefonierte, bekam ich keine Antwort. Die Nummer war besetzt.' Marie verstand ihren Mann und gab keine Antwort.

Nach fünf Minuten standen sie an der Kasse des Kinos. Es war spät, und die letzte Vorführung hatte schon um halb acht begonnen. Darum wartete niemand. Alle Plätze im Parterre und in den Logen waren besetzt, aber es waren noch zwei Sitze im Balkon frei. Anton mußte sechzehn Mark bezahlen. Nach dem Film sagte er: 'Es war nicht teuer, denn die Aufführung war wirklich sehenswert.'

der Balkon (-e)	*balcony, circle*	besetzt	*occupied, engaged*
der Dumm-	*blockhead*		
kopf (-e)		hitzig	*heated*
der Esel (-)	*ass*	laut	*loud (ly)*
der Film (-e)	*film*	scheußlich	*dreadful*
die Anzeige (-n)	*advertisement*	sehenswert	*worth seeing*
die Vorfüh-	*performance*	verlegen	*embarrassed*
rung (-en)		vorig	*previous, last*
die Kasse (-n)	*cash desk, box-office*	darum	*therefore*
		ins Kino gehen	*to go to the cinema*
die Loge (-n)	*box*		
die Stube (-n)	*room*	ins Theater	*to go to the theatre*
die Auffüh-	*performance*	gehen	
rung (-en)		in die Kirche	*to go to church*
das Kino (-s)	*cinema*	gehen	
das Parterre (-s)	*pit*	in die Schule	*to go to school*
ausrufen	*to exclaim*	gehen	
der Untertitel (-)	*subtitle*	in die Stadt	*to go to town*
die Fassung (-en)	*version*	gehen	
aussehen	*to look, seem*	zu Abend essen	*to dine*
laufen	*to run, to be showing (of a film)*	zu Fuß gehen	*to walk*

GRAMMAR

Imperfect tense

In the above text the following verbs occurred:

war	*was*	sah	*saw*
las	*read*	sah . . . aus	*seemed*
rief . . . aus	*exclaimed*	gingen	*went*
saß	*sat*	tranken	*drank*
fand	*found*	hatte	*had*
stand	*stood*	sagte	*said*
verstand	*understood*	fragte	*asked*
sprach	*spoke*	antwortete	*answered*
versprach	*promised*	reparierte	*repaired*
schlief	*slept*	lachte	*laughed*
schlief . . . ein	*went to sleep*	weckte	*wakened*
kam	*came*	besuchte	*visited*
kam . . . zurück	*returned*	telefonierte	*telephoned*
bekam	*got*	machte	*made, did*
fuhr	*drove*	wartete	*waited*
vergaß	*forgot*	mußte	*had to*
aßen	*ate*		

The above verbs are all in the simple past tense, called the imperfect. The last twelve are weak; all the others are strong. The construction is very similar in both languages. English weak verbs add -*d*, German -**te**. Most English and German strong verbs add nothing to their stem in the 1st and 3rd person singular, but alter the vowel from the infinitive, cf.

English	Infinitive	Imperfect	German	Infinitive	Imperfect
	find	*found*		**finden**	**fand**
	drink	*drank*		**trinken**	**trank**
	see	*saw*		**sehen**	**sah**
	speak	*spoke*		**sprechen**	**sprach**

Weak verbs regularly form their imperfect tense by adding to their stem -**te** (-**ten** in the plural, -**test** in the 2nd person singular):

Infinitive	Stem	Imperfect	Meaning
sagen	sag-	ich sagte	*I said, was saying, used to say*
lieben	lieb-	du liebtest	*you loved, used to love*
machen	mach-	er machte	*he made, was making*
zeigen	zeig-	wir zeigten	*we showed, were showing*
antworten	antwort	Sie antworteten	*you answered*

If the verb stem already ends in -**t** or -**d**, -**ete** must be added.

There are only a few irregular verbs in German. These can be learnt as they occur. Here for instance are six:

er hatte (not habte)
er mußte (no modification)
er stand
er ging
er kam
er war

Model weak verb, imperfect tense

sagen (*to say*)

ich sagte   *I said, was saying, used to say*
du sagtest   *you said, you used to say*
er, sie, es sagte   *he, she, it said, was saying, used to say*
wir, Sie, sie sagten   *we, you, they said, were saying, used to say*

Strong verbs form their imperfect tense by altering the stem vowel. There is no ending in the 1st and 3rd person singular, the 2nd person singular adds (-e)st and the plural adds -en.

geben	*to give*	ich gab	*I gave*	wir gaben	*we gave*
sehen	*to see*	du sahst	*you* (informal) saw	Sie sahen	*you saw*
kommen	*to come*	sie kam	*she came*	sie kamen	*they came*
sprechen	*to speak*	er sprach	*he spoke*	sie sprachen	*they spoke*
gehen	*to go*	es ging	*it went*	sie gingen	*they went*

A few strong verbs change more than the vowel, e.g.

stehen, stand
gehen, ging
kommen, kam

These are irregular.

This vowel gradation (**Ablaut**) can be classified into nine different types. The best way to learn the vowel gradation is, when learning a new infinitive, to learn at the same time the imperfect and the past participle. Thus:

schwimmen, schwamm, geschwommen

There is a list of strong and irregular verbs on pages 334/337. Look up the new verbs you learn in this list. If they are in the list, learn their imperfect and past participles. If they are not in the list, you know that they are weak.

Compound verbs conjugate like their stem verbs, e.g.

stehen, stand, gestanden
verstehen, verstand, verstanden

Separable verbs separate in the imperfect exactly as they do in the present tense, i.e. in main clauses only.

Das Kind schlief ein. Als das Kind einschlief, . . .

The words **ja**, **nein**, **denn**, **und**, **aber**, **doch** and **sondern** do not affect word order:

Denn er verstand Paula. Weil er Paula verstand.

Find examples from **Ein Besuch im Kino** to illustrate this.

EXERCISES

A Beantworten Sie auf deutsch:

    1 Gehen Sie oft ins Kino?
    2 Haben Sie je (ever) einen Chaplin-Film gesehen?
    3 Was für einen Film haben Sie gesehen, als Sie zum letzten Mal das Kino besuchten?
    4 Was machte Karl mit dem Radio? Warum?
    5 Was machten Anton und Marie, bevor sie ins Kino gingen?
    6 Warum hatte Anton die Plätze nicht bestellt?
    7 Um wieviel Uhr begann die letzte Aufführung?

B Give the imperfect tense of the following verbs, rewriting the whole sentence:

    1 Ich finde meinen Hut nicht.
    2 Er schläft unter dem Baum.
    3 Wir lesen es in der Zeitung.
    4 Warum lachen Sie?
    5 Was machen Sie heute?
    6 Sie kommen zur rechten Zeit an.
    7 Ich verstehe Sie nicht, wenn Sie Deutsch sprechen.
    8 Der Arzt geht niemals zu Fuß, weil er keine Zeit hat.
    9 Der Radler repariert das Rad, bevor er fährt.

C Repeat Exercise B using the perfect tense.

D Translate these phrases into German:

I understood you. I did not understand you. Did you understand me? He always walks. I was walking to work. You are right. You are not right. He was right.

31

DIE DORFBEWOHNER

Die Schulzes hatten Besuch von einem Bekannten. Dieser Bekannte war Engländer. Er hatte sich mit Anton angefreundet, als dieser in England war. Er wollte seinen alten Freund sehen, und zu gleicher Zeit sein Deutsch üben. Er sprach ein sehr gutes Deutsch, aber machte von Zeit zu Zeit Fehler in der Aussprache, die Anton dann korrigierte.

Herr Jones interessierte sich sehr für das Leben im Dorf und stellte allerlei Fragen. 'Sie müssen furchtbar einsam hier wohnen!' sagte er. 'Wieso?' fragte Karl. 'Sind nicht alle anderen Einwohner des Dorfes Bauern?' fragte er. Karl mußte lachen. 'Das gerade nicht! Es passiert hier zwar nicht viel Interessantes, aber nur wenige von unseren Nachbarn arbeiten auf dem Land. Sie haben andere Berufe. Herr Abt ist Bankangestellter, und Herr Bunk ist Bahnbeamter; Herr Koch ist Autohändler. Dann gibt's den Arzt und den Geistlichen, unseren lieben Pfarrer.'

'Ja, ich verstehe, daß ein Arzt und ein Geistlicher hier wohnen – die sind überall. Aber es gibt keine Bank, keine Fabrik und keine Bahn in Miesbach. Warum haben Sie dann hier einen Bankangestellten, einen Bahnbeamten und einen Autohändler?'

'Die Antwort ist ganz einfach. Sie wohnen hier, aber sie arbeiten anderswo – meistens in Lippstadt. Hier im Dorf leben wir gesund.' 'Aber Sie sind fast niemals hier,' unterbrach ihn Herr Jones. 'Sie sind dauernd unterwegs. Und noch dazu muß das Einkaufen Ihrer Mutter viel Ärger machen!' 'Gar nicht!' antwortete Karl. 'Die Stadt liegt nur vier Kilometer weit entfernt und Mutti freut sich immer auf ihren wöchentlichen Einkauf.' 'Daß ich nicht lache!' murmelte die Mutter.

Herr Jones lächelte: 'Nach meiner Meinung ist Miesbach kein

richtiges Dorf, sondern ein Vorort der Stadt.'

'Nicht gerade Vorort, sondern ein außerhalb gelegenes Wohnviertel der Stadt!' antwortete Karl. 'Unser Dorf ist nicht mehr so wie es im Mittelalter war. Wir haben keinen Misthaufen vor der Tür. Hier laufen keine Hühner über die Straße. Früher wohnten hier viele, arme Landarbeiter in kleinen Häuschen, aber das ist längst vorbei; ihre Arbeit macht heutzutage ein einziger, geschickter Mechaniker mit Hilfe eines Traktors. Wir sind im Laufe der Zeit zu einem zivilisierten Volk geworden.'

Hierauf konnte der ruhig in seinem Lehnstuhl sitzende Vater nicht länger schweigen. 'Ich weiß nicht, ob 'zivilisiert' das richtige Wort ist. So wie überall in der Welt, ist es hier eben anders geworden. Im Dorf wohnten jahrhundertelang dieselben Familien in denselben Häusern. Aber durch den zweiten Weltkrieg hat sich Vieles verändert. Während des Krieges und auch noch danach kamen die sogenannten Heimatvertriebenen...'

Herr Jones sah verdutzt aus, aber Karl bemerkte es und erklärte: 'Vater spricht von den vom Osten hergekommenen Deutschen: sie und ihre Kinder haben hier eine neue Heimat gefunden. Sie sind nette, fleißige Menschen.'

From now onwards the principal parts of the strong verbs will be indicated by the stem vowels only. Separable verbs are indicated by a hyphen between the prefix and stem in the infinitive.

der Ange-stellte(-n)	*employee*	der Handel	*trade, commerce*
der Ärger	*annoyance*	der Auto-händler(-)	*car dealer*
der Beruf(-e)	*profession*		
der Dorfbe-wohner(-)	*villager*	der Heimatver-triebene(-n)	*displaced person, homeless*
der Ein-wohner(-)	*inhabitant*		
		der Land-arbeiter(-)	*farm worker*
der Geist-liche(-n)	*clergyman*		

der Mist- haufen(-)	*muck-heap*	sich freuen (auf + acc.)	*to look forward to*
der Pfarrer(-)	*parson*	korrigieren	*to correct*
der Traktor (-en)	*tractor*	murmeln	*to murmer, mumble*
der Vorort(-e)	*suburb*	furchtbar	*terrible(-ly)*
die Bank(-en)	*bank*	üben	*to practise*
die Heimat	*home(-land)*	unterbrechen (a. o.)	*to interrupt*
das Huhn(-̈er)	*chicken*		
das Leben(-)	*life*	vertreiben (ie. ie.)	*to drive out*
das Mittelalter	*middle ages*		
das Wohn- viertel(-)	*residential quarter*	von Zeit zu Zeit	*from time to time*
einsam	*lonely*	zu gleicher Zeit	*at the same time*
dauernd unter- wegs	*always on the move*	er mußte lachen	*he couldn't help laughing*
nach meiner Meinung	*in my opinion*		
außerhalb gelegen	*outlying*	daß ich nicht lache!	*don't make me laugh!*
das ist längst vorbei	*that's ages ago*	einem Ärger machen	*to give trouble*
jahrhunderte- lang	*for centuries*	im Laufe der Zeit	*in the course of time*
gerade	*exact(ly), just, straight*	es ist anders geworden	*things have changed*
verdutzt	*confused, taken aback*	Fragen stellen	*to ask questions*
zivilisiert	*civilised*		
anderswo	*elsewhere*		
sich an freunden (mit)	*to befriend*		

GRAMMAR

Adjectives used as nouns

Any adjective may be used as a noun. It then has a gender and a capital letter, thus:

alt *old*	geistlich *spiritual*
der Alte *the old man*	der Geistliche *the parson*
die Alte *the old woman*	ein Geistlicher *a parson*
das Alte *the old, that which is old*	Geistliche *parsons*

An adjective used as a noun declines like an adjective.

	the good man	*the good woman*	*the good thing*
Nom.	der Gute	die Gute	das Gute
Acc.	den Guten		
Gen.	des Guten	der Guten	des Guten
Dat.	dem Guten		dem Guten
Plural	*the good men* (women or things)	*no good men* (women or things)	
Nom. / Acc.	die Guten	keine Guten	
Gen.	der Guten	keiner Guten	
Dat.	den Guten	keinen Guten	
	a male acquaintance	*a female acquaintance*	*acquaintances* (both sexes)
Nom.	ein Bekannter	eine Bekannte	Bekannte
Acc.	einen Bekannten		
Gen.	eines Bekannten	einer Bekannten	Bekannter
Dat.	einem Bekannten		Bekannten

The gender chosen is obvious: masculine for males, feminine for females and neuter for neither. Thus the neuter form is commonly used in such set expressions as:

nichts Neues	*nothing new*	das Beste	*the best*
alles Gute	*all the good, everything good*	sein Bestes	*his best*
		viel Schlechtes	*a lot of bad*
		im Freien	*in the open*
wenig Besseres	*little that is better*	ins Deutsche	*into German*

Verbal participles are used as adjectives. Therefore the past participle of a verb is often used as a noun and is declined like an adjective.

senden (*to send*)

anstellen (*to employ*) **angestellt** (*employed*)		
	Masculine	Feminine
Nom. Acc.	} der Angestellte *the employee*	die Angestellte
Gen. Dat.	des Angestellten	der Angestellten
Plural	die Angestellten	die Angestellten
	ein Angestellter	eine Angestellte

gesandt (*sent*)
der Gesandte (*the ambassador*)   Pl. die Gesandten
ein Gesandter (*an ambassador*)   Pl. Gesandte

Present participles are used in the same way.

By adding **-end** to any verbal stem, you can form the present participle:
sprechen *to speak*
sprechend *speaking*
der Sprechende *the man who is speaking*

Participles used in this way may be put at the end of phrases which in English are rendered by relative sentences.

bleiben *to stay*
bleibend *staying*
die Bleibenden *those who stay*

Die zu Hause Bleibenden.   *Those who stay at home.*

The participle can be used in this way, whether it is a noun or a simple adjective:

Die in der Fabrik arbeitenden Frauen. Die Frauen, die in der Fabrik arbeiten.

This is a useful, condensed construction, called **Einschachtelung** (*boxing-in*). The chief point to remember is that though the participle is a long way from the article (**die . . . arbeitenden Frauen**) it declines in agreement with it.

This construction, though used frequently in literature and in scientific texts, is too stylised to be used much in conversation.

It can usually be spotted in this way. If **der**, **die**, **das** etc. are not immediately followed by a noun or adjective and not used as relative pronouns, you can expect the participial construction:

Die nach dem Krieg aus der   *Those who were driven from their*
Heimat Vertriebenen.   *homes after the war.*

EXERCISES

A Beantworten Sie auf deutsch:

1 Von wem hatten die Schulzes Besuch?
2 Sind alle Einwohner des Dorfes Bauern?
3 Wie heißt eine Dame, die in einer Bank arbeitet?
4 Wie heißen in einem Wort, Leute, die 1) krank, 2) arm, 3) reich sind?
5 Warum wohnten viele Lippstädter Arbeiter außerhalb der Stadt?

6 Wie war das Dorf im Mittelalter?

7 Welche Berufe findet man in jedem Dorf?

B Using the adjective as a noun, translate the following, giving the nominative and genitive singular and the nominative plural of the first three:

a poor man	much that is interesting
a German	nothing new
an acquaintance	in the open
all the best	

C (a) Give the present participle of these verbs:

arbeiten	sitzen
trinken	schneiden
lesen	gehen

(b) Give the past participles of these verbs:

lehren	retten
sterben	aufwecken
fallen	finden

(c) Make up one noun from each of the participles and translate it.

Make relative sentences from the participial phrases in the following and translate:

1 Der von der Mutter gekochte Kaffee ist noch ganz warm =
   Der Kaffee, den die Mutter gekocht hat, ist noch ganz warm.
2 Das von Karl reparierte Motorrad stand auf der Straße.
3 Das auf der Straße stehende Motorrad ist sehr alt.
4 Die im Dorf wohnenden Leute heißen Miesbacher.
5 Die Deutsch lernenden Studenten arbeiten fleißig.
6 Der nach Lippstadt fahrende Wagen gehört dem Arzt.

READING PASSAGE

Das Erste Reich

In der deutschen Geschichte sind drei ganz verschiedene Reiche zu erkennen. Karl der Große (Charlemagne) gründete das Erste Reich (800 A.D.) und es dauerte tausend Jahre lang. Fast ganz West Europa—darunter alle deutschen Stämme—gehörte diesem lockeren Bund an. Ein jeder der 300 einzelnen Staaten, groß und klein, hatte seinen eigenen Fürsten, aber alle Staatsbürger waren Untertanen des Kaisers. Die sieben mächtigsten Prinzen—Kurfürsten genannt—wählten jeden neuen Kaiser, der sodann in Rom die Reichskrone vom Papst erhielt. Darum hieß es Das Heilige Römische Reich. Durch die Reformation und wegen des aufsteigenden Nationalgefühls ging das Reich allmählich zugrunde und im Jahre 1806 kam die endgültige Zersplitterung.

32

FERNSEHEN

Herr Jones Wann werden Sie einen Satelliten-Empfänger kaufen, Herr Schulz?

Anton Was mich angeht, niemals! Wir waren Gäste bei einem Freund, der eine solche 'Schüssel' bei sich auf dem Dach hat, um bei den letzten Olympischen Spielen 'live' dabeizusein. Wir saßen alle vor dem Fernseher. Alle starrten wie gebannt auf den Bildschirm und wir kamen gar nicht ins Gespräch miteinander. Nein, ich will mit diesen neuen Antennen nichts zu tun haben.

Herr Jones War das Bild verzerrt? Hatten Sie keinen guten Empfang?

Anton Die Übertragung war technisch erstklassig. Aber ich interessiere mich gar nicht für diese Sportveranstaltungen, und meine Kinder haben zu wenig Freizeit dazu.

Paula Sei doch vernünftig, Vater! Ich werde mich freuen, wenn wir in nächster Zeit auch einen solchen Satelliten-Empfänger installieren werden. Wir werden so viele neue Filme sehen, in englischer Sprache, z.B. (zum Beispiel), ohne aus dem Haus gehen zu müssen.

Karl Wirst du dann nie mehr abends ins Kino gehen?

Marie Dann werden wir ein solches Gerät kaufen, Anton.

Anton Aber Marie! Die Sender, die man mit einer Satelliten-Antenne empfangen kann, übertragen nicht nur Spielfilme. Willst du etwa jeden Abend

179

Musikvideos, Quizprogramme und europäischen Fußball ansehen?

Karl Ja, Vater hat recht. Dazu kommt noch, daß das Programm 24 Stunden lang ausgestrahlt wird und es keinen Sendeschluß gibt.

Paula Aber man kann doch das Programm wählen – und sogar den Fernseher abschalten.

Marie Kostet so ein Empfänger denn viel Geld?

Herr Jones Nun ja, umsonst ist er nicht; aber Sie geben um so weniger für andere Unterhaltungen aus. Schließlich wird es billiger werden.

Marie Wir sollten zu den Kosten aber auch Kaffee und Wein dazurechnen, für die Gäste, die uns besuchen werden, weil sie selber keine solche Antenne haben!

Paula (hat immer das letzte Wort): Aber wenn du willst, daß wir abends zu Hause bleiben, wirst du einen Satelliten-Empfänger kaufen müssen, Vater.

der Empfang	*reception*	starren	*to stare*
der Fußall (–e)	*football*	umsonst	*for nothing, free*
der Gast (–e)	*guest, visitor*	erstklassig	*first-rate*
der (Bild-) Schirm (-e)	*screen*	vernünftig	*reasonable*
die Unter-haltung (-en)	*entertainment*	verzerrt	*distorted*
die Veranstal-tung (-en)	*event*	schließlich	*at last, finally*
		ausgeben (a. e.)	*to spend*
der Spielfilm (-e)	*feature film*	was mich angeht	*as far as I am concerned*
der Sendeschluß (no plural)	*closedown*	Freizeit (zu)	*leisure (for)*
die Über-tragung (-en)	*transmission*	in nächster Zeit	*in the immediate future*
wie gebannt	*as if spellbound*		

180

der Satelliten-	*satellite*	z.B. (zum	*for example*
Empfänger(-)	*receiver*	Beispiel)	
empfangen	*to receive*	u.s.w. (und so	*and so on*
die Schüssel (-n)	*dish*	weiter)	
ins Gespräch	*to get into*	dabei sein	*to be 'in' at*
kommen	*conversation*	ausstrahlen	*to broadcast*
	with s.b.	übertragen	*to transmit*
		(u. a.)	
		wählen	*to choose, select*

GRAMMAR

Future tense

Wir werden viele Spielfilme zu Hause sehen.

We shall see many feature films at home.

The future tense is formed by the present tense of **werden** plus the infinitive. The infinitive is at the end of the clause. Werden occupies the normal verbal position, i.e. first in questions, second in main clauses and last in subordinate clauses.

Wird das nicht viel Geld kosten? *Will that not cost a lot of money?*
Wir werden viele Gäste haben, die uns besuchen werden.

We shall have a lot of guests, who will visit us.

MODEL CONJUGATION, FUTURE TENSE

ich werde . . . sein	*I shall be*
du wirst . . . sehen	*you* (informal) *will see, will be seeing*
er, sie, es wird . . . bauen	*he, she, it will build, will be building*
wir werden . . . wählen	*we shall choose, shall be choosing*
Sie werden . . . kaufen	*you will buy, will be buying*
sie werden . . . empfangen	*they will receive, will be receiving*

The present tense is frequently used for the future tense as it is in English, where there is definite intention.

Ich fahre heute nachmittag zur Stadt =
Ich werde heute nachmittag zur Stadt fahren.

Do not confuse the simple verb **werden** with the auxiliary verb **werden**. With no infinitive after it, **werden** = *to become, grow*.

Er wird reich.	*He is getting rich.*
Er wird reich werden.	*He will get rich.*

Note the difference between **wollen** (*to wish*) and **werden**.

Er will eine Antenne kaufen.	*He wants to buy an aerial.*
Er wird eine Antenne kaufen.	*He will (in the future) buy an aerial.*

EXERCISES

A Beantworten Sie auf deutsch:

1 Was sehen Sie am liebsten im Fernsehen?
2 Warum will Anton keinen Satelliten-Empfänger kaufen?
3 Warum will Marie einen Satelliten-Empfänger haben?
4 Wann schaltet man den Fernseher an? . . . ab?
5 Wann werden die Schulzes viele Gäste haben?
6 Nennen Sie drei Möbelstücke.

B Give the future tense of the following:

1 Er hat begonnen.
2 Man hat einen neuen Bahnhof gebaut.
3 Ich bin froh, Sie zu sehen.
4 Kostet dieser Wagen viel Geld?
5 Ich warte hier, bis er ankommt.

C Put the above into the imperfect tense.

33

VOR DEM GERICHT

Am nächsten Tag wollte der Engländer das Rathaus besuchen, von dem Anton am vorigen Tag gesprochen hatte. Aber Anton hatte wieder vergessen, zu telefonieren. Er entschuldigte sich und sagte: 'Es macht aber gar nichts aus. Heute findet eine Sitzung des Gerichts in Lippstadt statt. Wir werden dorthin fahren. Es ist immer interessant im Gericht, und dabei kann man auch viel Deutsch lernen.'

Vor dem Richter sahen sie zwei junge Männer: Horst, achtzehn Jahre alt, im blauen Anzug, schwarzhaarig und braungebrannt: neben ihm seinen Bruder, Wilhelm, blond, breitschultrig und zwanzig Jahre alt.

Der Richter betrachtete sie nachdenklich und überlegte, ob die beiden Jungen, die ihn mit unschuldigen Augen ansahen, böse Burschen sind.

Die Anklage sah unangenehm aus—versuchter Automatendiebstahl und Gefangenenbefreiung. Auf dem Gerichtstisch lag ein großes Messer. Das hatte Wilhelm in der Tasche gehabt.

Die ganze Geschichte kam von einer Feier her. Sie hatten eine Flasche Schnaps getrunken, und der Alkohol war den Jungen zu Kopf gestiegen. Sie hatten sich wohl und sehr stark gefühlt. So hatte Wilhelm am Bahnhof seine Muskeln an einem Automaten ausprobiert.

Ein Polizist hatte den Lärm gehört, kam herbeigelaufen und hatte versucht, Wilhelm zu verhaften. Wilhelm hatte dem Polizisten widerstanden. Als Horst seinen Bruder in den Händen des Beamten gesehen hatte, hatte er versucht, ihn zu befreien. Aber der Polizist hatte gesiegt und hatte sie beide zur Wache gebracht.

Den Richter interessierte nicht so sehr der Fall, als die Geschichte der beiden Jungen. Durch kluge Fragen stellte er Folgendes fest: Die Jungen kamen aus schlechten Verhältnissen; ihre Mutter war weggelaufen, weil der Vater immer betrunken war. Sie waren nur selten in die Schule gegangen. Ohne Geld, ohne Eltern hatten sie sich zusammen durchgeschlagen. Eine traurige Geschichte!

'Warum trugen Sie dieses große Messer mit sich herum?' fragte plötzlich der Richter. 'Ach, das habe ich immer bei mir. Ich bin ja Handwerker.' Der Richter war nicht ganz zufrieden und verurteilte Horst zu zwanzig Tagen Gefängnis wegen versuchter Gefangenenbefreiung und Wilhelm zu zwei Wochen, Widerstands und Trunkenheit wegen.

Daraufhin meldete sich Wilhelm noch einmal zu Wort: 'Können wir nicht dieselbe Strafe bekommen?' fragte er. 'Wir haben ja die Sache zusammen gemacht, und außerdem sind wir immer beisammen.' Der Richter überlegte und verurteilte die beiden zu siebzehn Tagen.

Als die zwei Freunde den Gerichtssaal verlassen hatten, fragte Anton: 'Haben Sie das Urteil gerecht gefunden?' Der Engländer lächelte: 'Ich habe nicht alles verstanden: aber ich glaube, die Eltern waren an Allem schuld; man sollte die Eltern bestrafen.'

der Alkohol	*alcohol*	die Verhältnisse	*conditions,*
der Auto-	*slot-machine*	(plural)	*circumstances*
mat(-en)		die Justiz	*justice*
der Bursche(-n)	*lad*	die (or der)	
der Dieb-	*theft*	Muskel(-n)	*muscle*
stahl(⁻e)		die Strafe(-n)	*punishment*
der Fall(⁻e)	*case*	die Trunken-	
der Hand-	*manual*	heit	*drunkenness*
werker(-)	*worker*	die Wache(-n)	*police station*
der Keller(-)	*cellar*	das Auge(-n)	*eye*
der Polizist (-en)	*policeman*	das Gefängnis (-se)	*prison*

das Gericht(-e)	*court*	lächeln	*to smile*
das Urteil(-e)	*judgment, sentence, verdict*	siegen	*to win, conquer*
ausprobieren	*to try out*	überlegen	*to reflect*
befreien	*to liberate*	verlassen (ie. a.)	*to leave*
bestrafen	*to punish*	versuchen	*to try, attempt*
betrachten	*to look at*	verurteilen	*to condemn, to sentence*
brechen (a. o.)	*to break*	widerstehen,	(*with dat.*)
durchschlagen (u. a.), sich	*to struggle along*	widerstand, widerstanden	*to resist*
daraufhin	*there upon*	betrunken	*drunk*
aus schlechten Verhältnissen kommen	*to come from a poor background*	braungebrannt	*tanned*
		breitschultrig	*broad-shouldered*
sich zu Wort melden	*to request to speak*	gerecht	*just*
		nachdenklich	*thoughtful*
feststellen	*to confirm, establish*	schuldig (an + dat.)	*guilty (of)*
er sieht mich an	*he looks at me*	schwarzhaarig	*black-haired*
		unangenehm	*unpleasant*
es sieht schlecht aus	*it looks bad*	unschuldig	*innocent*
		am vorigen Tag	*on the previous day*
verhaften	*to arrest*		
der Richter(-)	*judge*	der Wein steigt ihm zu Kopf	*the wine goes to his head*
der Versuch(-e)	*attempt*		
der Widerstand	*resistance*	er fühlt sich wohl	*he feels fine*
die Anklage(-n)	*charge, complaint*	sie kamen herbeige- laufen	*they came running along*
die Befrei- ung(-en)	*liberation*		
die Feier(-n)	*celebration*		
die Hand(-̈e)	*hand*		
herbeilaufen (ie. au.)	*to run along*		
handeln	*to act, deal*		

GRAMMAR

Pluperfect tense

Er hatte gesprochen.	*He had spoken.*
Er hatte vergessen.	*He had forgotten.*

The pluperfect tense is made by conjugating **hatte** (imperfect of **haben**) with the past participle of the verb. Intransitive verbs of motion and a few others conjugate with **war** instead of **hatte**. The past participle comes at the end of the clause. The pluperfect tense is very similar to the perfect, only **hatte** substitutes **hat** and **war**, **ist**: and the meaning is one step further back in time.

MODEL CONJUGATION, PLUPERFECT TENSE	
ich hatte gemacht	*I had made, had been making*
du hattest gefunden	*you* (informal) *had found*
er } sie } hatte gesiegt es }	*he* } *she* } *had won* *it* }
wir hatten gefangen	*we had caught, had been catching*

sie hatten festgestellt	*they had confirmed*
ich/er/sie/es war gekommen	*I/he/she/it had come*
wir/Sie/sie waren herbeigelaufen	*we/you/they had run along*
du warst geblieben	*you* (informal) *had stayed*
er war gewesen	*he had been*
wir waren geworden	*we had become*

Inseparable verbs

er hatte vergessen: er hatte widerstanden;
ich habe ihn besucht: sie hat es erklärt.

In these verbs there is no **ge-** in the past participle.
Any verb beginning with the unaccented prefix **be-**, **ge-**, **er-**, **ver-**,

zer-, ent-, emp-, miß- has no **ge-** in the past participle.

These prefixes are inseparable and never separate from their stems, e.g. er betrat das Zimmer: er hat das Zimmer betreten. cf. er trat in das Zimmer **hinein**: er ist in das Zimmer hinein**ge**treten. Both phrases mean the same, but the separable prefix separates and the unaccented prefix is inseparable. Further examples are:

gefallen	*to please*
Das hat mir nicht gefallen.	*I didn't like it.*
erklären	*to explain*
Der Lehrer hat das Problem erklärt.	*The teacher explained the problem.*
verurteilen	*to condemn*
Der Richter hat ihn verurteilt.	*The judge condemned him.*
enthalten	to contain
Das Glas enthielt Wasser. /Das Glas hat Wasser enthalten.	*The glass contained water.*

There are some prefixes which are used separably with some verbs and inseparably with others. These should be learnt individually. But a very good rule can be followed: **um-, wieder-, über-, unter-, hinter-, durch-** are inseparable and unaccented when they have an applied meaning; they are separable and accented when they have their literal meaning.

Úbersetzen, prefix accented, separable, literal meaning, *to ferry over*. **Übersétzen**, prefix unaccented, inseparable, *to translate*. **Wiéderholen**, prefix accented, separable, literal meaning, *to fetch back*; past participle, **wiédergeholt**. **Wiederhólen**, prefix unaccented, inseparable, applied meaning, *to repeat*; past participle, **wiederhólt**.

Der Fährmann hat mich übergesetzt.	*The ferryman put me across (the river).*
Schlegel hat Shakespeare übersetzt.	*Schlegel translated Shakespeare.*

Überlégen means *to consider*. This is an applied meaning, therefore the prefix is inseparable and the past participle is **überlégt**.

Apart from the inseparable prefixes mentioned above, all prefixes are separable.

As well as inseparable prefixes, verbs that end in **-ieren** have no **ge-** in their past participle:

repariéren	*past participle*	repariért
ausprobieren		ausprobiert
funktionieren		funktioniert

Er vergaß auszusteigen.	*He forgot to get out.*
Er vergaß zu überlegen.	*He forgot to reflect.*

Separable prefixes are split from their stem by the infinitival **zu**. Inseparable prefixes are never separated from their stem, not even by the infinitival **zu**.

EXERCISES

A Beantworten Sie auf deutsch:

1 Wen sieht man in einem Gericht?
2 Warum betrachtete der Richter die jungen Männer?
3 Wie lautete die Anklage?
4 Was hatte Wilhelm in der Tasche gehabt?
5 Wo lag es jetzt?
6 Was hatten die Teenager getrunken?
7 Was hatte Horst getan, als er seinen Bruder in den Händen des Polizisten gesehen hatte?
8 Warum hatten sie keine Eltern mehr?
9 Warum trug Wilhelm ein Messer in der Tasche?
10 Tragen Sie ein Messer umher?

B Some words derived from **nehmen** are **annehmen, unternehmen, angenehm, unangenehm** and **gefangennehmen**.

Name some words derived from or connected with:

1 fangen   2 sehen

3 brechen   6 trinken
4 stellen   7 frei
5 legen

C Put the verb in brackets in the pluperfect tense and in the right place:

   1 Er verurteilte Horst, weil er (versuchen), seinen Bruder zu befreien.
   2 Ein Polizist (hören) den Lärm und (herbeieilen).
   3 Sobald er ins Bett (gehen), schlief er ein.
   4 Nachdem wir den Film (sehen), gingen wir nach Hause.
   5 Bevor er nach Deutschland (fahren), (studieren) er die Sprache.
   6 Als er den Brief (lesen), gab er ihn der Mutter.

D Translate the following, paying particular attention to the past participles and using the verbs given in brackets in the perfect tense:

   1 (**beobachten**) I watched him.
   2 (**aufmachen**) He opened the door.
   3 (**gefallen**) I liked it.
   4 (**aussehen**) She looked ill.
   5 (**bekommen**) Have you got it?
   6 (**verstehen**) Did you understand him?
   7 (**mißverstehen**) She misunderstood me.
   8 (**untergehen**) The sun set very early last night.

E Insert a **zu** where necessary:

   1 Er ist bereit den Brief ___ übersetzen.
   2 Sie war bereit ___ ausgehen.
   3 Er kann nicht ___ kommen.
   4 Es ist Zeit ___ einschlafen.
   5 Ich versuchte, ihn ___ befreien.
   6 Wollen Sie sich nicht die Sache ___ überlegen?
   7 Sie verließen uns, ohne ein Wort ___ sagen.
   8 Er sprach weiter, ohne mir ___ antworten.

F Give the future tense and meaning of:

   1 Er schläft ein.

2 Sie schreibt ihrer Mutter.
3 Die anderen trinken den Schnaps.
4 Sie gehen morgen nach Hause.

READING PASSAGE

Aus dem industriellen Leben

Das Ruhrgebiet ist für seine Schwerindustrie weltbekannt. Schon im achtzehnten Jahrhundert erzeugte man hier Töpfe, Ofenplatten, Kanonen und Kugeln. Im folgenden Jahrhundert ging man zum Bau von Dampfkesseln, Eisenbahnschienen, u.s.w. über, die meisten zur Ausfuhr in alle Welt. Es folgten Massenerzeugnisse, wie Nägel und Ketten, Rohstoffe für den Stahl- und Maschinenbau und gewaltige Erzeugnisse wie die Rheinbrücken, Schwimmdocks in Kiel, die Schwebebahn in Wuppertal. Nichts war zu klein und nichts zu groß. In den letzten Jahren sind Bergbau und Stahlindustrie jedoch unter starken finanziellen Druck geraten, und viele Werke mußten schließen.

Streik

Seit Sonnabendmittag liegt über allen Stahlwerken Totenstille. 200 Tausend Arbeiter haben auf unbestimmte Zeit die Arbeit niedergelegt. Versuche der Regierung, den Streik in letzter Minute zu verhindern, waren umsonst. Die Gewerkschaften verlangen eine zehnprozentige Lohnerhöhung, welche die Arbeitgeber ganz und gar ablehnen. In der kommenden Woche treten etwa drei Millionen Arbeiter der Maschinen- und Fahrzeugindustrie ebenfalls in den Streik.

34

BEIM ZAHNARZT

Das Frühstück wird gewöhnlich um sieben Uhr gegessen. Die Kinder werden um halb sieben geweckt. Paula muß dann oft um sieben Uhr noch einmal geweckt werden. Aber heute steht Paula früher als gewöhnlich auf. Alle sind sehr überrascht, sie um sieben Uhr schon unten am Frühstückstisch zu sehen.

'Was fehlt dir denn?' fragt Karl. 'Ich habe die ganze Nacht kein Auge zugemacht. Ach, ich habe furchtbares Zahnweh!' Das arme Mädchen weint. 'Nimm zwei Aspirin, und es wird schnell wieder besser,' schlägt Karl vor. Karl hat niemals im Leben Zahnweh gehabt und zeigt wenig Mitleid.

'Sie muß gleich zum Zahnarzt,' sagt die Mutter. 'Es ist gut, daß Vater heute frei hat. Er wird dich zum Zahnarzt fahren.' Sie melden sich telefonisch beim Zahnarzt an.

Der Wagen wird aus der Garage geholt, und in zwanzig Minuten sind sie schon in Lippstadt. Unterwegs wird wenig gesprochen, weil Paula wegen der Schmerzen den Mund nicht öffnen kann.

Beim Zahnarzt werden sie ins Wartezimmer und nach fünf Minuten ins Sprechzimmer gebeten, wo Paula von Herrn Doktor Kahn untersucht wird. Der Zahn kann gerettet werden. Er wird nicht gezogen, sondern plombiert. Nach dieser Behandlung fängt der Zahnarzt an, Paula zu tadeln.

'Sie haben diese Schmerzen schon eine Woche, nicht wahr?' Paula nickt traurig. 'Warum sind Sie dann nicht früher gekommen?' fragt er. 'Gestern wurde ich erst um acht Uhr abends in der Fabrik fertig – es wurde so viel gearbeitet. Und vorgestern wurde ich von einem Freund zum Abendessen eingeladen. Ich hatte wirklich keine Zeit, Herr Doktor.'

'Schon gut! Also, meine anderen Patienten warten und müssen auch untersucht werden. Auf Wiedersehen, und kommen Sie bald wieder!'

Als Paula von ihrem Vater weggefahren wurde, fragte er: 'Hat's wehgetan?' 'Ach, nein, Papa! Herr Doktor Kahn ist so nett. Er ist der beste Zahnarzt der Welt. Er hat mir zuerst eine Spritze gegeben, und dann wurde der Zahn plombiert, ohne daß ich etwas fühlte.'

die Spritze(-n)	*injection, syringe*	anfangen (i. a.)	*to begin*
		einladen (u. a.)	*to invite*
der Zahnarzt(-̈e)	*dentist*	fertig werden	*to finish (up)*
		plombieren	*to fill*
die Behandlung(-en)	*treatment*	tadeln	*to blame, find fault*
das Mitleid	*sympathy*	untersuchen	*to examine*
das Zahnweh	*toothache*	vorschlagen (u. a.)	*to suggest*
gewöhnlich	*usual*		
überrascht	*surprised*	wehtun (tat, getan)	*to hurt, ache*
was ist los?	*what is up?*		
er wartet auf mich	*he waits for me*	bitten (bat, gebeten)	*to ask, invite*
es tut mir weh	*it hurts me*		
Melden Sie sich telefonisch an!	*Make an appointment by telephone*		

GRAMMAR

Passive voice

(a) Das Wasser wird kalt.   *The water is getting cold (becomes cold).*

(b) Das Wasser wird kochen.   *The water will boil.*

(c) Das Wasser wird getrunken.   *The water is (is being) drunk.*

The verb **wird** (**werden**) has three uses:

(a) a simple verb in its own right meaning *to become, grow, get.*

(b) the future-forming auxiliary, meaning *will,* followed by the infinitive.

(c) the passive-forming auxiliary, meaning *is* (*is being*), followed by a past participle.

MODEL CONJUGATION, PASSIVE VOICE	
PRESENT TENSE	
ich werde geliebt	*I am* (*being*) *loved*
du wirst gesehen	*you* (informal) *are* (*being*) *seen*
er wird gefunden	*he is* (*being*) *found*
wir werden gerettet	*we are* (*being*) *saved*
Sie, sie werden verstanden	*you, they are* (*being*) *understood*
IMPERFECT TENSE	
ich wurde bemerkt	*I was* (*being*) *noticed*
du wurdest gehört	*you* (informal) *were* (*being*) *heard*
es wurde zerbrochen	*it was* (*being*) *broken*
wir/Sie/sie wurden geweckt	*we/you/they were* (*being*) *wakened*

Die Maschine wurde von dem Jungen zerbrochen.	*The machine was broken by the boy.*

The past participle goes to the end of the clause. *By* is translated by **von** with the dative case.

Als die Maschine von dem Jungen zerbrochen wurde, . . .

In a subordinate clause **wurde** comes last, immediately after the past participle.

Further examples of the use of the passive:

Das Lied wurde von der Mutter gesungen.	*The song was sung by the mother.*

Das Wasser wird von dem Hund getrunken.	*The water is (being) drunk by the dog.*
Meine Zähne werden von dem Zahnarzt plombiert.	*My teeth are being filled by the dentist.*

When speaking German or translating into the language, use the passive as little as possible: it is awkward. For instance, there are many verbs in English which cannot be used in the passive. *I am spoken, he is being been,* make nonsense. In German there are many more verbs which may not be used in the passive. Only transitive verbs can be used in the passive.

It is easy to avoid the passive by using **man** with the active voice or turning the sentence into an active sentence:

Das Lied wird von der Mutter gesungen (passive).
Die Mutter singt das Lied (active).
Sie werden nicht verstanden (passive).
Man versteht Sie nicht (active).
Es wird gesagt (passive).
Man sagt (active).

When translating from German the passive is easily recognised. **Wird** (**werden, wurde,** etc.) followed by a past participle must be passive and should be translated by *is, is being, (are, are being. was, was being,* etc.). If followed by an infinitive, **wird** must be future tense.

If *is, was,* etc. are not followed by a verbal past participle they are not passive.

Der Mann war betrunken.	*The man was drunk* (adj.).
Der Wein wurde getrunken.	*The wine was drunk* (past part.).

There is a common use of the dative of the person in the passive with **es** as the grammatical subject.

Es wurde mir bezahlt.	*I was paid (it was paid for me).*
Das Buch wird ihm gezeigt.	*He is shown the book.*

It is not *he* who is shown, but *the book.* The dative is used to show the receiver of the object.

If **es** does not begin the sentence, it should usually be omitted.

EXERCISES

A Beantworten Sie diese Fragen:

    1 Um wieviel Uhr werden die Kinder geweckt?
    2 Warum hat Paula nicht geschlafen?
    3 Wer wird sie zum Zahnarzt fahren?
    4 Was wird aus der Garage geholt?
    5 Wie lange schon hatte Paula Zahnschmerzen?
    6 Warum war sie nicht zum Zahnarzt gegangen?
    7 Was tat der Arzt mit dem Zahn?

B The following passive sentences should be first translated, then turned into their active equivalents. (e.g. Das Buch wurde auf den Tisch gelegt. *The book was put on the table.* — Man legte das Buch auf den Tisch.)

    1 Das Tier wird von dem Jäger getötet.
    2 Das Frühstück wird von der Familie gegessen.
    3 Der Wagen wurde aus der Garage geholt.
    4 Die Tür wird von dem Kind geöffnet.
    5 Diese Schule wird um neun Uhr abends geschlossen.
    6 Deutsch wird von uns gesprochen.

C Translate into German, using **wird** (*is*), **wurde** (*was*):

    1 German is spoken here.
    2 This newspaper was found under the chair.
    3 The sentence was given by the judge.
    4 The theatre was opened at 7.30 every evening.

D Translate Exercise D into German using the active voice, i.e. 'One speaks German here,' etc.

READING PASSAGE

Das Zweite Reich

Der Aufstieg Brandenburg-Preußens brachte eine neue Gleichschaltung in den deutschen Ländern zustande. Im 17ten Jahrhundert erwarb der 'Große Kurfürst' von Brandenburg ($1^1/_2$ Millionen Einwohner) Pommern. Sein Sohn wurde als König von Preußen gekrönt: sein Enkel, Friedrich 'der Große', besetzte Schlesien und Polen; er gründete einen Militärstaat, der sich nach der Niederlage Napoleons vom Rhein bis Rußland erstreckte. Der 'Eiserne Kanzler', Bismarck, führte auch dieselbe Machtpolitik durch: mit Siegen über Österreich (1866) und dann Frankreich, wurde Preußen zu einer Weltmacht. Im Jahre 1871 ernannte sich der König von Preußen zum Kaiser des 'Deutschen Reichs'. Berlin war jetzt die Hauptstadt eines vereinigten Deutschlands (60 Millionen Einwohner).

35

EIN AUSFLUG WIRD GEPLANT

Paula hatte voriges Jahr ihre Ferien in Österreich verbracht, und dort hat sie einen jungen Mann kennengelernt, mit dem sie seither viel zusammen gewesen ist. Gerhard kommt jetzt öfters mit seinem Wagen von Frankfurt her, um ein paar Stunden mit Paula zu verbringen. Dieser junge Mann treibt sehr gern Sport und macht sehr gern Wanderungen, besonders mit Paula. Darum bat er Karl, ihm einen schönen Spaziergang zu empfehlen.

'Kennen Sie schon das Forsthaus? Nein! Dazu kann ich Ihnen raten. Aber es ist eine dreistündige Wanderung! Geht das? Gut! Also, Sie fahren zuerst mit der Bahn. Die Abfahrtszeit des Zuges ist 8.30 Uhr. Reservieren Sie sich einen Eckplatz an der rechten Seite des Abteils, denn die Landschaft an der rechten Hand ist sehr malerisch. Nach viertelstündiger Fahrt steigen Sie in Altwald aus.'

Gerhard nahm sein Taschenbuch aus der Tasche und notierte ausführlich. 'Ich reserviere einen Eckplatz, acht Uhr dreißig, zweiter Klasse, in Altwald aussteigen.'

'Richtig!' fuhr Karl fort. 'Von Altwald gehen Sie zu Fuß, immer gerade aus, bis Sie das Dorf verlassen und in den Wald kommen. Dort ist ein Waldweg, der etwa drei Kilometer lang ist. Dieser Weg führt durch herrlichen hohen Eichenwald. Hier sind die schönsten eßbaren Pilze. Nachdem Sie für uns ein paar Pilze gesammelt haben, gehen Sie weiter und nach einer Stunde kommen Sie auf eine Wegbiegung mit einem Gatter an der linken Seite.'

'Halt!' Gerhard schrieb alles auf. 'Zuerst von Altwald immer gerade aus: dann durch den Eichenwald, wo Pilze wachsen; dann kommt ein Gatter auf der linken Seite. . .' 'Ja, an einer Biegung am Weg. Dieser führt zu einem Wirtshaus, wo man frische Milch bekommt. Während Sie dort im Garten sitzen und sich ausruhen, werden allerlei Tiere kommen und um Brot oder Obst betteln: Schafe, Gänse und auch Hirsche und allerlei Vögel. Ein kleiner Goldfink wurde letzte Woche von uns gesehen.'

Gerhard schrieb alles auf: 'Gasthaus, Tiere, Goldfink. . .' 'Nach dieser Erfrischung halten Sie sich immer rechts vom Gatter auf der Straße und biegen später nach rechts in den Wald ein! Hier ist ein Denkmal mit hölzernem Kreuz. Dieser Weg führt zum Forsthaus durch einen herrlichen Tannenwald. Nach noch einer Viertelstunde biegen Sie nach rechts und nach einer weiteren halben Stunde nach links ab.'

Gerhard wiederholte, 'Nach rechts in den Wald einbiegen: Tannenwald: Denkmal mit Kreuz!'

'Nachdem Sie das Bahngleis überquert haben, werden Sie sich auf der Landstraße nach Sankt Pauli befinden. Dort haben wir vorigen Sonntag im Hotel ein Glas Bier bis zur Abfahrt des Zuges getrunken. Das Hotel liegt gleich gegenüber dem Bahnof.' 'Wann fährt der Zug zurück?' fragte Gerhard. 'Ich weiß nicht genau. Ungefähr um sechs Uhr.' Nachdem er alles notiert hatte, dankte Gerhard seinem Freund, indem er sagte: 'Das wird eine schöne Überraschung für Paula sein, nicht wahr?' Karl lächelte, aber er gab keine Antwort. Denn es fiel ihm ein, daß Paula diesen Waldweg ebensogut wie er selber kannte.

der Eck-	corner seat	das Denk-	monument
platz(-̈e)		mal(-̈er)	
der Gold-	gold finch	das Bahn-	railroad,
fink(-en)		gleis(-e)	railway
der Hirsch(-e)	stag, deer	das Forsthaus	
der Pilz(-e)	mushroom	(-̈er)	forester's house
der Spazier-	walk	das Gatter(-)	fence
gang(-̈e)		das Kreuz(-e)	cross
der Sport(-e)	sport	das Schaf(-e)	sheep
der Wald-	woodland path	die Ferien (pl.)	holidays
weg(-e)		seither	since

trotzdem	*nevertheless*	ausführlich	*in detail,*
umgekehrt	*vice-versa*		*detailed*
abbiegen	*to turn off*	eßbar	*edible*
(o. o.)		hölzern	*wooden*
aufschreiben	*to copy*	link	*left*
(ie. ie.)		links	*on the left*
begegnen (with	*to meet*	malerisch	*picturesque*
dat.)		recht	*right*
bilden	*to form*	rechts	*on the right*
einbiegen	*to turn*	das Gasthaus	*the inn is right*
(o. o.)		liegt gleich	*opposite the*
empfehlen	*to recommend*	gegenüber	*station*
(a. o.)		dem Bahnhof	
notieren	*to make notes*	eine Wanderung	*to go on a hike,*
raten (ie. a.)	*to advise*	machen	*to ramble*
(with dat.)		er treibt viel	*he goes in for a*
überqueren	*to stride across*	Sport	*lot of sport*
(i. i.)		es fällt mir ein	*it occurs to me*
verbringen,	*to spend*	es führt zu	*it leads to an*
verbrachte,	*(of time)*	einem Wirts-	*inn*
verbracht		haus	
wachsen (u. a.)	*to grow*	immer gerade	*keep straight on*
(+sein)		aus	
die Abfahrt	*departure*	kennenlernen	*to get to know*
(-en)		nach rechts	*to turn right*
die Biegung	*bend, turning*	einbiegen	
(-en)		mit der Bahn	*to go by rail*
die Eiche(-n)	*oak tree*	fahren	
die Gans(⁻e)	*goose*	betteln	*to beg*
die Tanne(-n)	*pine tree*		
die Über-	*surprise*		
raschung(-en)			

GRAMMAR

Verbs governing the dative case

Er sagt mir etwas.
Sie dankte ihrem Freund.
Ich empfehle Ihnen dieses Buch.

It is understandable that a dative (receiver of the object) should be used after the above verbs. You say something *to* a person, give thanks *to* somebody, recommend *to* somebody. Similarly a dative is used after **raten**, *to advise* (give advice to somebody); **zeigen** *to show* (to somebody); **schreiben**, *to write* (to somebody); **einfallen**, *to occur* (to somebody).

In addition to the above there are some verbs followed, quite arbitrarily, by a dative. These must be learnt as a grammatical peculiarity:

folgen	helfen
begegnen	gefallen
dienen	schaden
glauben	leid tun
passen	gelingen

mein Hund folgt mir
er diente seinem Landen
glauben Sie mir
es tut mir leid
der Anzug paßt ihm nicht

When any one of the above verbs is used in the passive the dative of the active remains a dative in the passive:

Ihm wurde gesagt, daß…	*He was told that….*
Ihr wird gefolgt.	*She is being followed.*
Ihnen wurde gedankt.	*They were thanked.*

The subject understood is **es**, which can be inserted.

> Es wurde ihnen gedankt.   *They were thanked.*
> Es wird ihnen gezeigt.   *They are shown.*

If this **es** does not appear at the beginning, it is omitted.

> Es wird einem hier nichts   *One is given nothing here.*
> gegeben.

Or even:

> Einem wird hier nichts gegeben/Hier wird einem nichts gegeben.

EXERCISES

A Beantworten Sie auf deutsch:

1 Wo wohnt Gerhard?
2 Warum kam er nach Miesbach?
3 Worum bat er Karl?
4 Um wieviel Uhr fährt der Zug ab?
5 Wo sollte Gerhard aussteigen?
6 Ist jede Landschaft malerisch?
7 Warum nahm Gerhard sein Taschenbuch aus der Tasche?
8 Was für ein Wald war nicht weit von Altwald?
9 Sind alle Pilze eßbar?
10 Was tut man immer, bevor man ein Bahngleis überschreitet?
11 Warum wird dieser Ausflug keine Überraschung für Paula?

B Put the correct case endings on the following:

1 Er schreibt sein— Mutter ein— lang— Brief.
2 Es tut (ich) leid.
3 Folgen Sie dies— Weg bis zu— Forsthaus.
4 Ich kann (Sie) dies— rot— Wein empfehlen.
5 Was fällt d— Jungen ein?
6 Er hilft sein— Bruder bei d— Arbeit in d— Fabrik.

C Change into the imperfect tense and then translate:

    1 Der gelbe Vogel wird **mit Brot** gefüttert.
    2 Ihm wird nicht gekoffen.
    3 Uns wird gesagt, was wir machen sollen.
    4 Es wird **Ihnen** empfohlen, diesen Roman zu lesen.
    5 Im Garten des Wirtshauses werden **viele Tiere** gesehen.
    6 Das Forsthaus wird **in anderthalb Stunden** erreicht.
    7 In England wird viel Sport getrieben.
    8 Zwei Plätze werden **für uns** reserviert.

D Rewrite Exercise C, putting the words in bold type first and observing the rules of word order. In Nos. 2, 3, 7 insert **es** and rewrite.

E Am folgenden Sonntag machen Gerhard und Paula den Ausflug, den Karl geplant hat. Um sieben Uhr abends sitzen sie im Garten des Hotels in Sankt Pauli und trinken ein Glas Bier, während sie auf den Zug warten. Was sagen sie? Schreiben Sie ein kurzes Gespräch.

36

DEUTSCHER SPORT

'Was für Sport wird hier in Miesbach getrieben?' fragte Herr Jones. 'Ich habe keinen einzigen Sportplatz im Dorf gesehen.' Karl lachte. 'Es gibt hier, ehrlich gesagt, auch keinen; aber außerhalb des Dorfes, am Fluß, befindet sich eine Wiese, wo viele verschiedenen Sportarten getrieben werden. Im Winter, wenn Schnee und Eis den Boden bedecken, kommen dann noch Eislaufen und Skifahren dazu!'

'Auf dieser Wiese wird auch Fußball gespielt,' fuhr Paula fort. 'Wir haben zwei Mannschaften — die Elf in der Kreisliga und unsere Schülermannschaft. Handball ist früher auch viel gespielt worden, besonders von den Schuljungen.'

'Wird auch Tennis gespielt?' fragte Herr Jones. 'Es sind zwei harte Tennisplätze da. Sie sind vor kurzer Zeit gebaut worden, und sie sind sehr beliebt. Man muß schon wochenlang vorher einen Platz reservieren, wenn man dort spielen will.'

'Nicht auf der Wiese sondern gleich daneben im Fluß treibt unsere Jugend ihren beliebtesten Sport — das Schwimmen und die Bootsfahrt — die kosten noch dazu nur wenig Geld,' erklärte Paula. 'Das Schwimmen ist frei für alle, die einen Badeanzug haben,' antwortete Herr Jones. 'Aber man kriegt keine Kanus und Boote ohne Geld.'

Paula lächelte stolz. 'Wissen Sie, was mein Vater voriges Jahr gemacht hat? Er hatte die Idee, ein Boot zu bauen — natürlich mit Hilfe der Jungen. Der Plan ist von den Schülern mit Begeisterung angenommen worden. Sie wollten alle helfen. Die Arbeit mußte in der Freizeit gemacht werden.'

'Aber das Holz, die Werkzeuge, das Geld?' fragte Herr Jones. 'Zuerst ist das nötige Kapital gesammelt worden. Eine

Kanusportgruppe ist gegründet worden. Spenden sind von dieser Gruppe im Kreis der Eltern organisiert worden. Mit diesem Geld ist das gute, harte Holz gekauft worden. Werkzeuge haben wir in der Schule. Es wurde wochenlang gehämmert und gesägt, bis endlich das erste Kanu ins Wasser kam. Es war von rund fünfzig Schülern im Alter von 14-17 Jahren gebaut worden. Sie hatten in Schichten gearbeitet: wer vormittags Unterricht hatte, kam nachmittags zum Bauen.'

'Wunderbar!' bemerkte Herr Jones. 'Und war das Boot seefest?' 'Das war nur das erste. Seit der Zeit sind fünf Kanus und eine Jacht auf unserer 'Werft' gebaut worden. Sie müssen mal eine Fahrt mitmachen!'

der Badeanzug (¨e)	*bathing suit*	annehmen (a. o.)	*to accept*
der Eislauf	*skating*	gründen	*to found*
der Fluß (¨e)	*river*	hämmern	*to hammer*
der Fußball (¨e)	*football*	sägen	*to saw*
der Kreis (-e)	*circle, district*	die Bootsfahrt	*boating*
der Plan (¨e)	*plan, project*	die Freizeit	*leisure*
der Sportplatz (¨e)	*playing field*	die Gruppe (-n)	*group, team*
der Teilnehmer (-)	*participant*	die Hilfe (-n)	*help*
der Tennisplatz (¨e)	*tennis court*	die Jacht (-en)	*yacht*
der Unterricht (-e)	*instruction*	die Liga (-en)	*league*
die Begeisterung	*enthusiasm*	die Mannschaft (-en)	*crew, team*
das Kapital (ien)	*capital*	die Schicht (-en)	*shift*
das Skifahren	*skiing*	ehrlich gesagt	*to be frank*
das Werkzeug (-e)	*tool*	die Spende (-n)	*donation, gift*
		die Werft (-en)	*ship-yard*
		die Wiese (-n)	*field, meadow*
		das Alter (-)	*age*
		das Holz (¨er)	*wood*
		das Kanu (-s)	*canoe*

begeistert	*enthusiastic*	wochenlang	*for weeks on*
seefest	*seaworthy*		*end*
stolz	*proud*	bis jetzt	*until now*
Sport treiben	*to go in for*		
(ie. ie.)	*sport*		

GRAMMAR

The passive voice, compound tenses

Es ist kalt geworden.	*It has become cold.*
Er ist besucht worden.	*He has been visited.*

The ordinary past participle of **werden** is **geworden**, but in the passive, the past participle of **werden** is **worden**. **Worden** comes after the other past participle.

The perfect tense, passive

Ich bin geliebt worden.	*I have been loved, was loved.*
Du bist entlassen worden.	*You* (informal) *have been dismissed.*
Er ist freigelassen worden.	*He has been let out, was let out.*
Wir sind vergessen worden.	*We have been forgotten.*
Sie, sie sind genommen worden.	*You, they have been taken.*

The pluperfect and the passive

Ich war gefangen worden.	*I had been caught.*
Du warst empfangen worden.	*You (informal) had been received.*
Es war zerbrochen worden.	*It had been smashed.*
Wir waren befreit worden.	*We had been set free.*
Sie, sie waren verurteilt worden.	*You, they had been condemned.*

The future passive

The future passive is made with the future auxiliary **werden** plus the passive infinitive (**werden** plus a past participle).

Ich werde geschlagen werden.	*I shall be beaten.*
Du wirst bezahlt werden.	*You* (informal) *shall be paid.*
Er wird bestraft werden.	*He will be punished.*
Wir/Sie/sie werden gehört werden.	*We/you/they will be heard.*

The future perfect passive

This is not very often used, but is formed as follows:

Wir werden besucht worden sein. *We shall have been visited.*

A further note on the perfect passive

In making the perfect passive, remember that **ist** = *has*, **worden** = *been* and that **worden** cannot be used without another past participle cf.:

Die Tür ist offen.	*The door is open.*
Die Tür ist offen gewesen.	*The door has been open.*
Die Tür ist geöffnet **worden**.	*The door has been opened.*
Er ist schon lange tot.	*He has been dead a long time.*
Er ist getötet **worden**.	*He has been killed.*

Another way of avoiding the passive, besides using the active voice, is to use a reflexive verb, or **lassen** reflexively with another verb: Es versteht sich = Es läßt sich verstehen = Man versteht es = It is understood.

EXERCISES

A Beantworten Sie auf deutsch:

1 Beschreiben Sie ein Kanu, eine Jacht, eine Werft.

2 Was zieht man an, bevor man ins Wasser geht?

3 Was war Antons Plan?

B Change the imperfect passive to the perfect and vice-versa, and then translate these sentences:

1 Der Plan ist mit Begeisterung von allen Schülern angenommen worden.

2 Das erste Kanu ist in drei Monaten gebaut worden.

3 Der Arbeiter ist sofort vom Herrn Direktor entlassen worden.

4 Derselbe Hut wurde zwei Jahre lang von dieser Dame getragen.

5 Das Klavierstück wurde dreimal gespielt.

6 Wurden Sie bemerkt?

7 Ein neuer Versuch wurde von dem Professor gemacht.

C Give the nominative singular and plural of the following nouns, with definite article:

Fluß	Doktor	Muskel	Wiese
Holz	Zimmer	Auge	Plan
Bewohner	Richter	Messer	
Gasthaus	Automat	Besuch	
Zahnarzt	Geschichte	Arbeiter	

D Geben Sie das Gegenteil zu:

leer	fangen	Freizeit	besetzt
Erwachsener	allmählich	der Westen	warm
Eltern	verlieren	der Alte	teuer

E Beschreiben Sie in hundert Worten:

1 Einen Sommertag am Fluß.

2 Das Bauen der Kanus von den Dorfschülern.

F Translate this passage into German:

When ice covers the ground people enjoy many winter sports. But in the summer boys like swimming best. It does not cost much money and is very healthy. Last year a canoe was built by the boys of our school and now they are building a yacht. Cricket has never been played by Germans.

37

DER BRAND

Karl war noch außer Atem, als er eines Abends von der Arbeit nach Hause kam. 'Ist etwas passiert?' fragte die Mutter. Da erzählte Karl Folgendes:

'"Ich stand an der Schillerstraße und wartete auf den Bus. Da sah ich einen Herrn, der sehr schnell vorbeirannte. Ein Polizist, der gerade an der Schillerstraße seinen Streifenwagen geparkt hatte, hielt ihn auf, indem er sagte, 'Wohin rennen Sie so schnell, mein Herr?' 'Ich renne nach Hause,' antwortete dieser; 'Mein Haus brennt.'

'Woher wissen Sie das?' fragte der Beamte, der keine Eile hatte. 'Ein Nachbar hat seinen Jungen geschickt, um es mir zu sagen. Entschuldigen Sie, bitte, Herr Wachtmeister, ich muß mich beeilen.' Und damit wandte er sich um und lief fort.

'Warten Sie mal!' rief der Polizist. 'Ich fahre Sie mit dem Streifenwagen nach Hause.' Da fiel mir ein, daß ich diesen Mann ja kannte und sagte zum Polizisten: 'Das ist doch Herr Ganns, aus der Friedrichstraße siebzehn!' So fuhren wir alle drei mit Blaulicht zur Friedrichstraße.

Als wir an seinem Haus ankamen, war keine Spur vom Brand. Aber sein Nachbar stand vor der Tür und wartete auf ihn. Der Polizist war erregt. 'Wie erklärt sich denn das?' fragte er, indem er sich an Herrn Ganns wandte.

'Ach, es ist meine Schuld, Herr Wachtmeister,' sagt der Nachbar. 'Es gab einen Brand, aber das Feuer ist jetzt aus. Ich erzähle Ihnen alles. Ich habe durch das Fenster große Flammen gesehen. Da ich wußte, daß Herr Ganns nicht zu Hause war, habe ich sofort an das Schlimmste gedacht. So sandte ich meinen kleinen Jungen, um Herrn Ganns zu suchen, während ich selber ein Fenster zerbrach, und ins Haus kletterte...'

Herr Ganns nickte zufrieden. Der Nachbar fuhr fort: 'In der Küche sah ich den jungen Ganns. Der ist nämlich Student an der Technischen Fachschule. In der Abwesenheit seines Vaters machte er Experimente mit Magnesiumdraht. Das waren die Flammen, die ich gesehen hatte. Sobald er mir alles erklärt hatte, habe ich gewußt, daß ich mich geirrt hatte.' Bevor der Polizist wieder sprechen konnte, sagte Herr Ganns: 'Es macht nichts. Sie haben ein wenig rasch aber sehr klug gehandelt. Es ist gut, daß das Feuer aus ist.

der Atem (-)	*breath*	neulich	*recently, a few days ago*
der Brand (⁻e)	*fire*		
der Wacht- meister (-)	*sergeant*	aufhalten (ie. a.)	*to hold up, stop*
die Abwesen- heit (-en)	*absence*	beeilen, sich	*to hurry*
die Eile	*hurry, haste*	erkennen	*to recognise*
die Flamme (-n)	*flame*	erklären	*to explain*
die Kreuzung (-en)	*crossing*	fortlaufen (ie. au.)	*to run away*
die Spur (-en)	*trace*	irren, sich	*to make a mistake*
das Experi- ment (-e)	*experiment*	klettern	*to climb*
das Gesicht (-er)	*face*	um wenden, sich	*to turn round*
erregt	*excited*	das ist, das sind	*that is, those are*
nämlich	*as a matter of fact*	der Streifen- wagen (-)	*patrol car*
das waren die Flammen	*those were the flames*	warten Sie mal	*just wait (mal = einmal*
er denkt ans Schlimmste	*he thinks of the worst*	wie erklärt sich denn das?	*what is the explanation of that, now?*
mit Blaulicht	*with its blue light flashing*		

209

GRAMMAR

Mixed verbs

INFINITIVE	IMPERFECT	PERFECT PARTICIPLE	MEANING
rennen	rannte	gerannt	*run*
brennen	brannte	gebrannt	*burn*
nennen	nannte	genannt	*name*
kennen	kannte	gekannt	*know* (*personally*)
denken	dachte	gedacht	*think*
bringen	brachte	gebracht	*bring*
verbringen	verbrachte	verbracht	*spend* (*time*)
wissen	wußte	gewußt	*know* (*about*)
wenden	{ wendete / wandte }	{ gewendet / gewandt }	*turn*
senden	sendete	gesendet	*send*

The above verbs and their compounds are called mixed verbs. They change their vowels like strong verbs, but have weak endings. They are conjugated like weak verbs.

EXERCISES

A Beantworten Sie auf deutsch:

1 Wo stand Karl eines Abends?
2 Worauf wartete er?
3 Warum rannte der Mann, den er sah?
4 Woher hat der Mann gewußt, daß sein Haus brannte?
5 Wer stand vor der Tür, als sie am Haus ankamen?
6 Wie ist der Nachbar ins Haus gekommen?
7 Was machte der junge Ganns?

B Change to the imperfect tense and perfect tense:

1 Er sendet seinen Sohn in die Stadt.
2 Sie rennt so schnell wie möglich.
3 Das Haus brennt.
4 Ich weiß nichts davon.
5 Woher kennen Sie diesen Herrn?
6 Ich denke immer an meine Mutter.
7 Wir bringen das Buch ins Klassenzimmer.

C Translate this passage into German:

Just wait a minute and I shall tell you about the fire which I saw yesterday. Many people were running and turned into a side street. I turned to a man whom I knew but he did not know what was happening. So I ran after the other people. They were standing in front of a shop. The crowd was very excited and talked and shouted. At this moment a police sergeant hurried out of the shop.

| einbiegen | *to turn* *(change direction)* | kennen | *to know (be acquainted with)* |
| sich wenden an | *to address s.b.* | wissen | *to know (something)* |

READING PASSAGE

Die Weimarer Verfassung

Zum Zweiten Reich gehörten alle deutschen Länder (mit Ausnahme Bayern-Öesterreichs) und auch Elsaß-Lothringen, Schleswig-Holstein und die Hälfte Polens, die, wie Süd-West-Afrika, 'kolonisiert' wurden. Diese 'Kolonien' mußten am Ende des Ersten Weltkriegs aufgegeben werden. Der Kaiser trat ab und damit war das Zweite Reich zu Ende (1919). Unter der 'Weimarer Verfassung' bekamen die Deutschen zum ersten Mal das allgemeine Wahlrecht. Dies führte zu zahllosen Splitterparteien und Koalitionen, so daß keine Regierung stabil funktionieren konnte.

38

DER BÜRGERMEISTER MACHT EINEN BESUCH

Anton arbeitet im Garten. Er ist in Hemdärmeln und trägt ein Paar Gummistiefel. Ihm gefällt das Gärtnern fast so sehr wie die Musik. Er hat den einzigen Rasen in Miesbach nach englischem Muster, den er jede Woche mäht. Es ist spät im September, aber ein paar Rosen blühen noch, und die Nelken und die Dahlien sind jetzt am schönsten. Anton ist im Augenblick im Gemüsegarten beschäftigt, denn seine kleine Ernte muß eingetragen werden — Kartoffeln, rote und gelbe Rüben und die letzten Tomaten — bevor das schlechte Wetter kommt.

Paula kommt zu ihm und sagt, daß der Bürgermeister im Haus sei und mit Anton sprechen wolle. Anton sieht nicht sehr erfreut aus. Der Bürgermeister von Lippstadt ist im Dorf nicht besonders beliebt. Anton sagt: 'Sage ihm, ich könne nicht gleich kommen, ich müsse zuerst diese Kartoffeln ausgraben.' Er setzt hinzu, wenn der Bürgermeister nichts dagegen habe, könne er in den Garten herauskommen. Paula kehrt ins Haus zurück.

'Na, Paula, ist dein Vater da?' grüßt sie der Bürgermeister. Paula antwortet, er solle entschuldigen, daß Herr Schulz im Garten arbeite und keinen Sonntagsanzug trage: wenn er wolle, so dürfe der Bürgermeister mit ihm im Garten sprechen. 'Natürlich, es freut mich!' und der Beamte geht durch die Hintertür, über den Rasen, bis zum Ende der Blumenbeete, wo Antons Gemüsegarten liegt.

Die beiden Männer begrüßen sich, und Anton benutzt diese Gelegenheit, ein wenig auszuruhen und seine Pfeife anzuzünden. Er sieht Herrn Krafft ruhig an, obwohl er weiß, daß dieser nur zu

Besuch kommt, wenn er eine Bitte hat. 'Was bringt Sie hierher?' fragt Anton. 'Ich habe gehört, Sie hätten einen Engländer bei sich zu Besuch. Ich habe mir gedacht, dieser könnte uns vielleicht einen Vortrag halten, nicht wahr?'

Dieser Vorschlag gefällt Anton nicht. Er denkt, es müsse etwas dahinter stecken. Aber er antwortet ruhig. 'Am besten kommen Sie heute abend wieder, wenn er zu Hause ist.' 'Ja, gut, Herr Schulz! Das werde ich machen.' Nach langem Schweigen nimmt Anton wieder die Gabel in die Hand. Der Bürgermeister bleibt noch immer stehen. Es scheint, als ob er nicht gehen wolle. 'Ist sonst noch etwas?' fragt Anton.

'Meine Frau läßt Sie grüßen. Sie entschuldigt sich, daß sie selber nicht kommt, weil sie Kopfweh hat: aber sie läßt fragen, ob Sie und der Engländer morgen bei uns Kaffee trinken könnten.' Anton entschuldigt sich. Er selber hätte für morgen einen Ausflug geplant; er habe frei, und dies wäre eine gute Gelegenheit, dem Engländer etwas von der Umgebung zu zeigen. Es würde ihn freuen, wenn der Bürgermeister und Frau am Abend zu ihnen kämen.

Der Bürgermeister sagt, er käme gerne: er wisse nicht, ob seine Frau imstande sei zu kommen. 'Auf Wiedersehen!' grüßt Anton und greift wieder nach der Gabel. Der Bürgermeister rührt sich noch immer nicht. 'Kann ich Ihnen sonst helfen?' fragt Anton höflich. 'Ich will meinen Sohn nach England hinüberschicken. Glauben Sie, dieser Herr Jones hätte ein Zimmer für ihn im Haus?'

Anton erklärt ihm, daß Herr Jones sehr gutherzig sei, aber, daß die Sache ganz unmöglich wäre: Herr Jones wohne in einer kleinen Wohnung in London und sei sehr beschäftigt: er selber würde ihn auf diese Weise nicht stören. Anton sieht ganz verlegen aus. Selbst der Bürgermeister wird rot und geht schließlich unzufrieden weg.

der Bürger-	*mayor*	beschäftigt	*busy, employed*
meister(-)		gutherzig	*kind-hearted*
der Gemüse-	*vegetable*	unmöglich	*impossible*
garten(∺)	*garden*	unzufrieden	*dissatisfied*
der Gum-	*wellington*	aus graben	*to dig up*
mistiefel(-)	*boot*	(u. a.)	
der Hemd-	*shirt sleeve*	an-zünden	*to light*
ärmel(-)		benutzen	*to use*
der Rasen(-)	*lawn*	hinzu fügen	*to add*
der Sonntags-	*Sunday suit*	imstande sein	*to be able*
anzug(∺e)		(war, gewesen)	
der Vortrag(∺e)	*lecture*	ein-tragen	*to gather*
die Bitte(-n)	*request*	(u. a.)	*(harvest)*
die Dahlie(-n)	*dahlia*	mähen	*to mow*
die Gelegen-	*opportunity*	melden	*to report,*
heit(-en)			*announce*
die Pfeife(-n)	*pipe*	rühren, sich	*to move*
die Nelke(-n)	*carnation*	stören	*to disturb*
die Rose(-n)	*rose*	verlangen	*to demand,*
die Rübe(-n)	*turnip*		*desire*
rote Rübe	*beet*	es scheint, als	*it seems as if*
gelbe Rübe	*carrot*	ob (+subj.)	
die Umgebung	*environs*	er läßt Sie	*he sends you*
die Wohnung(-en)	*flat*	grüßen	*his best wishes*
das Blumen-	*flower bed*	auf diese Weise	*in this way*
beet(-e)		es steckt etwas	*there is more to*
das Gärtnern	*gardening*	dahinter	*it than meets*
das Kopfweh	*headache*		*the eye*
das Muster(-)	*pattern*	ich habe nichts	*I don't mind*
dieser	*the latter*	dagegen	
jener	*the former*	einen Vortrag	*to give a lecture*
derjenige,	*he who*	halten	
welcher		ist sonst noch	*is there any*
diejenigen,	*those who*	etwas?	*thing else?*
welche			

GRAMMAR

Reported speech, the subjunctive

Er sagte: 'Herr Jones wohnt in einem kleinen Haus.'
Er sagte, Herr Jones wohne in einem kleinen Haus.
Er sagte, daß Herr Jones in einem kleinen Haus wohne.

The subjunctive

In indirect speech (leaving out the inverted commas), when reporting what anybody says or thinks or believes, the subjunctive is used:

Der Seemann sagte: 'Dieser Hund beißt nicht.'	*The sailor said: 'This dog does not bite.'*
Der Seemann sagte, der Hund beiße nicht.	*The sailor said the dog didn't bite.*

If **daß** is used, put the verb last. **Daß** is optional and, if omitted, the normal order of words is used.

Marie sagte: 'Ich will morgen in die Stadt gehen.'
Marie sagte, sie wolle morgen in die Stadt gehen.
Marie sagte, daß sie morgen in die Stadt gehen wolle.

The subjunctive is always regular — except **haben** and **sein** — and is formed as follows:

SUBJUNCTIVE, PRESENT TENSE, MODEL VERBS				
	strong	weak	**sein**	**haben**	**werden**
ich	trage	mache	sei	habe	werde
du	tragest	machest	seiest	habest	werdest
er sie es	trage	mache	sei	habe	werde
wir Sie sie	tragen	machen	seien	haben	werden

SUBJUNCTIVE, IMPERFECT TENSE					
ich	trüge	machte	wäre	hätte	würde
du	trügest	machtest	wärest	hättest	würdest
er sie es	} trüge	machte	wäre	hätte	würde
wir Sie sie	} trügen	machten	wären	hätten	würden

Note 1 The regularity of the stem and endings.
    2 The ubiquity of **e** in the ending.
    3 No change of vowel in the 3rd person singular present strong verb.
    4 Modification in the imperfect strong verb.
    5 Imperfect weak subjunctive exactly like the indicative, imperfect.

In English reported (indirect) speech, you change the tense. In German reported speech, the mood is changed, but the tense need not be changed.

Direct speech:	*He said: 'I am ill.'*
	Er sagte: 'Ich **bin** krank.
Indirect speech:	*He said he was ill.*
	Er sagte, er **sei** krank.
or	Er sagte, er **wäre** krank.

The subjunctive is a linguistic attempt to convey an impression of non-responsibility. The indicative is used for facts (e.g. He is a German). The subjunctive is used for non-facts (e.g. He says he is a German, may be a German, might be a German, could be a German). In reported speech the speaker does not guarantee the truth of his statement. For this reason, **als ob** is always followed by the subjunctive.

Er sieht aus, als ob er arm wäre. *He looks as if he were poor.*

It is not a fact that he is poor, he only looks like it.

Es sieht aus, als ob es regnen werde.   *It looks as though it might rain.*

EXERCISES

A Beantworten Sie auf deutsch:

1 Was trägt Anton, wenn er im Garten arbeitet?
2 Warum will er den Bürgermeister nicht gerne sehen?
3 In welchem Teil des Gartens wachsen die Rüben?
4 Was tut man mit einer Gabel?
5 Warum konnte Anton den Bürgermeister nicht am nächsten Tag besuchen?
6 Warum sollte der Sohn des Bürgermeisters die Jones nicht besuchen?
7 War der Bürgermeister schließlich zufrieden?

B Rewrite in reported speech by prefixing, **Der Polizist sagte** or **Der Polizist sagte, daß** . . . and translate:

1 'Die ganze Geschichte kam von einer Feier her.'
2 'Sie hatten eine Flasche Schnaps getrunken.'
3 'Der Alkohol war den Jungen zu Kopf gestiegen.'
4 'Wilhelm hatte seine Muskeln an einem Automaten ausprobiert.'
5 'Ich habe den Lärm gehört.'
6 'Ich habe versucht, den Jungen gefangen zu nehmen.'
7 'Ich verlange zwei Monate Gefängnis als Strafe für sie.'

C Translate into German:

1 He has no objection.
2 I don't mind.
3 A good lecture was given by the Englishman.
4 My wife sends her greetings.
5 He ran across the lawn in this way.
6 She looks as though she were ill.
7 He said he was ill.

39

EINE WANDERUNG

Am nächsten Tag wurde der Ausflug gemacht. Die Gesellschaft bestand aus Anton, der Mutter, Karl und Herrn Jones. Karl trug ein Paar Lederhosen, die er voriges Jahr in Österreich gekauft hatte. Die anderen waren normal gekleidet.

Es war ein herrlicher Tag. Sie fuhren langsam, um die schöne Landschaft zu genießen. Sie besuchten zuerst die Schloßruine, die auf dem Schloßberg lag. Alles stieg aus dem Wagen und ging zu Fuß den Berg hinauf. Die Burg war ganz mit Gras und Pflanzen überwachsen, aber man konnte noch die dicken Mauern sehen. Sie waren fünf Meter breit.

Anton erklärte seinem Freund, dieses Schloß sei im zwölften Jahrhundert gebaut und während des Bauernkrieges von den Bauern zerstört worden. Nur so hätten sich diese von der Knechtschaft der Ritter befreit. 'Lang lebe die Freiheit!' rief Karl aus. Herr Jones, der etwas ironisch war, bemerkte, daß die Freiheit sehr oft Ruinen mit sich gebracht habe. Anton gab dies zu, indem er fragte, 'Glauben Sie nicht, es wäre besser, die Freiheit unter Ruinen zu genießen, als die Knechtschaft in einem Schloß?'

Als Marie merkte, daß eine politische Diskussion darauf folgen könnte, brachte sie klug die Rede wieder auf das Schloß: 'Man sagt, daß dieser Berg immer noch von den Geistern der getöteten Ritter und Bauern heimgesucht werde.' 'So ähnlich wie der Brocken im Harz,' sagte Karl. Als Herr Jones fragte, was der Brocken sei, erwiderte Karl, er sei der höchste Berg in Mitteldeutschland. Am ersten Mai, in der sogenannten Walpurgisnacht, sollen die Hexen dort mit dem Teufel tanzen.

Herr Jones wollte wissen, wer diese Geister gesehen hätte: er selber hätte niemals an Geister geglaubt. Karl berichtete, daß dies nur so eine Art Legende sei, und daß man davon im 'Faust' lesen könnte. Herr Jones mußte gestehen, er hätte das Drama niemals gelesen, aber er würde es gerne sehen, besonders im Weimarer Festspiel.

Während sie sprachen, waren sie von der Burg heruntergestiegen und wanderten jetzt im Wald, am Abhang des Berges. Karl hatte gesagt, er kenne einen guten Ort, wo sie zu Mittag essen könnten; sie sollten nur noch fünf Minuten laufen, dann kämen sie zu der Stelle. Er merkte, daß seine Mutter müde war, deshalb schlug er vor, ihren Korb zu tragen. Schließlich war der Rastplatz erreicht und sie aßen ihre belegten Brote und das Obst, das sie mitgebracht hatten. Sie verbrachten den Rest des Tages ruhig im Wald.

der Abhang(⁻e)	*slope, side*	überwachsen	*overgrown*
der Bauern-	*Peasants'*	aus-steigen	
krieg (-e)	*War*	(ie. ie.)	*to get out*
der Geist(-er)	*spirit, ghost,*	begeiten	*to accompany*
	mind	berichten	*to report,*
der Ort(-e	*place*		*inform*
and ⁻er)		genießen (o. o.)	*to enjoy*
der Rest(-e)	*remainder*	gestehen, gestand,	*to confess*
der Ritter(-)	*knight*	gestanden	
die Burg(-en)	*citadel, castle*	die Mauer(-n)	*wall*
die Diskussion (-en)	*discussion*	die Ruine(-n)	*ruin*
die Freiheit	*freedom*	das Festspiel(-e)	*festival*
die Gesellschaft (-en)	*company*	das Jahr-	*century*
die Hexe(-n)	*witch*	hundert(-e)	
die Knecht-	*servitude*	das Obst	*fruit*
schaft(-en)		eine Art	*a sort of*
die Lederhose	*leather*	Legende	*legend*
(-n)	*shorts*	ich möchte	*I should very*
sogenannt	*so-named,*	gerne wissen	*much like*
	so-called		*to know.*
die Legende(-n)	*legend*		

der Rastplatz (Ꞌe)	*place to rest, picnic area*	kleiden	*to clothe*
das belegte Brot (-e)	*sandwich*	reiten (ritt, geritten)	*to ride*
das Schloß (Ꞌer)	*castle*	zerstören	*to destroy*
ähnlich	*similar*	zertrümmern	*to ruin*
ironisch	*ironical*	ich glaube an ihn	*I believe in him*
normal	*normal(-ly)*	es lebe der König!	*long live the King!*
heim-suchen	*to haunt*		

GRAMMAR

There are six tenses in the subjunctive, as there are in the indicative. The present and imperfect were treated in the previous chapter. The remaining tenses are formed as follows:

PERFECT SUBJUNCTIVE

ich habe getragen	ich sei gewesen
du habest getragen	du seiest gewesen
er habe getragen	er sei gewesen
wir/Sie/sie haben getragen	wir/Sie/sie seien gewesen
I have (may have) carried, etc.	I have (may have) been, etc.

PLUPERFECT SUBJUNCTIVE

ich hätte gesprochen	ich wäre gewesen
du hättest gesprochen	du wärest gewesen
er hätte gesprochen	er wäre gewesen
wir/Sie/sie hätten gesprochen	wir/Sie/sie wären gewesen
I had (might have) spoken, etc.	I had been, etc.
I might have been (should have been) speaking, etc.	I might have been, etc.

FUTURE SUBJUNCTIVE	
ich werde sprechen	wir/Sie/sie werden sprechen
du werdest sprechen	
er werde sprechen	
I shall speak, shall be speaking, may speak, may be speaking, etc.	

FUTURE PERFECT SUBJUNCTIVE	
ich werde gesprochen haben	I may have spoken, shall have spoken
du werdest gelegt haben	you (informal) may have laid
er werde gehabt haben	he will have had, may have had
wir werden gewesen sein	we shall have been, may have been
Sie werden geworden sein	you will have become, may have become
sie werden getragen haben	they will (may) have carried

Further uses of the subjunctive

Present

In a main clause, where a wish or command is understood. This is a sort of 3rd person imperative.

Gott sei Dank!	*Thank God!*
Gott behüte!	*The Lord forbid!*
Es lebe die Freiheit!	*Long live freedom!*

Past

In a main clause where something, which usually is not immediately possible, is hinted at. This is often represented in English by *might, would, should.*

Es wäre schön, dorthin zu gehen.	*It would be nice to go there.*
Ich möchte wissen.	*I should like to know.*

EXERCISES

A Beantworten Sie die folgenden Fragen:

1 Was hatte Karl an?
2 Warum fuhren sie langsam?
3 Was besuchten sie zuerst?
4 Wie war die Burg zerstört worden?
5 Warum waren die Bauern keine Freunde der Ritter?
6 Wo ist der Brocken, und was passiert da am 1. Mai?

B Give the 3rd person singular, subjunctive, present, imperfect and perfect of:

machen	sein	sprechen	gehen
halten	laufen	verlieren	kommen
leben	bringen	tragen	

C Put into indirect speech by prefixing: **Er sagte** (or **fragte**).

1 Er hat den Kaffee in eine Thermosflasche gegossen.
2 Sie hatten in einem Restaurant getanzt.
3 Sie war in der Klasse eingeschlafen.
4 Das Kind ist sehr groß geworden.
5 Der Wagen ist sehr langsam gefahren.
6 Hat der Bauer seine Ernte eingetragen?

D Transate this dialogue into German:

- I am very proud of my house. A few years ago it was completely ruined. But we built it and repaired it ourselves.
- I should like to buy it. Would you care to sell it?
- The Lord forbid! It would be nice to have the money. But where should we go? You know we like living here.
- I don't know. My husband has been looking for a house for five years (**schon 5 Jahre** plus present tense). I believe he will never find one.
- Would it be possible to build if you had a piece of land?
- I don't think so. Thank the Lord, my parents have a big house and we are able to live with them.

40

AM FLUGHAFEN

Der Ausflug am vorigen Tag war für den Engländer eine Art Abschiedsfeier gewesen. Heute sollte er nach Hause abreisen. Anton begleitete ihn nach Frankfurt, denn er wollte seinem Freund die Sehenswürdigkeiten der alten Reichsstadt zeigen. Sie hatten kaum Zeit den 'Römer' (das alte Rathaus) und Goethes Geburtshaus zu besuchen, da mußten sie sich wieder auf den Weg zum Flughafen machen. Sie kamen rechtzeitig an.

Der Flughafen ist sehr günstig gelegen, liegt gleich an der Autobahn und ist leicht erreichbar von der Stadt. Jede Minute landeten Flugzeuge aus allen Teilen der Welt, und andere flogen ab.

Herr Jones ging zur Abflughalle und checkte sein Gepäck ein. Die Stewardess stellte seinen Koffer auf ein Rollband, das alle Gepäcksstücke zum Flugzeug bringt. Daraufhin gab sie ihm seine Bordkarte.

Anton hatte inzwischen einen Parkplatz für seinen Wagen gefunden und kam zum Abfertigungsschalter. 'Alles in Ordnung?' sagte er. 'Schön! Jetzt gehen wir zur Anzeigetafel, wo die An- und Abflugszeiten angezeigt werden. Dort steht es. 16 Uhr 40. Direkter Flug nach London, Flugsteig 6.' Zur gleichen Zeit hörten sie die Meldung der Ansagerin durch den Lautsprecher. Sie bestätigte, der Flug 345 sei schon flugbereit, und die Fluggäste würden gebeten sich gleich mit Handgepäck am Flugsteig 6 zu melden.

Hierauf nahmen die zwei Freunde Abschied von einander. 'Vielen herzlichen Dank, Anton!' sagte Herr Jones. 'Gar nichts zu danken,' antwortete Anton. 'Es war ein echtes Vergnügen, Sie bei uns zu haben. Kommen Sie bald wieder! – Hals und Beinbruch!'

Dann schloß sich der Engländer den Mitreisenden an, und nach Paß- und Gepäckkontrolle wurde die Gruppe zum Flugzeug geführt. Die Stewardess zeigte Herrn Jones seinen Platz in der Nichtraucherkabine, wo er den Sicherheitsgurt anschnallte. Bald rollte das Flugzeug über die Rollbahn; der Pilot beschleunigte die Motoren und das Flugzeug hob vom Boden ab.

fliegen (o. o)	*to fly*
der Flug(⁻e)	*flight*
der Flugplatz (⁻e), der Flughafen(⁻)	*airport*
der Fluggast(⁻e)	*passenger*
das (Düsen-) Flugzeug(-e)	*(jet) aircraft*
flugbereit	*ready for take-off*
der Flügel(-)	*wing*
die Flucht (-en)	*flight, escape*
der Fluchtweg(-e)	*escape route*
abheben	*to take off*
der Abflug	*take off*
landen	*to land*
der Pilot(-en)	*pilot*
der Sicherheitsgurt(⁻e)	*safety-belt*
die Abschiedsfeier	*farewell celebration*
die Anzeigetafel (-n)	*information board*
erheben (o. o.) (sich)	*to raise to rise*
günstig gelegen	*conveniently situated*
leicht erreichbar	*within easy reach*
Hals und Beinbruch!	*take care! (don't break your neck!)*
die Meldung (-en)	*announcement*
die Rollbahn (-en)	*runway*
die Sehenswürdigkeit(-en)	*'sights'*
die Stewardess(-es)	*air-hostess*
an-schließen (o. o.) sich	*to join*
an-schnallen	*to buckle on, fasten*
der Abfertigungsschalter(-)	*check-in desk*
das Bein(-e)	*leg*
das Rollband(⁻er)	*conveyor belt*
die Bordkarte(-n)	*boarding card*
der Flugsteig(-e)	*gate*
ein-checken	*to check in*
an-zeigen	*to advertise, indicate*
bestätigen	*to confirm*
beschleunigen	*to accelerate*
hob vom Boden ab	*was airborne*
sich auf den Weg machen	*to set out*
Gar nichts zu danken!	*don't mention it!*
rechtzeitig	*in good time*

GRAMMAR

Revise all the tenses, the indicative, the subjunctive, relative pronouns and prepositions.

EXERCISES

A Beantworten Sie auf deutsch:

1 Wie wollte Herr Jones zurückfahren?
2 Warum begleitete ihn Anton?
3 Inwiefern ist der Frankfurter Flughafen günstig gelegen?
4 Was tat (a) Anton, (b) Herr Jones, bei der Ankunft im Flughafen?
5 Was sagte Anton als letzten Gruß?
6 Wie lautete die Meldung der Ansagerin?
7 Was für Kontrollen gibt es am Flughafen?
8 Beschreiben Sie den Abflug eines Flugzeugs.

B Beschreiben Sie kurz (a) einen Flughafen, (b) die Arbeit einer Stewardess.

C Put the missing article in the correct case:

1 Der Junge wirft den Ball gegen ____ Wand.
2 An ____ nächsten Tag wurde ein Ausflug gemacht.
3 Er studiert an ____ Fachschule.
4 Sie tritt durch ____ Gartentür herein.
5 Bei ____ Näherkommen erkannte er seine Freundin.

D Prefix **Er sagte** or **Er glaubte** to the sentences in Exercise C and make the necessary alterations.

E Insert the correct relative pronoun (it will agree with its antecedent in gender and number, but its case will depend on its function in the sentence.)

1 Die Eichen, unter ____ er Schutz suchte, ließen den Regen durch.
2 Die Frau, ____ Gesicht weiß war, trug ein weißes Kleid.

3 Der junge Mann versuchte, seine Freundin, ___ er nicht mehr liebte, zu vermeiden.

4 Das Flugzeug, auf ___ wir warteten, hatte keine Verspätung.

F Put the verbs in brackets in the correct position:

1 Die Vögel (werden singen) auf den Bäumen.
2 Die Ritter (sind getötet worden) von den Bauern.
3 Im Wirtshaus wir (haben getrunken) gestern Bier.
4 Wenn Sie (vorbeigehen) am Postamt, (anrufen) Sie mich.

G Give the definite article and the plural of the following nouns:

Anklage	Abfahrt	Flamme
Arm	Allee	Rose
Feier	Kenner	Wohnung
Gefängnis	Pilz	Beamte
Messer	Hirsch	Berg
Schmerz	Schaf	Burg
Mund	Erwachsene	Gabel

H Nennen Sie:

(a) zwei Bäume
(b) zwei Vögel
(c) vier Farben
(d) drei Länder
(e) drei Tiere
(f) fünf Teile eines Autos.

I Translate into German:

1 He makes himself comfortable, doesn't he?
2 I am not angry with you. Everything is all right.
3 At the moment he is in love with his work.
4 I can see the birds in the trees.
5 He continued his way home without saying a word.
6 Sit down, please! I want to talk to you.
7 This large room was not used in the evening.
8 The plane arrives at half past ten. Please be in time!

41

EIN BRIEF AUS FRANKREICH

Es klopft an der Tür; Wotan bellt: der Briefträger ist da. Karl läuft zur Tür, aber Paula kommt ihm zuvor. Es sind fünf Briefe und ein Paket. Paula geht in das Eßzimmer mit ihrer Beute und verteilt sie.

'Hier, Vater, ist ein eingeschriebener Brief für dich – ich habe schon unterschrieben – und die Gasrechnung. Für Mutti ist dieses Paket. Es sieht aus, als ob es ein neuer Hut wäre. Ja, ich glaube, es ist ein neuer Hut. Für Karl ist dieser Brief aus England.'

Liesel steckt den Kopf zur Tür herein, als Karl den Brief nimmt, und sagt: 'Kann ich bitte die Briefmarke haben? Das hier ist eine neue.' 'Du darfst auch diese haben,' sagt Paula: 'eine schöne französische für deine Sammlung.'

Paula hat nämlich zwei Briefe bekommen: ein gedrucktes Rundschreiben von ihrer Theatergruppe und einen Brief von ihrer Freundin, die sich vor kurzem mit einem Franzosen verheiratet hat und jetzt in Paris wohnt. Paula reißt den Brief auf und liest Folgendes:

Paris,
den neunten November.

Liebe Paula!

Es freut mich, Dir endlich schreiben zu können. Es gelang uns nach langem Suchen hier in Paris eine Wohnung zu finden. Du wirst es kaum glauben, aber die Wohnungsfrage ist noch schwieriger hier als in Deutschland. Unser Heim ist zwar nur klein, aber wir sind damit sehr zufrieden.

Es ist gut, daß es uns gelungen ist, sofort in das Haus zu ziehen, da das Wetter in den letzten Tagen sehr schlecht geworden ist. Es regnet fast jeden Tag, und gestern hat es sogar in der Nacht gefroren. Man erwartete nicht, daß es so früh friert. So mußte ich jetzt schon die Winterkleidung aus den Umzugskoffern hervorholen.

Trotz des schlechten Wetters lohnt es sich, hier zu sein. Es gibt überall so viel Neues zu sehen: besonders in den Museen. Es wundert Dich sicher, daß ich die Museen besuche, denn ich war sonst nicht so ernst. Aber ich kenne nur wenige Leute, und da mein Mann den ganzen Tag im Geschäft arbeitet, wird mir die Zeit etwas lang.

Es freut mich, daß wir eine nette Nachbarin haben: ich kann mit ihr Französisch üben. Sie ist eine ganz liebe Frau und sie verbessert meine Aussprache, wenn ich Fehler mache, was nicht selten vorkommt, kann ich Dir versichern. Es wird mir klar, daß meine Aussprache nicht hundert Prozent fehlerfrei ist. Auch fehlt mir manchmal der Mut, etwas zu sagen, weil ich nicht gerade auf das richtige Wort komme. Trotzdem gelingt es mir gewöhnlich, mich verständlich zu machen – besonders wenn ich Einkäufe mache.

Es tut mir leid, daß ich nicht fleißiger in Französisch in der Schule war. Erinnerst Du Dich an Mademoiselle Dupont und ihren komischen Hut? Ach, das waren schöne Tage, Paula. Und jetzt bin ich verheiratet und noch glücklicher denn je – aber auf andere Weise. Ach, ich will niemals alt werden, Paula. Es ist mir so wohl!

Wie geht es Dir und der Familie? Schreibe mir einen recht langen Brief, damit ich genau weiß, wie es Dir und Toni und Willi und allen anderen in der Theatergruppe geht. Wir, das heißt mein Mann und ich, denken so oft an alle unsere Freunde in Lippstadt und auch in Miesbach.

Es grüßt Dich,
Deine Gerda.

der Briefträger (-)	*postman*		*correct*
der Mut	*courage*	versichern	*to assure*
die Aussprache (-n)	*accent*	verteilen	*to give out,*
die Beute (-n)	*booty, prey*		*distribute*
die Gas-	*gas bill*	verheiraten, sich	*to marry*
rechnung (-en)		vorkommen	*to occur,*
das Heim (-e)	*home*	(a. o.)	*happen*
die Samm-	*collection*	wundern, sich	*to marvel*
lung (-en)		zuvorkommen	*to anticipate,*
die Theater-	*dramatic*	(a. o.)	*to beat s.b.*
gruppe (-n)	*society*		*to sth.*
das Museum	*museum*	auf andere	*in a different*
(Museen)		Weise	*way*
das Rund-	*circular*	ein einge-	*a registered*
schreiben (-)	*(letter)*	schriebener	*letter*
ernst	*serious*	Brief	
fehlerfrei	*faultless*	er macht sich	*he makes himself*
gedruckt	*printed*	verständlich	*understood*
auf-reißen (i. i.)	*to tear open*	es gelingt mir	*I succeed*
bellen	*to bark*	es ist ihm	*he succeeded*
ein schreiben	*to register*	gelungen	
(ie. ie.)		die Zeit wird	*he gets bored*
fehlen (an)	*to be short of,*	ihm lang	
	lack	es ist mir wohl	*I feel fine, great*
frieren (o. o.)	*to freeze*	es war ihm wohl	*he felt grand*
gelingen (a. u.)	*to succeed*	hundert Prozent	*absolutely*
lohnen	*to reward*	fehlerfrei	*perfect*
lohnen, sich	*to be worth*	sie is glücklicher	*she is happier*
	while	denn je	*than ever*
unterschreiben	*to sign*		
verbessern	*to improve,*		

GRAMMAR

Impersonal verbs

Es ist klar, daß . . .	*It is clear that . . .*
Es ist gut, daß . . .	*It is a good thing that . . .*

Impersonal verbs, i.e. verbs used only in the 3rd person singular neuter, occur in English as in German.

Es klopft an der Tür.	*There is a knocking at the door.*
Es kommt jemand.	*There is somebody coming.*
Es wird viel gearbeitet.	*There is a lot of work being done.*

An indefinite subject *there* is referred to in German by **es**.

Es gibt . . .	*There is, there are.*
Es ist . . .	*There is;*
Es sind . . .	*There are.*
Es gibt Leute, die kein Fleisch essen.	*There are people* (existing somewhere or other) *who don't eat meat.*
Es sind dreißig Personen in diesem Zimmer.	*There are thirty persons in this room* (a definite and demonstrable fact.)

Es gibt is used for intangible and remote things. **Es ist (sind)** is used for tangible, definite facts.

Es regnet.	*It is raining.*
Es regnete.	
Es hat geregnet.	

Phenomena of the weather are impersonal in German, as they are in English.

Some English personal verbs have impersonal equivalents in German. These must be learnt. Their subject is the impersonal **es**, and the person affected is in the accusative or dative case according to the verb.

IMPERSONAL VERBS GOVERNING THE ACCUSATIVE OF THE PERSON	
es freut mich	*I am glad*
es freute mich, es hat mich gefreut	
es wundert sie	*she is surprised*

IMPERSONAL VERBS GOVERNING THE DATIVE OF THE PERSON	
es gelingt mir	*I succeed*
es gelang mir, es ist mir gelungen	
es fehlt mir (an Brot)	*I lack (bread)*
es fehlte mir, es hat mir gefehlt	
es fällt mir ein, daß . . .	*it occurs to me, that . . .*
es fiel mir ein, es ist mir eingefallen	
es gefällt mir hier	*I like it here*
es gefiel mir, es hat mir gefallen	
es geht mir gut	*I am well*
es ging mir gut, es ist mir gut gegangen	
es ist mir, als ob . . .	*I feel, as if . . .*
es war mir, es ist mir gewesen	
es tut ihm leid	*he is sorry*
es tat Ihnen leid	*you were sorry*
es hat mir leid getan	*I was sorry*
es schadet nichts	*it doesn't matter*
es schadete nichts, es hat nichts geschadet	

Some verbs have an impersonal use side by side with the personal form.

Es grüßt Sie. → Ich grüße Sie.
Es freut mich. → Ich freue mich.

Du, Dich, Dir, Dein, Ihr, Euch, Euer – observe the capital letter, used in letters only.

Ich glaube, es ist ein neuer Hut.
The subjunctive is only used for non-facts. By using the indicative, Paula makes the new hat a fact.

EXERCISES

A Beantworten Sie die folgenden Fragen:

1 Wer klopft an der Tür?
2 Was bringt der Briefträger mit?
3 Für wen sind die Briefe?
4 Was verlangt Liesel und warum?
5 Warum wohnt Paulas Freundin in Frankreich?

B Use an impersonal verb instead of the following expressions:

1 Wir freuen uns.
2 Reinhard grüßte sie.
3 Er hat sich wohl gefühlt.
4 Wie befinden Sie sich?
5 Er hat sich gewundert.

C Give the German for:

1 A registered letter.
2 The gas bill.
3 A stamp collection.
4 It is raining.
5 It was freezing.
6 Are you glad?
7 They have at last succeeded.

D Schreiben Sie Paulas Antwort an ihre Freundin.

READING PASSAGE

Das Dritte Reich

Die Nachkriegszeit (nach dem ersten Weltkrieg) war auch eine Zeit der Inflation, der Not, der Enttäuschung, der Unruhe und Arbeitslosigkeit. Die Deutschen sahen sich in diesen dunklen Tagen nach einem Retter um. Viele wurden von der hysterischen Propaganda Hitlers verblendet; diejenigen, die Widerstand leisteten, wurden von den Nazis übermächtigt, verhetzt, eingesperrt, oder ermordet. Nach seiner 'Machtübernahme' (1933), ernannte sich der Kanzler Hitler mit Zustimmung von 38 Millionen Ja-Wahlen zum Präsidenten des 'Dritten Reichs'. Er versprach 'Weltmacht oder Niedergang'. Nach elf bitteren Jahren voller Schuld und Schande für die Deutschen und voller Schrecken und Greuel für die ganze Welt, kam der Niedergang.

42

EIN BRIEF AUS ENGLAND

Während Paula ihren Brief las, musterte Karl den Umschlag seines Briefes. 'Die Handschrift ist mir bekannt,' sagte er. 'Es ist unser alter Freund Bill Wilkins. Liesel, hier sind deine Marken. Wollen wir sehen, was er schreibt?'

London,
den achten November.

Lieber Karl!
Ich habe Dir lange nicht geschrieben, weil ich nichts Neues zu berichten hatte. Das Leben ist ganz eintönig – Essen, Schlafen und Arbeiten. Ich vermute aus Deinem langen Schweigen, daß dies auch bei Dir der Fall ist. Aber letzte Woche habe ich die Automobilausstellung besucht. Ich habe mir gedacht, Du würdest sich freuen zu hören, was wir dort gesehen haben.

Ich ging mit einigen von meinen Mitstudenten (Du erinnern Dich doch an Tom Williams? Er war auch dabei). Wir mußten je fünf Pfund Eintrittsgeld bezahlen. Es gibt dort so viel zu sehen, daß wir nicht wußten, wo wir anfangen sollten. Wir haben zuerst viel Zeit verschwendet, weil wir uns nicht gleich entschließen konnten, was wir sehen wollten.

Gleich beim Eingang aber stand ein Beamter, der uns fragte, was wir uns gerne ansehen möchten. 'An Ihrer Stelle,' schlug er vor, 'würde ich den neuen Turbosportwagen besichtigen. Er ist sehr empfehlenswert.' 'Das würde sicher sehr interessant sein,' stimmte ich zu. 'Aber wenn er so beliebt ist, dann werden sich sehr viele Leute um den Wagen drängen, und wir würden ihn nicht sehen können.' 'Es müßte jetzt noch viel mehr Platz geben, als später am Tag,' entgegnete der Beamte.

Tom Williams unterbrach ihn: 'Wenn wir Zeit hätten, so würden wir gerne überall herumgehen und alles ansehen. Aber das geht nicht. Was würden Sie als besonders sehenswert empfehlen, wenn Sie nur ein paar Stunden Zeit hätten?'

'Es kommt darauf an, was Sie interessiert,' antwortete der Beamte. 'Ich würde selber gerne die Stereoanlagen besichtigen,' sagte Tom. 'Aber vielleicht wäre das von wenig Interesse für meine Freunde.'

'Du hast recht, Tom,' sagte Fred. 'Ich bin gekommen, um die Auslandswagen zu besichtigen.'

'Also,' schlug ich vor, 'wie wäre es, wenn wir uns trennen? Und wir treffen uns um ein Uhr im Restaurant?' 'Abgemacht!' stimmten alle zu.

Das taten wir, und nach einer kurzen Pause für das Mittagessen verbrachten wir auch den ganzen Nachmittag dort. Wenn wir noch länger geblieben wären, hätte ich dort schlafen müssen – ich wurde so schrecklich müde.

Dieser neue Sportwagen ist übrigens ein herrliches Auto. Es würde Dir gefallen. Ich selber würde gerne einen solchen Wagen kaufen. Aber, wie Du weißt, habe ich leider kein Geld. Und auch wenn ich Geld hätte, würde ich den Wagen nicht gleich bekommen. Der Firmenvertreter sprach von Lieferfristen von bis zu neun Monaten.

Du würdest auch viel Freude an einem anderen Gegenstand gehabt haben, Karl. Das war das Modell eines Motorrads, Marke 'Schwarzvogel'. Es stammte aus dem Jahre 1901. Als ich es sah, mußte ich gleich an Deine Maschine denken: es sah so ähnlich aus: nur mit diesem Unterschied – dieses Modell war in gutem Zustand!

Inzwischen wünsche ich Dir alles Gute,

und verbleibe

Dein Freund,

Bill.

der Gegenstand *object*
(-̈e)
der Mitstudent *fellow student*
(-en)
der Platz(-̈e) *room, space*
der Unterschied *difference*
(-e)
die Ausstellung *exhibition*
(-en)
die Firma *firm*
(Firmen)
die Freude(-n) *joy, pleasure*
die Hand- *writing*
schrift(-en)
die Lieferung *delivery*
(-en)
die Marke(-n) *model, stamp*
die Stereo- *Hi-Fi*
anlage(-n) *equipment*
das Eintrittsgeld *admission fee*
das Modell(-e) *model*
jetzt noch *for the moment*
eintönig *monotonous*
empfehlenswert *worth*
recommending
dringend *urgent*
sehenswert *worth seeing*
abgemacht *agreed*
leider *unfortunately*
besichtigen *to inspect,*
look at
drängen, sich *to crowd*
entschließen,
sich (o. o.) *to decide*
entgegnen *to rejoin,*
retort

mustern *to examine*
stammen *to come from,*
originate
trennen *to separate*
unterbrechen *to interrupt*
(a. o.)
verblieben *to remain*
(ie. ie.)
verlieren (o. o.) *to lose*
vermuten *to suspect,*
surmise
zustimmen *to agree*
an Ihrer Stelle *in your place*
mit der Post *by post*
das geht mich *that has nothing*
nichts an *to do with me*
er war dabei *he was there, too*
es kommt *it all depends*
darauf an
es sah so *it looked*
ähnlich aus *something*
like that
herum-gehen *to go around*
in gutem *to be in good*
Zustand sein *condition*
die Maschine(-n) *machine,*
motorbike,
engine
der Firmen- *company*
vertreter(-) *representative*
die Lieferfrist *waiting list*
(-en) *for delivery*
was möchten *what would you*
Sie sehen? *like to see?*
er interessiert *he is interested*
sich für Marken *in stamps*

GRAMMAR

The conditional tense

PRESENT	
ich würde schreiben	*I should write*
du würdest sagen	*you* (informal) *would say*
er würde sein	*he would be*
wir würden haben	*we should have*
Sie würden werden	*you would become*
sie würden gehen	*they would go*
PAST CONDITIONAL	
ich würde geschrieben haben	*I should have written*
du würdest gesagt haben	*you* (informal) *should have said*
er würde gehabt haben	*he would have had*
wir würden gewesen sein	*we should have been*
Sie würden geworden sein	*you would have become*
sie würden getragen haben	*they would have worn*

The conditional is a form of the subjunctive. It is only used for suppositions, possibilities or improbabilities.

Wenn ich Geld habe,	*When I have money,*
trinke ich Wein.	*I drink wine.*

This is a statement of fact, so the indicative is used.

Wenn ich Geld hätte , würde	*If I had money, I should*
ich Wein trinken.	*drink wine.*

Here the subjunctive and conditional are used to show that this is not a fact but only a hypothetical case.

Instead of the conditional tense, the imperfect subjunctive may be used with strong verbs.

Ich würde geben or Ich gäbe.	*I should give.*
Ich würde gerne mitkommen or Ich käme gerne mit.	*I should like to come with you.*

Instead of the past conditional, the pluperfect subjunctive is often used.

Wir würden es gemacht haben or Wir hätten es gemacht.	*We should have done it.*
Sie würden Deutschland besucht haben or Sie hätten Deutschland besucht.	*They would have visited Germany.*

The above forms are particularly useful with modal verbs, which would otherwise be so clumsy. For the phrase *he would have had to go*, **er hätte gehen müssen** is much simpler than **er würde haben gehen müssen**.

Er hätte gehen sollen.	*He ought to have gone.*
Wir hätten bleiben können.	*We could have stayed.*

Note the order of words in such a sentence when subordinate.

Weil sie hätten singen sollen.	*Because they should have sung.*
Wenn er hätte gehen müssen.	*If he had had to go.*

With the three verbs together, the order is tense word, infinitive, modal verb (TIM).

would and *should* are general service words in English and are not confined to the conditional.

Er würde eins kaufen, wenn er das Geld hätte.	*He would buy one, if he had the money.* (conditional)
Er wollte nicht versprechen, den Wagen zu kaufen.	*He would not promise to buy the car.* (i.e. refused, did not wish)
Sie sollten einen Apfel probieren.	*You should try an apple.* (ought to, feel an obligation to)
Er sang von Morgen bis Mitternacht.	*He would sing from morn to midnight.* (Used to, was wont to)

EXERCISES

A Beantworten Sie die folgenden Fragen:

1 Ist Bill allein gegangen?
2 Wieviel Eintrittsgeld mußte er bezahlen?
3 Was wollte Tom ansehen?
4 Wo würden sie sich um ein Uhr treffen?
5 Warum konnte Bill kein Auto kaufen?
6 Nennen Sie fünf Gegenstände mit Rädern.
7 Nennen Sie drei öffentliche Gebäude.

B Rewrite the following sentences with the subjunctive equivalent for the conditional and translate:

1 Wenn ich Zeit hätte, würde ich nach Deutschland fahren.
2 Wenn ich Lust hätte, würde ich ins Kino gehen.
3 Wenn ich Zeit hätte, würde ich Sport treiben.
4 Wenn er uns gesehen hätte, würde er uns gegrüßt haben.
5 Wenn er uns gesehen hätte, würde er mit uns gesprochen haben.
6 Wenn wir krank wären, würden wir den Arzt anrufen.

C Complete the following with a main clause (in the conditional, if hypothetical; indicative, if a fact):

1 Wenn ich einen großen Garten hätte, . . .
2 Wenn wir in Deutschland wären, . . .
3 Als ich in Deutschland war, . . .
4 Wenn er blind wäre, . . .
5 Wenn sie Wein trank, . . .
6 Wenn sie Wein tränke, . . .
7 Wenn er viel Geld gehabt hätte, . . .

D Translate into German:

1 It all depends on what you would like to see.
2 I should like to buy a watch if it is not too dear.
3 In your place I should inspect the battery.
4 In case you can't go, I will give you your money back.
5 When I speak German I don't think of English words.

6 If I spoke German, I should go abroad for my holidays.
7 If he had spoken German, we should have understood him.

READING PASSAGE

Deutschland nach dem zweiten Weltkrieg

Nach der Niederlage Deutschlands im 2. Weltkrieg (1945) war das Land von den Alliierten (England, Frankreich, USA, UdSSR) in vier Besatzungszonen aufgeteilt. Der Wiederaufbau gelang dank der Hilfe der westlichen sehr gut. 1949 wurde aus den drei Westzonen die Bundesrepublik Deutschland (BRD) gegründet. Die Sowjetunion arbeitete jedoch nicht mit dem Westen zusammen, und gründete in ihrer Zone die Deutsche Demokratische Republik (DDR). Berlin, das auch in vier Sektoren gespalten war, gehörte mit drei Sektoren zur BRD. Der sowjetisch besetzte Sektor wurde die Hauptstadt der DDR. West-berlin war nur über wenige Luft- und Autobahnkorridore zu erreichen, und war ansonsten von 'der Mauer' umgeben. Die DDR schottete sich auch an allen anderen Grenzlinien zu Westdeutschland durch einen stark bewachten Grenzstreifen ab.

Die zwei deutschen Staaten entwickelten sich innerhalb der zwei Machtblöcke sehr unterschiedlich. Die DDR wurde ein kommunistisch regiertes Land, mit zentraler Planung, das stark von der Sowjetunion beeinflußt wurde.

Die BRD wurde ein demokratischer Bundesstaat mit Landesverwaltungen in den Bundesländern und einer Zentralregierung in Bonn. Konrad Adenauer (CDU) war der erste deutsche Bundeskanzler. Ihm folgten Willi Brandt (SPD), Helmut Schmidt (SPD) und Helmut Kohl (CDU).

43

DIE RÄUBER

Paula liebt das Theater. Sie gehört einer Laien-Theater-Gruppe an. Als sie erst fünfzehn Jahre alt war, fing sie an, kleine Rollen zu spielen. Das erste Mal, als sie auf der Bühne stand, hatte sie Lampenfieber gehabt: aber das ist schon lange her. Sie mag die klassischen Stücke am liebsten, und es hat sie gefreut, daß ihre Gruppe sich entschlossen hat, 'Die Räuber' von Schiller aufzuführen.

Dieses große Schauspiel wurde im Jahre 1781 geschrieben und hat sofort großen Beifall gefunden. Die stürmische, leidenschaftliche Sprache, die rasche, klare Handlung machten dieses Werk zum Lieblingsdrama der deutschen Jugend. Daher ist Paula begeistert, daß sie die Rolle der Amalia spielen darf. Die erste Probe sollte Freitag stattfinden.

Die jungen Leute haben um sechs Uhr anfangen wollen, aber Toni, der Regisseur, hat erst um sieben Uhr kommen können. Daher haben sie auf ihn warten müssen. Jetzt ist es sieben Uhr. Toni hat die ganze Gruppe um sich auf die Bühne rufen lassen. Dort stehen sie in ihrer Alltagskleidung und hören dem Intendanten zu.

Sie sind alle gute Freunde, kennen einander seit Jahren, daher duzen sie einander. Toni ermuntert sie zuerst mit ein paar Witzen, um alle in die richtige Stimmung zu bringen. 'Seid ihr alle da?' fragt er und schaut im Kreis herum. 'Aber, Fritz, ich sehe, daß du schon dein Bühnenkostüm trägst! Was? Das ist dein Trainingsanzug? Entschuldige, bitte, das hätte ich niemals gedacht.' Alle sehen den dicken Fritz an und lachen. 'Paula, mein schönes Kind, du lächelst: vergiß nicht, daß wir hier keine Komödie spielen: in diesem Schauspiel geht es ernst zu. Nun dann, meine Freunde, zur Sache! Ihr kennt alle eure Rollen, nicht wahr? Steckt eure Texte in die Taschen und bildet euch ein, der Saal sei voll und das Publikum sehr kritisch.'

Toni hat ein merkwürdiges Talent und mit großen Gesten zeigt er ihnen, wie jeder Charakter sprechen, handeln und selbst denken soll. 'Und noch eins,' fügt er hinzu. 'Vergeßt nicht die Ihr-Form des Verbs zu gebrauchen. Statt 'Sie sehen', sagte Schiller 'Ihr seht' – 'Ihr' für 'Sie', 'Euch' fur 'Ihnen', 'Euer' für 'Ihr'. Das war im achtzehnten Jahrhundert die höfliche Form, die auch Kinder ihren Eltern gegenüber gebraucht haben.' Dann beginnt er zu lesen, von Anfang an, den Ersten Aufzug, die Erste Szene.

der Aufzug(–e)	act	die Laien-Theater-Gruppe(-n)	amateur dramatic society
der Beifall	applause		
der Druck	print		
der Laie(-n)	amateur, layman	der Regisseur (-en)	producer, director

der Räuber(-)	*robber*	die Komödie(-n)	*comedy*
der Trainings- anzug(-̈e)	*tracksuit*	der Aufzug(®e)	*act*
		die Szene(-n)	*scene*
die Geste(-n)	*gesture*	das Talent (-e)	*talent*
die Handlung (-en)	*action*	begeistert	*enthusiastic*
		deutlich	*clear, obvious*
die Pflicht(-en)	*duty*	gotisch	*Gothic*
die Probe(-n)	*rehearsal*	kritisch	*critical*
die Rolle(-n)	*role, part*	angehören (+ dat.)	*to belong*
die Stimmung (-en)	*mood*	aufführen	*to produce*
zur Sache	*to the point*	gebrauchen	*to use*
es geht ernst zu	*things are serious*	duzen	*to address intimately*
erst um sieben Uhr	*not until seven o'clock*	ermuntern	*to encourage, stimulate*
die Alltagskleidung (no plural)	*everyday casual clothes*	machen es zum Lieblings- drama	*make it a favourite play*
das Lampen- fieber	*stage fright*	ihren Eltern gegenüber	*when addressing their parents*
das Publikum	*audience*		

GRAMMAR

Ihr *form*

Ihr seht: ihr seid: es ist eure Pflicht.

Ihr is the second person plural familiar form, the plural of **du**. It is used when talking to a number of children or intimate friends. After **ihr** the verb ends in -t, e.g. **ihr geht, ihr habt, ihr werdet, ihr arbeitet, ihr tragt**: (exception: **ihr seid**). The accusative and dative of **ihr** are **euch**.

Ich sage euch.   *I tell you.*

The possessive adjective *your*, familiar form, is **euer**, with the same endings as **sein**.

Nom.	euer Vater	eu(e)re Pflicht	euer Herz
Acc.	eu(e)ren Vater	(eu(e)re Pflicht	euer Herz
Gen.	eu(e)res Vaters	eu(e)rer Pflicht	eu(e)res Herzens
Dat.	eu(e)rem Vater	eu(e)rer Pflicht	eu(e)rem Herzen

The imperative of this form is made by dropping the pronoun.

Seht!	*See!*
Geht!	*Go!*

The past tense of modal verbs

Sie haben um sechs Uhr anfangen wollen.	*They wanted to start at six o'clock.*
Er hat nicht kommen können.	*He was not able to come.*

The past participle of modal verbs used modally is the same as their infinitive, i.e. no **ge-**.

This rule is extended to the occasional modal verbs, **lassen sehen**, **hören**, **heißen**, when they are used with another infinitive.

Ich habe sie spielen sehen.
Wir haben sie kommen hören.
Man hat einen Arzt holen lassen.

EXERCISES

A Beantworten Sie die folgenden Fragen auf deutsch:

1 Wann hatte Paula Lampenfieber?
2 Was ist eine Theatergruppe?

3 Was hat sich diese Theatergruppe entschlossen, aufzuführen?
4 Wann wurden 'Die Räuber' geschrieben und von wem?
5 Wie fängt die Probe an?
6 Wie ermunterte Toni die jungen Schauspieler?
7 Warum tadelte Toni Paula?
8 Erklären Sie das Wort duzen!

B Give the second person plural familiar form of the following sentences:

1 Du sollst nicht stehlen.
2 Sie sehen blaß aus.
3 Es ist dir wohl.
4 Du hast mich gefragt.
5 Wie sind Sie darauf gekommen?
6 Lassen Sie mich in Ruhe!
7 Gehen Sie weg!

C Geben Sie das Gegenteil zu:

voll	dick	gutherzig	schwierig
glücklich	vorige Woche	sprechen	zufrieden

D Give the definite article and plural of:

Bühne	Aufzug	Briefmarke	Wohnung
Probe	Brief	Museum	Landschaft

E Translate and give the perfect tense of:

1 Ich denke nicht daran.
2 Er vergißt, mich zu grüßen.
3 Wir unterbrechen Sie nicht.
4 Ich mag es sehen.
5 Sie besichtigt das Museum.
6 Wir entschließen uns, zu gehen.

F Translate into German:

We did not want to go to the theatre, but William Tell was being performed. Besides, our old friend Brause was playing the chief part. Brause was an unhappy man. He had wanted to become a writer, but his father had made him an actor. As we had never seen him act, we decided to go. We did not arrive at the theatre until eight o'clock, but succeeded in getting good seats in the circle. The tension in the first act is overwhelming and in the first scene you find yourself in the midst of the action. It was a very fine production and we enjoyed it very much.

READING PASSAGE

Das wiedervereinigte Deutschland

Als am Ende der 80er Jahre ein einschneidender Wechsel in der sowjetischen Führungsspitze erfolgte, änderte sich auch die Politik der anderen Ostblock-Staaten. Ungarn ließ im Sommer 1989 ostdeutsche Touristen nach dem Westen ausreisen. Es kam auf diesem Weg zu gewaltigen Umsiedlerströmen von Ost- nach Westdeutschland. Gleichzeitig geriet die Regierung der DDR auch im eigenen Land unter immer mehr Druck.

Im Winter 1989 fiel die 'Mauer' – für viele Deutsche ein unvorstellbares Ereignis. Am 3. Oktober 1990 war Deutschland offiziell wiedervereinigt. Nach anfänglicher großer Freude erkannten viele Menschen bald die hohen finanziellen und menschlichen Kosten, die durch diesen Zusammenschluß entstanden waren. In der ehemaligen DDR bestand überall ein großer Nachholbedarf, insbesondere auf dem Gebiet der Infrastruktur und des Umweltschutzes. Wegen der dramatischen Umwandlung des Wirtschaftssystems von Planwirtschaft in soziale Marktwirtschaft kam es in den neuen Bundesländern zu schwerwiegenden Wirtschaftsproblemen und sehr hoher Arbeitslosigkeit.

Die neue Bundesrepublik Deutschland hat beinahe 80 Millionen Einwohner und umfaßt sechzehn Bundesländer: Schleswig-Holstein, Niedersachsen, Nordrhein-Westfalen, Hessen, Rheinland-Pfalz, Saarland, Baden-Württemberg, Bayern, die Freistädte Bremen und Hamburg, und als 'neue' Bundesländer: Mecklenburg-Vorpommern, Sachsen-Anhalt, Brandenburg, Sachsen und Thüringen. Berlin, als sechzehntes Bundesland, wurde vom Bundestag zur neuen Hauptstadt bestimmt.

Gothic type

There were formerly two kinds of type used in German printing. Roman type (the English kind) has now completely replaced their old Gothic type in daily use for newspapers and books. To familiarise the student with the Gothic, still seen in antiquated texts, a key is given below.

THE ALPHABET

Roman	Gothic Type		Name (pronounced as in English)	Gothic Script	
	Capital	Small		Small	Capital
a	𝕬	𝖆	ah		
b	𝕭	𝖇	bay		
c	𝕮	𝖈	tsay		
d	𝕯	𝖉	day		
e	𝕰	𝖊	eh		
f	𝕱	𝖋	eff		
g	𝕲	𝖌	gay		
h	𝕳	𝖍	hah		
i	𝕴	𝖎	ee		
j	𝕵	𝖏	yot		
k	𝕶	𝖐	kah		

247

l	ℓ	l	ell		
m	𝔪	m	em		
n	𝔫	n	en		
o	𝔬	o	oh		
p	𝔭	p	pay		
q	𝔮	q	koo		
r	ℜ	r	airr		
s	𝔖	ʃ, s	ess	(final)	
t	𝔗	t	tay		
u	𝔘	u	oo		
v	𝔙	v	fow		
w	𝔚	w	vay		
x	𝔛	ɣ	iks		
y	𝔜	y	ipsilon		
z	ʒ	ʒ	tset		

ck = ck   ss = ʃʃ   tz = ʒ   sz = ß

248

Key to the exercises

(Alternative renderings are given in brackets)

Lesson 1

A Der Seemann, das Dorf, die Straße, das Boot, der Mann, das Kind, die Frau, die Kirche, das Haus, der Baum, der Wagen, das Buch.

B Ein Seemann, ein Dorf, eine Straße, ein Boot, ein Mann, ein Kind, eine Frau, eine Kirche, ein Haus, ein Baum, ein Wagen, ein Buch.

C 1 Ja, es ist klein. 2 Ja, sie ist warm. 3 Ja, es ist klein. 4 Ja, es ist deutsch. 5 Ja, es ist jung. 6 Ja, es ist alt.

D 1 Nein, er ist nicht jung sondern alt. 2 Nein, er ist nicht klein sondern groß. 3 Nein, sie ist nicht kalt sondern warm. 4 Nein, es ist nicht groß sondern klein. 5 Nein, es ist nicht alt sondern jung.

E 1 Miesbach (Es) ist ein Dorf. 2 Ein Seemann (Er) ist ein Mann. 3 Die Sonne (Sie) scheint. 4 Ein Boot (Es) segelt. 5 Die Sonne (Sie) ist warm. 6 Dieses Dorf (Es) ist klein. 7 Die Kirche (Sie) ist alt. 8 Der Wagen (Er) ist klein. 9 Die Kirche (Der Baum) ist groß. 10 Dieses Dorf (Das Dorf, dieser Mann, der Mann) ist alt. 11 (*a*) Der Engländer spricht Englisch. (*b*) Der Italiener spricht Italienisch. 12 (*a*) Die Deutsche wohnt in Deutschland (in der Bundesrepublik Deutschland or BRD). (*b*) Der Franzose wohnt in Frankreich.

Lesson 2

A Das Wasser, die See, der Mann, der Wind, das Boot, das Schiff, der Sturm, die Wolke, die Sonne, die Luft, das Land, das Bild, der Kapitän.

B Dieses Wasser *this water*, welche See *which sea*, kein Mann *no man*, mein Wind *my wind*, dieses Boot *this boat*, welches Schiff *which ship*, kein Sturm *no storm*, meine Wolke *my cloud*, diese Sonne *this sun*, welche Luft *which air*, kein Land *no land*, sein Bild *his picture*, mein Kapitän *my captain*.

C 1 blau (grau, schwarz, etc) 2 klein (alt, stark, schwarz, etc) 3 warm 4 still (blau, schwarz, etc.) 5 frisch (freundlich, still, etc.) 6 freundlich (gut, schön, etc.) 7 blau (schwarz, neu, alt, etc.) 8 schwarz.

D 1 Deutschland (Es) ist (auch) ein Land. 2 Ein Segelschiff (Es) ist (auch) ein Boot. 3 Ja, der Tag (er) ist auch

---

249

warm. 4 Das Wasser (Es) ist (auch) blau. 5 Die See (Sie) ist blau. 6 Der Himmel (Er) ist blau (grau, etc.) 7 Die Luft (Sie) ist klar. 8 Ja, der Kapitän (er) ist an Bord. 9 Ja, das Bild (es) ist hier. 10 Ja, der Seemann (er) ist freundlich.

F 1 Das Wasser ist kalt. 2 Sein Boot is alt. 3 Jener Mann ist sehr freundlich. 4 Die Kirche ist klein. 5 Ist der Himmel blau? 6 Der Kapitän ist nicht an Bord. 7 Wer segelt von Deutschland nach England? 8 Die Sonne scheint heute nicht. 9 Der Seemann macht alles an Bord. 10 Dieses Kind ist sehr jung. 11 Wo wohnt diese Deutsche? 12 Wer ist dieser Mann? Ist er der Kapitän?

Lesson 3

A Der Bruder, den Bruder; die Tochter, die Tochter; das Fräulein, das Fräulein; der Hund, den Hund; das Haus, das Haus; das Dorf, das Dorf; das Kind, das Kind; die Schwester, die Schwester; der Mann, den Mann; der Himmel, den Himmel; der Tag, den Tag; der Stuhl, den Stuhl; die Maus, die Maus; das Schiff, das Schiff.

B Kein Bruder, keinen Bruder; keine Tochter, keine Tochter; kein Fräulein, kein Fräulein; kein Hund, keinen Hund; kein Haus, kein Haus; kein Dorf, kein Dorf; kein Kind, kein Kind; ihre Schwester, ihre Schwester; ihr Mann, ihren Mann; ihr Himmel, ihren Himmel; ihr Tag, ihren Tag; ihr Stuhl, ihren Stuhl; ihre Maus, ihre Maus; ihr Schiff, ihr Schiff.

C 1 alt (schön, groß, klein, etc.) 2 groß (alt, klein etc.) 3 alt (schön, klein etc.) 4 nützlich (alt, etc) 5 alt (schön etc) 6 jung (schön) 7 Mädchen (Kind) 8 Paula (Liesel) 9 ein Mann. 10 alt.

D 1 Es liebt sie. 2 Er hat es. 3 Sie scheint nicht. 4 Sie fängt sie. 5 Es hat keinen. 6 Er liebt es.

E 1 Das Kind liebt den Vater nicht. 2 Der Vater hat kein Haus. 3 Die Katze fängt keine Maus. 4 Der Seemann liebt sein Schiff nicht.

F 1 Liesel ist ein Kind (ein Mädchen). 2 Sie liebt das Bild (ihren (den) Hund). 3 Sie liebt ihre Mutter (ihren Vater, ihren Bruder etc.) 4 Paula ist ein Fräulein. 5 Paula liebt die Katze. 6 Ihr Bruder (Er) heißt Karl. 7 Herr Anton Schulz (Er) hat ein Haus (eine Familie). 8 Herr Schulz (Frau Schulz) hat einen Sohn. 9 Der Hund (Er) ist groß und braun und freundlich. 10 Das Kind ist jung. 11 Die Katze (Sie) fängt eine Maus. 12 Miesbach (Es) ist ein Dorf. 13 Nein, das Haus (es) ist nicht klein, sondern groß (Nein, es ist groß). 14 Er kommt.

G 1 Er hat einen Hund. 2 Sie liebt ihr Kind. 3 Niemand liebt die Katze. 4 Dieser Junge

hat keinen Bruder. 5 Sein
Vater ist kein Seemann. 6
Haben sie einen Hund? 7
Niemand liebt dieses Bild. 8
Ihre Schwester heißt Liesel. 9
Diese (Jene) Frau hat keine
Tochter sondern einen Sohn (aber
sie hat einen Sohn).

Lesson 4
A den Tag, die Küche, das Bett,
diesen Abend, diese Nacht, dieses
Klavier, meinen Hund, meine
Tochter, mein Dorf, kein Schiff,
keine Katze, sein Zimmer, diese
Milch, diesen Kaffee, keinen Tee,
jeden Lehrer, jedes Zimmer, sein
Bier.
B 1 Dieser Tag hat kein Ende.
2 Meine Mutter trinkt diesen
Wein. 3 Die Violine ist ein
Instrument. 4 Sie haben einen
Lehrer. 5 Das Kätzchen wird
eine Katze. 6 Sie lieben die
Arbeit. 7 Der Hund trinkt
keine Milch.
C Sie lachen, sie singen, sie arbei-
ten, sie kochen, sie sitzen, sie
studieren, sie haben, sie wohnen,
sie spielen, sie sind.
D 1 Der Garten ist schön, wenn
die Sonne scheint. 2 Marie
(Die Mutter) singt gern. 3 Der
Vater arbeitet, wenn Liesel spielt.
4 Die Mutter (Sie) arbeitet auch
(sie hat viel Arbeit). 5 Der
Vater (Er) spielt abends (Klavier).
6 Marie (Sie) spielt kein
Instrument; sie singt. 7 Marie
(Die Mutter) macht das Haus
sauber. 8 Nein, die Sonne

scheint abends nicht. 9 Karl
studiert. 10 Er studiert abends
(Tag und Nacht).
E 1 Welches Instrument spielt
er? 2 Der Junge studiert gern.
3 Sie trinken Milch. 4 Jedes
Haus hat auch eine Küche. 5
Was kocht die Mutter? 6 Sie
arbeiten Tag und Nacht.

Lesson 5
A des Freund(e)s, des Lied(e)s,
des Zimmers, der Küche, eines
Mannes, eines Hund(e)s, einer
Katze, einer Frau, seines Kindes,
eines Mädchens, ihres Bruders,
seiner Schwester, welcher Tochter,
meines Kuchens, dieses Glases,
jedes Stück(e)s, meiner Arbeit.
B 1 an Bord (ein Seemann).
2 Schulz. 3 die Violine. 4
Schubert. 5 Klavier. 6 des
Hundes. 7 des Kindes.
C 1 Paula spielt Klavier. 2
Anton spielt jedes Instrument. 3
Sie singt ein Lied. 4 Das Lied
(Es) heißt Der Erlkönig. 5 Man
trinkt Tee, Kaffee, Bier, Milch,
Wein oder Wasser. 6 Wotan
(Der Hund) bewacht das Haus. 7
Nein, er (Wotan) liebt die Musik
nicht. 8 Sie spielen ein Trio
von Mozart. 9 Paula ist Antons
Tochter. 10 Marie hört gern
Musik (ein Trio). 11 Anton
(Er) trinkt gern ein Glas Bier
(oder Wein). 12 Anton (Er)
spielt Cello (Klavier) (Er spielt
jedes Instrument). 13 Liesel
lacht. 14 Karl und Paula (Sie)
essen ein Stück Kuchen.

E 1 Das Ende des Stücks ist schön. 2 Der Name des Spielers ist Karl (Der Spieler heißt Karl). 3 Sie essen ein Stück Kuchen. 4 Der Vater der Familie heisst Anton. 5 Die Arbeit einer Mutter hat kein Ende. 6 Der Komponist jenes Lieds ist sehr jung. 7 Sie sagen 'Gute Nacht' und gehen zu Bett.

Lesson 6

A (a) dem Bruder, (b) keinem Bruder; der Tochter, keiner Tochter; dem Fräulein, keinem Fräulein; dem Hund, keinem Hund; dem Haus, keinem Haus; dem Dorf, keinem Dorf; dem Kind, keinem Kind; der Schwester, ihrer Schwester; dem Mann, ihrem Mann; dem Himmel, ihrem Himmel; dem Tag, ihrem Tag; dem Stuhl, ihrem Stuhl; der Maus, ihrer Maus; dem Schiff, ihrem Schiff.

B 1 ein Päckchen. 2 ein Messer. 3 'Alles Gute zum Geburtstag'. 4 ihrem Bruder (Karl). 5 ihrem Sohn (ihm, Karl). 6 seiner Freundin (ihr, Leni).

C ich spiele, ich bin, ich gebe, ich sage, meinem (seinem), ich habe, ich hole, ich bin, ich mache, iche habe.

D Sie spielen, Sie sind, Sie geben, Sie sagen, Ihrem (seinem), Sie haben, Sie holen, Sie sind, Sie machen, Sie haben.

E 1 Es ist Karls Geburtstag. 2 Der Vater gibt seinem Sohn eine Schallplatte. 3 Die Mutter schenkt ihrem Sohn ein Buch (Wörterbuch). 4 Karls (Seine) Freundin ist (heißt) Leni. 5 Sie bringt ihm ein Päckchen. 6 Sie gibt es ihm (Karl, ihrem, Freund). 7 Ja, ich trinke gern Bier (Nein, ich trinke nicht gern Bier) (Bier nicht gern). 8 Nein, sie nimmt keinen Zucker. 9 Ja, ich nehme Zucker (Nein, ich nehme keinen Zucker). 10 Marie gibt Leni eine Tasse Kaffee. 11 Karl studiert Englisch. 12 Ich studiere Deutsch.

G 1 Ich studiere Deutsch. 2 Sie gibt ihrem Bruder einen Schlips. 3 Danke schön! 4 Bitte schön! 5 'Auf Widersehen', sagt er (zu) seiner Freundin. 6 Er bringt (holt) ihr den Mantel. 7 Sie geben dem Kind abends ein Glas Milch. (Man gibt dem Kind abends ein Glas Milch).

Lesson 7

A

N. das Bett	der Schneider
A. das Bett	den Schneider
G. des Bettes	des Schneiders
D. dem Bett	dem Schneider

N. dieses Haus	keine Arbeit
A. dieses Haus	keine Arbeit
G. dieses Hauses	keiner Arbeit
D. diesem Haus	keiner Arbeit

N. welche Farbe	mein Mantel
A. welche Farbe	meinen Mantel
G. welcher Farbe	meines Mantels
D. welcher Farbe	meinem Mantel

252

N. dieser Preis   jener Stoff
A. diesen Preis   jenen Stoff
G. dieses Preises   jenes Stoff(e)s
D. diesem Preis   jenem Stoff

N. welches Kleid
A. welches Kleid
G. welches Kleid(e)s
D. welchem Kleid

N. kein Ende   ihr Mann
A. kein Ende   ihren Mann
G. keines Endes   ihres Mann(e)s
D. keinem Ende   ihrem Mann

B ich sage; Sie sagen; er, sie, es sagt; wir, Sie, sie sagen. ich öffne; Sie öffnen; er, sie, es öffnet; wir, Sie, sie öffnen. ich bin; Sie sind; er, sie, es ist; wir, Sie, sie sind. ich habe; Sie haben; er, sie, hat; wir, Sie, sie haben. ich werde; Sie werden; er, sie, es wird; wir, Sie, sie werden. ich hole; Sie holen; er, sie, es holt; wir, Sie, sie holen. ich nehme; Sie nehmen; er, sie, es nimmt; wir, Sie, sie nehmen. ich sehe; Sie sehen; er, sie, es sieht; wir, Sie, sie sehen. ich gebe; Sie geben; er, sie, es gibt; wir, Sie, sie geben. ich fange; Sie fangen; er, sie, es fängt; wir, Sie, sie fangen. ich kaufe; Sie kaufen; er, sie, es kauft; wir, Sie, sie kaufen. ich gehe; Sie gehen; er, sie, es geht; wir, Sie, sie gehen.

C 1 Der...dem. 2 Der... einen. 3 der...seinen. 4 Mein...seinem...einen. 5 Die...des. 6 ...den...den 7 des.

D 1 Er segelt (macht alles an Bord). 2 Er arbeitet nach Maß (macht einen Anzug, nimmt bei jedem Kind Maß). 3 Er macht Musik (spielt Klavier, Geige, etc.). 4 Der Himmel ist blau (grau, etc.). 5 Nein, es ist nicht zu teuer. 6 Dieses Buch ist gut. 7 Er hat schon einen. 8 Er macht einen Mantel für Liesel. 9 Er zeigt dem Vater (und der Mutter) seinen Stoff. 10 Die Farbe (des Stoffes) ist zu dunkel: sie steht ihr nicht. 11 Er ist (nicht nur klein; sondern) auch dick. 12 Er macht das Kostüm bald (Montag) fertig. 13 Der Stoff des Schneiders (Die Wolle aus England) ist nicht zu teuer. 14 Ich studiere Deutsch. 15 Ja, ich spiele Klavier (Nein, ich spiele nicht Klavier). 16 Ja, ich esse gerne Kuchen. 17 Ja, ich habe einen Hund (Nein, ich habe keinen (Hund)). 18 Nein, Montag bin ich nicht hier (Ja, Montag bin ich hier); (ich bin Montag hier). 19 Ja, wir spielen Klavier (Nein, wir spielen nicht Klavier). Ja, wir essen gerne Kuchen. Ja, wir haben einen Hund (Nein, wir haben keinen (Hund)). Wir sind Montag nicht hier (Montag sind wir nicht hier) (Montag sind wir hier).

E 1 Ich kaufe ein Buch. 2 Sehen Sie den Seemann? 3 Sie haben recht. 4 Das stimmt. 5 Er macht nichts. 6 Es macht nichts.

Lesson 8
A das Jahr, die Jahre; die Stadt, die

253

Städte; das Dorf, die Dörfer; der Mann, die Männer; der Sturm, die Stürme; der Tag, die Tage; die Wolke, die Wolken; das Boot, die Boote; das Land, die Länder; der Bruder, die Brüder; die Schwester, die Schwestern; die Mutter, die Mütter; die Tochter, die Töchter; der Vater, die Väter; das Mädchen, die Mädchen; das Kind, die Kinder; das Bett, die Betten; das Zimmer, die Zimmer; die Maus, die Mäuse; der Wein, die Weine; die Kanne, die Kannen; der Musiker, die Musiker; die Arbeit, die Arbeiten; die Freundin, die Freundinnen.

B 1 Liesel ist acht Jahre alt. 2 Paula ist zwanzig Jahre alt. 3 Er zeigt zwei Stoffe. 4 Sie hat drei Kinder. 5 Kaffee, Tee, Bonbon (Fremdwörter) haben die Endung -s im Plural. 6 Ja, ich mache oft Fehler (Nein, nicht zu oft). 7 Katzen fangen Mäuse. 8 Nicht alle Dörfer sind klein (einige sind groß, aber viele sind klein). 9 Ja, heute hat der Himmel Wolken (Nur im Sommer sind keine Wolken am Himmel). 10 Karls Vater (Er) spielt alle Instrumente (Er ist Meister jedes Instruments). 11 Ein Schneider macht Kostüme und Anzüge. 12 England und Deutschland sind Länder. 13 Blau und schwarz sind Farben. 14 Hamburg und Frankfurt sind Städte (in Deutschland).

C 1 Die Mütter lieben die Kinder. 2 Die Väter der Kinder spielen nicht. 3 Die Töchter holen ihren Müttern die Kleider. 4 Die Brüder lesen ihre Bücher.

D 1 Diese Wörter sind deutsch. 2 Wie viele Studenten sind hier? 3 Katzen und Hunde sind Tiere. 4 Die Häuser des Dorfes sind klein. 5 Die Städte sind nicht sehr groß. 6 Ich gebe meinen Freunden Bücher und Bilder. 7 Macht dieser Schneider Ihre Anzüge?

Lesson 9

A 1 *I shan't speak another word now.* Jetzt spreche ich kein Wort mehr. 2 *The inkeeper asks, 'Is that true?'* 'Ist das wahr,' fragt der Wirt. 3 *I don't see any friend here.* Hier sehe ich keinen Freund. 4 *The family lives in Miesbach.* In Miesbach wohnt die Familie. 5 *The sailor says, 'That won't do!'* 'Das geht nicht,' sagt der Seemann. 6 *'Monday will suit me, too,' says Karl.* 'Montag paßt mir auch,' sagt Karl. 7 *It often catches a mouse.* Oft fängt sie eine Mause.

B 1 Ist der Seemann schlau? 2 Liebt die Familie ihren Hund? 3 Spielt Karl gern Klavier? 4 Verkaufen sie ihr Haus? 5 Ist das nicht wahr? 6 Heißt er Wotan? 7 Wohnt die Familie in Miesbach? 8 Ißt das Kind gern Bonbons? 9 Nimmt sie Zucker und Milch?

C 1 Bitte, holen Sie mir den (meinen) Mantel! 2 Der Wirt öffnet eine Flasche Wein. 3 Mein Junge arbeitet jetzt nicht. 4 Heute gehe ich nach Hause. 5

Verkaufen Sie Ihr Haus? 6 Der Seemann ist sehr erstaunt. 7 Geben Sie mir zehn Mark für den Hund! 8 Bitte geben Sie meinem Freund ein Glas Wasser! 9 Schweigen Sie doch! Ich lese mein Buch. 10 Ich habe kein Geld; ich bezahle morgen. Das mag ich nicht; bitte, bezahlen Sie heute!

Lesson 10

A 1 Marie geht jeden Freitag (Jeden Freitag geht Marie) nach Lippstadt. 2 Sie (geht zu ihren Freundinnen und) macht Einkäufe in der Stadt. 3 Der Arzt holt seinen Wagen aus der Garage. 4 Sie trinkt eine Tasse Kaffee bei ihrer Freundin. 5 Im Supermarkt kauft sie (ein Pfund) Butter, (ein Kilo) Zucker, (100 Gramm) Wurst, (zwei) Brote und ein Pfund Kaffee. b) Beim Metzger kauft sie Fleisch. 6 Zwei Strümpfe machen ein Paar. 7 a) Marie kauft Bonbons, zwei Paar Strümpfe und eine Bluse im Kaufhaus. b) Ihre Freundin kauft Strumpfhosen, einen Hut und eine Handtasche (im Kaufhaus).

B 1 meiner 2 Jahren 3 dem 4 der 5 seinem 6 der 7 seinem 8 seinem.

C 1 Wir sprechen von unseren Arbeiten. 2 Wir wohnen seit acht Jahren in England. 3 Wer wohnt bei den Doktoren? 4 Wir spielen nach den Arbeiten. 5 Die Kinder spielen mit ihren Vätern. 6 Unsere Freundinnen fahren aus den Städten. 7 Die Hunde gehen ihren Herren entgegen. 8 Sie sprechen von ihren Freunden.

D 1 Aus der Garage holt der Arzt seinen Wagen. 2 In zehn Minuten kommen sie nach Lippstadt. 3 Seit zwei Jahren wohnt der Schneider hier. 4 Hier wohnt der Schneider seit zwei Jahren. 5 Hier spricht man Deutsch.

F 1 Der Arzt fährt aus der Garage. 2 Ich wohne mit (bei) meinen Freunden. 3 Dieser Schneider wohnt seit zwei Jahren hier. 4 Sie geht (fährt) mit ihrer Freundin. 5 Der Seemann trinkt aus der Flasche. 6 Ich trinke nicht aus Flaschen (aus der Flasche). 7 Nach der Arbeit gehe ich nach Hause. 8 Strumpfhosen sind nicht zu teuer in diesem Kaufhaus. 9 Jede Hausfrau macht gern Einkäufe in einem Supermarkt. 10 Einige Deutsche essen jeden Tag gern Wurst.

Lesson 11

A 1 Gegen Mittag gehen die zwei Damen zum Restaurant. 2 Man ißt und trinkt im Restaurant. 3 Der Kellner findet einen Platz für sie. 4 Ja, Marie ist hungrig (Sie ißt zwei Portionen). 5 Das Orchester spielt (im Radio) während des Essens. 6 Marie (Frau Schulz) bezahlt das Essen. 7 Die Damen besuchen eine Freundin. 8 Sie fahren mit einem Taxi. 9 Sie wohnt in der Hansastraße (jenseits des Krankenhauses) (in Lippstadt).

B 1 den 2 diesen 3 die 4 unseren 5 ihren 6 der 7 seiner 8 des ... dem 9 des.

C das Auto, des Autos, die Autos; das Fenster, des Fensters, die Fenster; der Strumpf, des Strumpfes, die Strümpfe; die Kirche, der Kirche, die Kirchen; die Garage, der Garage, die Garagen; der Arzt, des Arztes, die Ärzte; die Stadt, der Stadt, die Städte; die Minute, der Minute, die Minuten; die Stunde, der Stunde, die Stunden; der Eingang, des Eingangs, die Eingänge; der Fahrer, des Fahrers, die Fahrer; die Rechnung, der Rechnung, die Rechnungen.

D 1 Während des Regens sitzen wir im Wagen (Auto). 2 Anstatt (Statt) eines Mantels macht er einen Anzug für meinen Vater. 3 Die Jungen laufen aus dem Hause und durch den Garten. 4 Diese Dame kommt mit ihrem Mann. Sie geht nie allein. 5 Er fährt nicht schnell durch das Dorf. 6 Nach ihrer Arbeit sitzt meine Mutter gern(e) mit meinem Vater. 7 Trotz seiner Fehler spricht er gut Deutsch. 8 Nehmen Sie die Hand aus der Tasche.

Lesson 12

A 1 Der Arzt geht (fährt) in das Krankenhaus (geht in das Zimmer). 2 Er setzt sich auf einen Stuhl (an den Tisch). 3 Die Schwester klopft an die Tür. 4 Sie legt die Liste auf den Tisch. 5 Das Spielzeug ist (liegt) unter dem Tisch. 6 Die Eltern warten im Wartezimmer (mit ihren Kindern). 7 Toni hat eine Geschwulst hinter dem Ohr. 8 Auf dem Tisch liegen die Instrumente des Arztes. 9 Die kleine Patientin hat Augenschmerzen. 10 Er fühlt ihren Puls und mißt die Temperatur. 11 Er gibt ihr ein Bonbon.

B 1 der 2 die 3 dem 4 dem 5 den 6 der 7 die 8 dem 9 der ... dem 10 den.

C In der Nacht; am Tag; zuerst; danke schön; bitte schön; Sie haben recht; nicht wahr?; noch ein Glas, bitte; legen Sie mein Buch auf den Tisch; ich habe Augenschmerzen.

Lesson 13

A der Wald, des Waldes, die Wälder; das Gewehr, des Gewehrs, die Gewehre; der Baum, des Baum(e)s, die Bäume; die Krankheit, der Krankheit, die Krankheiten; der Tisch, des Tisches, die Tische; der Brief, des Brief(e)s, die Briefe; der Boden, des Bodens, die Böden; die Wand, der Wand, die Wände; die Lampe, der Lampe, die Lampen; das Ohr, des Ohr(e)s, die Ohren; das Krankenhaus, des Krankenhauses, die Krankenhäuser; der Wagen, des Wagens, die Wagen; der Hund, des Hund(e)s, die Hunde; das Buch, des Buch(e)s, die Bücher; das Tuch, des Tuch(e)s, die Tücher; die Tochter, der Tochter, die Töchter; das Glas, des Glases, die Gläser; das Brot, des Brot(e)s, die Brote.

B ich mache, er, sie, es macht, Sie machen; ich sage, er sagt, Sie sagen; ich spreche, er spricht, Sie sprechen; ich antworte, er antwortet, Sie antworten; ich lasse, er läßt, Sie lassen; ich schreibe, er schreibt, Sie schreiben; ich sehe, er sieht, Sie sehen; ich gehe, er geht, Sie gehen; ich fahre, er fährt, Sie fahren.

C 1 das. 2 keinen . . . einen. 3 meinen . . . des (meines). 4 einen . . . seinem. 5 den. 6 unserem. 7 des . . . die. 8 Ihrer. 9 seinem. 10 des. 11 der. 12 jeden . . . die. 13 der. 14 meiner. 15 das . . . sein. 16 der.

D 9 In seinem Zimmer arbeitet Herr Schulz. 10 Außerhalb des Dorfes wohnt unser Freund, der Schneider. 11 Am Freitag arbeitet der Arzt in der Klinik (In der Klinik arbeitet der Arzt am Freitag). 12 Jeden Freitag fährt er in die Klinik. (In die Klinik fährt er jeden Freitag – *only, as in 14, to emphasise Klinik.*) 13 In der Nacht schlafen wir. 14 Bei meiner Schwester wohnt dieser Junge. 15 Unter sein Buch legt der Student das Papier. 16 An der Wand hängt das Bild.

E 1 Der Arzt will kein Geld. 2 Eine elektrische Lampe hängt über dem Tisch. 3 Woher kommen Sie (Wo kommen Sie her)? 4 Wohin gehen Sie? 5 Ist ein Platz frei, bitte? 6 Wir hören gern das Orchester im Café (Restaurant). 7 Es hängen keine Bilder an unseren Wänden. 8 Gehen Sie jeden Freitag in die Stadt? 9 Mein Freund wohnt in der Stadt (Meine Freundin wohnt . . .)

Lesson 15

A sechs; acht; elf; dreiundzwanzig; vierundfünfzig; neunundsechzig; fünfundachtzig; zweiundneunzig; hunderteinundzwanzig; dreihundertsiebenundachtzig; vierhundertzweiunddreißig; elfhundertzweiundsiebzig; tausendvierhundertachtundneunzig (vierzehnhundertachtundneunzig); dreitausendzweihundertvierundsechzig; fünfzehntausendvierhundertachtundsiebzig; zweihundertsechsundfünfzigtausendsiebenhunderteinundachtzig; eine Million achthundertsiebenundneunzigtausendfünfhundertsechsunddreißig; vierunddreißig Millionen achthundertneuntausendsiebenhundertachtundfünfzig; vierundneunzig; zweiundfünfzig; dreiunddreißig; achtundfünfzig; neunzehn; fünf.

B 1 Es sind –?– Stundenten in dieser Klasse (In dieser Klasse sind –?– Studenten). 2 Der (Monat) April hat dreißig Tage; der

(Monat) Mai hat einunddreißig Tage; der (Monat) Dezember hat einunddreißig Tage. 3 Zweimal vier macht acht; dreimal vier macht zwölf. 4 Neunmal acht ist zweiundsiebzig; neunmal neun ist einundachtzig. 5 Vier und sechs sind zehn; zehn und neun sind neunzehn. 6 Neunzehn und achtzig sind neunundneunzig; einundvierzig und elf sind zweiundfünfzig. 7 Vier weniger zwei ist zwei; einundzwanzig weniger neun ist zwölf; hundert weniger eins ist neunundneunzig. 8 Die Tage sind lang im Sommer. 9 Die Tage sind kurz im Winter (Im Winter sind die Tage kurz). 10 Die Blätter fallen im Herbst. 11 Im Frühling beginnen die Pflanzen zu wachsen. 12 Die Bauern ernten ihr Korn (und Kartoffeln) im Herbst. (Im Herbst ernten die Bauern ihre Kartoffeln). 13 Eine Woche hat sieben Tage (Es sind sieben Tage in der Woche). 14 Jeder Tag hat vierundzwanzig Stunden.

C 1 sind (werden); *the leaves fall because they are (become) old.* 2 hat; *the sailor doesn't have a drink, because he has no money.* 3 scheint; *a day is lovely, when the sun shines.* 4 habe; *I eat bread, when I have no cake.*

D 1 Die Tage sind kürzer im Herbst. 2 Es ist wärmer im Sommer. 3 Wir haben weniger Eis im Frühling (Im Frühling haben wir weniger Eis), weil es wärmer ist. 4 Ich bin älter als

Sie. 5 Wenn ich kein Fleisch habe, esse ich Fisch. 6 Wenn die Tage kurz sind, gehen wir früh ins Bett. 7 Karl übt ein neues Stück, weil er es gern hat (mag).

Lesson 16

A Der Vater (Die Mutter) is älter als Paula. 2 Liesel ist am jüngsten. 3 Ein Deutscher (Mein Lehrer) spricht besser Deutsch als ich. 4 Der Amerikaner kommt aus Boston. 5 Der Deutsche zeigt ihm den Kölner Dom (die ältesten Gebäude der Stadt). 6 Er prahlt zu viel.

B 1 als . . . wie. 2 wie . . . als. 3 als . . . wie. 4 als.

C 1 stärker, am stärksten. 2 höher, am höchsten. 3 mehr, am meisten.

D meines englischen Freund(e)s, meine englischen Freunde; der älteren Stadt, die älteren Städte; seines schönen Land(e)s, seine schönen Länder; einer neuen Kirche, neue Kirchen; meines besten Freund(e)s, meine besten Freunde; eines Londoner Wolkenkratzers, Londoner Wolkenkratzer.

E 1 Paula ist schöner (hübscher) als Karl, aber er ist klüger als sie. 2 Kennen Sie meinen Arzt? Er ist der beste in der Stadt. 3 Diese Brücke ist länger als die (jenigen) in England. 4 Ich spreche gut Deutsch, aber nicht so gut wie ein Deutscher. 5 Karls bester Freund ist etwas älter als er. 6 Welches Ihrer Kinder (von

Ihren Kindern) ist am klügsten?
(Welches ist Ihr klügstes Kind?)

Lesson 17

A 1 Sobald Karl nach Hause
kommt, geht er (zuerst) in die
Garage. 2 Er hat sein Motorrad
in der Garage. 3 Ein (Jedes)
Auto hat vier Räder. 4 Karl
kauft eine neue Batterie, weil die
alte kaputt (so schwach) war (ist).
5 Er verläßt sogleich die Garage,
weil er hungrig ist. 6 Er
antwortet nicht, weil sein Mund
voll ist.

B 1 als: *a dog runs more quickly
than a man.* 2 wie: *this car is not
so good as it used to be (was) (once
was).* 3 als: *everybody works better
in the day-time than at night.* 4
jünger . . . am jüngsten: *Paula is
younger than the (her) mother, but
Liesel is the youngest.* 5 als: *in
summer the days are longer than in
winter.* 6 zu: *the tailor tries to
mend the suit.* 7 zu: *this gentleman
has nothing to say to me.*

C 1 *He is repairing the engine,
because it is broken (won't go):* Weil
die Maschine kaputt ist, repariert
er sie. 2 *He is buying a new battery, because the starter doesn't work:*
Weil der Starter nicht geht, kauft
er eine neue Batterie. 3 *She goes
into the restaurant, because she is hungry:* Weil sie hungrig ist, geht sie
ins Restaurant. 4 *The doctor vis-
its us when we are ill:* Wenn wir
krank sind, besucht uns der Arzt.
5 *The boat gets to the land, when the
wind gets stronger:* Sobald der Wind

stuarkes wird, kommt das Boot ans
Land. 6 *The child likes the dog,
because is is good:* Weil der Hund
gut ist, hat ihn das Kind gern.

Lesson 18

A (*a*) eins; dreiundzwanzig;
vierundfünfzig; neunundsechzig;
fünfundachtzig; zweiundneunzig;
hunderteinundzwanzig; dreihundertsiebenundachtzig;
vierhundertzweiunddreißig;
elfhundertzweiundsiebzig (tausend-
hundertzweiundsiebzig; drei-
tausendzweihundertvierund-
sechzig; fünfzehntausendsieben-
hundertachtundvierzig; neunzehn-
hundertvierundneunzig. (*b*) die
Hälfte; zwei Drittel; drei Viertel;
sieben Achtel; sieben Zehntel;
neun Zwanzigstel; ein Sechzigstel.
(*c*) Erster(-e, es), zweiter(-e, -es),
fünfte, achte, dritte, vierte,
zwanzigste, zweiunddreißigste,
hundertste, hunderterste.

B ein Uhr; acht Uhr n.M.; Viertel
nach acht (Viertel neun); Viertel
vor neun (Dreiviertel neun);
zwanzig Minuten nach fünf (fünf
Uhr zwanzig); fünfundzwanzig
Minuten nach neun (Uhr) (neun
Uhr fünfundzwanzig (Minuten));
fünf Minuten nach acht (Uhr);
zehn Minuten vor drei; Viertel vor
elf (Dreiviertel elf); halb elf.

C 1 Neujahr ist (der erste) am
ersten Januar. 2 Ich gehe um
acht Uhr ins Büro. 3 Der
Sommer endet im Monat
September (wenn der Herbst

kommt). 4 Der Winter dauert drei bis vier Monate. 5 Zwei Achtel und drei Achtel machen fünf Achtel. 6 Der dritte Tag der Woche heißt Dienstag. 7 Es ist jetzt –?–. 8 Heute ist der –?–. (Heute haben wir den –n –?.) 9 Am ersten Januar lernt Karl zwei Stunden lang Englisch; er versucht sein Motorrad zu reparieren; er besucht abends ein Konzert in Lippstadt (mit seiner Freundin, Leni).

Lesson 19

A 1 Liesel setzt sich in den Schatten des alten Apfelbaums im Garten. 2 In der Hand hat sie ein (Bilder) buch. 3 Die Charaktere in Reineke Fuchs sind alle Tiere – Nobel, der Löwe; Braun, der Bär; und Reineke Fuchs. 4 Man findet Honig in einem Baum; man findet Äpfel auf einem Baum; man findet Löwen in Afrika (in Indien, im Zoo (Zoologischem Garten)); man findet Bären in Amerika (in Spanien, in Rußland, im Zoo). 5 Der Bauer schießt mit einem Gewehr.

C

N. ein armes Tier	die kluge Antwort
A. ein armes Tier	die kluge Antwort
G. eines armen Tier	der klugen Antwort
D. einem armen Tier	der klugen Antwort

pl N. & A.

arme Tiere	die klugen Antworten
G. armer Tiere	der klugen Antworten
D. armen Tieren	den klugen Antworten

N. böser Streich	ein anderer Mann
A. bösen Streich	einen anderen Mann
G. bösen Streich (e)s	eines anderen Mannes
D. bösem Streich	einem anderen Mann

pl.N. & A.

böse Streiche	andere Männer
G. böser Streiche	anderer Männer
D. bösen Streichen	anderen Männern

D 1 Unsere alte Freundin nimmt ihren schwarzen Mantel und runden Hut. 2 An der nächsten Haltestelle des roten Busses warten viele müde Menschen. 3 Jede gute Hausfrau macht viele nötige Einkäufe am Freitag. 4 Der neue Eingang dieses schönen Hauses kostet viel Geld. 5 Bringen Sie mir ein kleines Stück kalten Fleisches und ein frisches Bier. 6 Er setzt sich auf einen Stuhl in dem (im Garten).

E 1 mich: *I'm not interested in books today.* 2 uns: *We never remember nasty tricks.* 3 sich: *The bad boy always excuses himself with clever answers.* 4 sich: *They are setting off for Köln this evening.* 5 sich: *Have a really enjoyable time!*

G Der einfältige Bär freut sich, so viel Honig zu sehen. Er steckt das Gesicht in den süßen Stoff und bemerkt den Bauer nicht. Glücklicherweise ist dieser langsam, und schießt nicht gut. Braun kriecht aus dem Baum und läuft nach Hause. Reineke entschuldigt sich vor dem König, aber die anderen Tiere haben ihn nicht gern. Er spielt ihnen böse Streiche.

Lesson 20

A 1 Fast jeden Sonntag im Sommer macht Anton einen Ausflug. 2 Die ganze Familie fährt mit ihm. 3 *a*) Karl prüft den Motor und putzt das Auto. *b*) Die Mutter macht das Essen fertig (und schneidet das Brot). 4 Man trinkt den Kaffee aus Tassen (aus den Thermosflaschen). 5 Er liegt zwanzig Kilometer weit entfernt. 6 Am See baden sie, liegen in der Sonne, sprechen und spielen mit ihren Freunden. 7 Am Abend tanzen sie im (in einem) großen Restaurant. 8 Paula trifft viele Bekannte am See, weil ihre Freundin hier in der Nähe wohnt. 9 Die Familie fährt am Abend (um zehn Uhr) nach Hause. 10 Sie vergessen diese Tage nicht, weil sie so glücklich sind.

B 1 den 2 das 3 dessen 4 den 5 dessen 6 dessen 7 denen 8 dem 9 den 10 dem.

Lesson 21

A 1 Die Sonne geht am Morgen auf. 2 Ich stehe um sieben Uhr (halb acht) auf. 3 Wenn ich ins Badezimmer gehe, ziehe ich einen Schlafrock an. 4 Wenn ich ins Bett gehe, ziehe ich die Kleider aus. 5 Paula (Sie) steht spät auf, weil sie müde ist (weil sie spät ins Bett geht). 6 Während des Frühstücks sagt der Vater nur 'Hmm', denn er liest die Zeitung. 7 Karl (Er) singt im Badezimmer, weil er fröhlich ist. 8 Sie (Paula) hat wenig Zeit zum Frühstück, weil sie so spät aufsteht (und zur Arbeit gehen muß). 9 Um halb neun sitzt sie im Bus. 10 (*a*) Wir sehen mit den Augen; (*b*) wir hören mit den Ohren. 11 (*a*) Ich brauche Seife, wenn ich mich wasche; (*b*) ich brauche Lippenstift, um die Lippen rot zu machen (wenn ich mich schminke) (die Männer brauchen keinen Lippenstift); (*c*) wir brauchen Zahnpasta, wenn wir die Zähne putzen (bürsten); (*d*) wir brauchen eine Haarbürste, wenn wir das Haar bürsten; (*e*) ich brauche einen Spiegel, wenn ich mich rasiere (wenn ich mir das Haar bürste).

B 1 Im Winter geht die Sonne spät auf. 2 Ich stehe früher im Sommer als im Winter auf. 3 Mein Hund macht die Tür auf, aber er macht sie nicht zu. 4 Sein alter Freund fährt morgen nach Deutschland zurück. 5 Warum gehen Sie so früh weg? 6 Kommen Sie doch herein, wenn Sie Zeit haben! 7 Ich ziehe den Mantel an, weil es kalt ist. 8 Karl beginnt das Brot zu schneiden. 9 Sie verstehen mich nicht.

C du stehst, du verstehst, du gehst, du sagst, du machst, du singst, du hältst, du nimmst, du trägst, du bringst.

D Im Badezimmer; während des Frühstücks; sie stehen früh auf; es ist acht Uhr; du mußt aufstehen (Sie müssen aufstehen); er geht nicht weg; sie bleibt vor der Tür; sie schläft ein; machst du das Fenster in der Nacht zu?; ich ziehe mir die Schuhe an; warum waschen Sie sich nicht das Gesicht?; ich wasche mir immer die Hände vor dem Essen.

Lesson 22

A 1 Sie sitzt vor dem Feuer, weil der Tag (es) regnerisch ist. 2 (a) Paula strickt sich einen neuen Pullover (aus gelber Wolle); (b) Der Vater studiert einen Bericht über die Erziehungsprobleme (in den deutschen Hauptschulen); (c) Die Mutter (Marie) liest die Zeitung. 3 Das Problem des jungen Mädchens ist: sie liebt den Mann nicht, der sie liebt. Aber ihre Mutter will, daß sie ihn heiratet. Kann sie sich mit dem Heiraten noch Zeit lassen, oder soll sie ihn heiraten? 4 Onkel Konrads Antwort lautet wie folgt: 'Sie haben mit dem Heiraten bestimmt noch Zeit. Wenn man siebzehn Jahre alt ist, soll man seine Arbeit machen und im übrigen lachen, singen, und tanzen.' 5 Ja, es ist wahr, daß viele große Männer klein sind; z.B. Napoleon, Toulouse-Lautrec u.a.m.

B er (sie) will nach Hause gehen; sie wollen nach Hause gehen. er mag diese Himbeeren nicht essen; sie mögen diese Himbeeren nicht essen; er darf kein Bier trinken, sie dürfen kein Bier trinken. sie weiß, daß sie reich wird, wenn sie ihn heiratet; sie wissen, daß sie reich werden, wenn sie sie heiraten.

C 1 Ich sehe, daß Sie glücklich sind. 2 Er weiß, daß dieser Hund keine Kinder beißt. 3 Sie schreibt, daß sie uns morgen besuchen will. 4 Während Karl in sein Tagebuch schreibt, denkt er an Leni.

Revision

A 1 will...heirate; 2 weiß... liegt; 3 steht...auf. 4 ist.. . machen...zu. 5 Müssen... 6 ißt... 7 liest... 8 verstehen...sagen. 9 weißt... liebe. 10 läuft, kommt... 11 ins Bett gehe, schlafe ich ein.

B warm, klug, der Sommer, klein, warm (heiß), alt, unglücklich, lachen, sich erinnern, weiß, ins Bett gehen, arbeiten, gut, der Tag.

C 1 Das arme Mädchen will den reichen, kleinen Mann heiraten. 2 Er gibt eine kluge Antwort auf diese dumme Frage. 3 Der müde Junge steht an diesem kalten Tag spät auf. 4 Sein schmutziges Kind geht in unsere saubere Küche. 5 Die hungrigen Kinder essen ein großes Frühstück. 6 Alle wilden Tiere haben scharfe Zähne und scharfe Ohren. 7 Wie viele neue Patienten warten in dem (im) großen Saal?

D der Abend, des Abends, die Abende; die Zeitung, der Zeitung, die Zeitungen; die Kirche, der Kirche, die Kirchen; der Stock, des Stock(e)s, die Stöcke; der Zahn, des Zahn(e)s, die Zähne; der Körper, des Körpers, die Körper; das Büro, des Büros, die Büros; die Wand, der Wand, die Wände; die Lampe, der Lampe, die Lampen; der Brief, des Brief(e)s, die Briefe; das Stockwerk, des Stockwerks, die Stockwerke; der Fisch, des Fisches, die Fische; die Rechnung, der Rechnung, die Rechnungen; die Kartoffel, der Kartoffel, die Kartoffeln; die Flasche, der Flasche, die Flaschen; das Krankenhaus, des Krankenhauses, die Krankenhäuser; die Minute, der Minute, die Minuten; die Tür, der Tür, die Türen; die Jahreszeit, der Jahreszeit, die Jahreszeiten; der Doktor, des Doktors, die Doktoren; die Dame, der Dame, die Damen; das Fenster, des Fensters, die Fenster; der Wald, des Wald(e)s, die Wälder; die Mark, der Mark, die Mark (Markstücke); der Amerikaner, des Amerikaners, die Amerikaner; die Brücke, der Brücke, die Brücken.

E 1 . . . geht man zum Arzt (liegt man im Bett). 2 . . . weckt Liesel sie. 3 . . . die Batterie kaputt ist. 4 . . . geht er in die Garage. 5 . . . er kein Geld hat.

F 1 (*a*) Ein Wirt ist ein Mann, der ein Wirtshaus besitzt; er verkauft Bier und Wein; (*b*) Ein Arzt ist ein Mann, der uns gesund macht, wenn wir krank sind; (*c*) Ein Mechaniker ist ein Mann, der Autos in einer Werkstatt repariert; (*d*) eine Radfahrerin ist eine Frau, die (ein Mädchen, ein Fräulein, das) Rad fährt. 2 Fünf Tiere sind: die Katze, der Hund, der Fuchs, der Löwe, der Bär. 3 Im Sommer ist es warm. 4 In einer Garage findet man ein Auto (vielleicht auch ein Motorrad) (Autos). 5 Im Herbst trage ich wärmere Kleider. 6 An den Füßen trägt man Schuhe. 7 Man trägt einen Hut auf dem Kopf. 8 Wenn man schwimmt, trägt man einen Badeanzug (eine Badehose, einen Bikini). 9 Zum Frühstück ißt man Butterbrot mit Marmelade (Speck, Eier). 10 Im Restaurant trinkt mann allerlei Getränke: z.B. einen Aperitif vor der Mahlzeit, einen Likör nach der Mahlzeit, einen Wein mit dem Essen.

G zwei; sechs; einundzwanzig; achtundneunzig; siebenhundertsechsunddreißig; tausendsechsundsechzig; tausendsechshundert (sechzehnhundert) fünfundvierzig; siebzehnhundertvierzehn; achtzehnhundertfünfzehn; neunzehnhunderteins.

Ein Drittel elf Zwölftel; neunzehn Zwanzigstel.

Zwanzig Minuten vor vier; Viertel nach fünf (Viertel sechs); fünf Minuten vor drei; halb eins; fünfundzwanzig Minuten nach sechs; halb zehn.

den ersten Februar neunzehnhundertfünfzig; den sechsundzwanzigsten April neunzehnhundertvierundzwanzig. Sein erster Fehler; meine zweite Frau; sein drittes Glas; das achte Buch; ihr einundzwanzigster Geburtstag; hundertmal.

H 1 dem; *the student he is talking to is good at German.* 2 der; *the town they live in is (called, named) Hamburg.* 3 dem; *a child you give sweets to should say thanks.* 4 dessen; *the building with such dirty windows is empty.* 5 die; *the acquaintances I know well become my friends.* 6 dessen; *the composer whose song she is singing is called Mozart.*

I setzen Sie den Hut auf; setzen Sie sich (setze dich); im Winter; am Abend; der Baum ist im Garten; kommen Sie mit (mir); ihr zweiter Mann; das dritte Stockwerk; jedes kluge Kind; der Sohn kluger Eltern; der Lehrer (Professor) ist ärmer als der Arzt; er ist nicht so reich wie der Bauer; Sie lesen englische Bücher gern; danke schön; auf Wiedersehen.

Fragen

1 (*a*) Silvester ist der Abend vor Neujahr, am einunddreißigsten Dezember; (*b*) Der Heilige Abend ist der Abend vor Weihnachten. 2 (*a*) Am Silvesterabend feiert man das neue Jahr, indem man mit seinen Freunden singt und spielt und trinkt; (*b*) Am Heiligen Abend legt man die Geschenke um den Weihnachtsbaum; die Kinder singen Weihnachtslieder, dann kommt die Bescherung. 3 (*a*) Man wünscht ein frohes Weihnachtsfest; (*b*) Man wünscht ein recht glückliches Neues Jahr. 4 Die Krippe besteht aus der Krippe mit dem Christkind, der Heiligen Familie, den Weisen, den Hirten, Schafen, Eseln und Kamelen. 5 Man ziert die Zimmer mit Tannenzweigen, Sternen, Kugeln und Herzen. 6 Die bedeutendsten Feste des Jahres sind: Ostern, Pfingsten und Weihnachten.

Lesson 23

A 1 Es ist ein schöner Tag; kein Wind; keine Wolken am Himmel. 2 Die Passagiere zweiter Klasse stehen an Deck. 3 Der Matrose trägt eine blaue Jacke. 4 Der Fliegende Holländer ist der Held einer Seelegende. Trotz der Bitten seiner Seeleute und der Passagiere segelt er bei sehr stürmischem Wetter im Atlantischen Ozean. Ein Engel erscheint an Deck, aber der Kapitän lacht und er schießt auf ihn mit seinem Gewehr. Sein Schiff geht unter und als Strafe, muß er auf ewig weitersegeln. Diese Legende bildet den Stoff zu einer Oper von Richard Wagner. **B** Es ist ein schöner Tag. Es sind keine Wolken am Himmel und das Boot fährt nach Deutschland. Es ist ziemlich vollbesetzt. Die meisten Passagiere erster Klasse sind unten in den Kabinen, aber viele Leute sind an Deck. Sie stehen um das

Rettungsboot, als der Seemann ihre Landungskarten austeilt. Karl setzt sich nicht. Er bewacht das Gepäck. (Er paßt auf das Gepäck auf).

Lesson 24

A 1 In einem Hafen sieht man allerlei Boote und Schiffe (Docks und Kais, Hafenbeamte, Seeleute, Passagiere und Gepäckträger). 2 Karl ruft einen Gepäckträger und bittet ihn, ihr Gepäck an den Zug nach Köln zu bringen. 3 Wenn das Schiff am Kai liegt, ist das Deck gewöhnlich höher als der Kai. Der Landungssteg dient als eine Art Brücke, worauf die Passagiere vom Schiff an Land gehen können. 4 Man gibt die Landungskarten unten am Landungssteg ab. 5 Karl hat vier Koffer – alle braun und aus Leder.

B Als das Schiff ankommt, steht Karl auf und holt das Gepäck. Er hat vier Koffer. Der Gepäckträger bringt diese an den Zug nach Köln, während die jungen Leute an Deck warten. Viele Passagiere stehen am Landungssteg, aber die Beamten sind noch nicht fertig. Karl sieht eine Bekanntmachung auf französisch, aber Hilda kann sie nicht lesen. Sie versteht nur deutsch.

Lesson 25

A 1 Die eine, die in der Ecke sitzt, liest ein Buch; die andere schläft. 2 Karl schreibt eine Postkarte. 3 Der Schaffner will die Fahrkarten kontrollieren. 4

Der Zug hat keine Verspätung. 5 Sie kommen um sieben Uhr zwanzig in Köln an. 6 An einem Bahnhof sieht man allerlei Züge (Personenzüge, Güterzüge, und deren Lokomotiven; Bahnbeamte und Gepäckträger, Passagiere, die im Wartesaal warten, oder auf dem Bahnsteig hin- und hereilen). Es gibt auch die gewöhnlichen Bahnhofsgebäude – den Warteraum, die Toiletten, einen Erfrischungsraum und Kiosks, wo man Zeitungen, Zeitschriften, u.s.w. kaufen kann.

Lesson 26

A 1 Hilda weiß, daß sie in Köln ankommen, weil es schon sieben Uhr ist, und der Zug um sieben Uhr zwanzig in Köln ankommt. 2 Vom Fenster des Zuges sieht er die Häuser der Stadt und dann die Rheinbrücke, und dahinter den Kölner Dom. 3 Sie fahren in einem Taxi zum Hotel. 4 Ein Gedränge besteht aus sehr vielen Menschen, alle zusammen an einem Ort. 5 Karl steigt aus dem Abteil auf den Bahnsteig und Hilda gibt ihm das Gepäck durch das Fenster.

B Wenn man in einer fremden Stadt ankommt, ist es das beste, man nimmt ein Taxi zu einem Hotel. Man holt einen Kofferkuli für sein Gepäck und geht zum Ausgang. Dort ruft man ein Taxi, das einen zum Hotel fährt.

Lesson 27

A A. Kann ich, bitte, ein Einzelzimmer mit Bad & WC haben? B. Jawohl. Wollen Sie, bitte, Ihren Namen auf diesen Zettel schreiben? A. In welchem Stockwerk liegt das Zimmer? Und welche Nummer hat es? B. Nummer zweihunderteinunddreißig im zweiten Stock. Hier ist der Schlüssel, mein Herr. Bitte, geben Sie ihn an der Rezeption ab, wenn Sie ausgehen. A. Ich bin sehr müde von der Reise. Ich gehe nicht aus. B. Der Kellner kann Ihnen eine Tasse Tee auf einem Tablett bringen. Bitte, telefonieren Sie nach dem Hausdienst, falls Sie etwas nötig haben.

Lesson 28

A 1 Paula ist Privatsekretärin des Direktors. 2 Sie kommt um acht Uhr in der Fabrik an. 3 Der amerikanische Konsul hat wegen des Paßes des Herrn Direktors telefoniert. 4 Paula hat die Flugtickets nach Schweden besorgt. 5 Sie hat die Tickets Herrn Weiß gegeben. 6 Den ganzen Morgen liest Paula Briefe und schreibt Antworten.

B 1 geklingelt 2 gefeiert (getanzt, gegessen, getrunken) 3 gesungen 4 gelesen 5 gemacht 6 gegessen.

C 1 Ich habe ein deutsches Buch gelesen. 2 Er hat eine Reise nach England gemacht. 3 Sie hat mit ihrem Mann getanzt. 4 Wir haben Karten am Abend gespielt. 5 Sie ist nach Deutschland gegangen. 6 Sie haben das Wort vergessen. 7 Was hat der Direktor versprochen? 8 Als er nach Hause gekommen ist, hat er sein Motorrad repariert.

D 1 Englisch ist eine Sprache. 2 eine Violine ist ein Instrument. 3 ein Hund ist ein Haustier. 4 Mittwoch ist ein Tag der Woche. 5 August ist ein Monat. 6 sieben ist eine Zahl. 7 das Frühstück ist eine Mahlzeit.

E studieren, arbeiten, spielen, geben, gehen, stehen, teilen, kochen, baden, anziehen, antworten, die Studentin, die Arbeit, das Spiel, die Gabe, der Gang, der Stand, der (das) Teil, die Küche, das Bad, der Anzug, die Antwort.

Lesson 29

A 1 Liesel liest ihr Buch im Garten. 2 Sie trägt das schmutzige Geschirr in die Küche. 3 Sie geht nach oben, um die (alle) Betten zu machen. 4 Sie schält die Kartoffeln, wäscht das Gemüse und macht einen Salat für das Abendessen. 5 Zu Mittag essen sie eine Suppe. 6 Marie weiß nicht, was los ist. Vielleicht ist eine Schraube am Lautsprecher lose.

B ruhig, die Mahlzeit, der Wagen, sauber machen, die Dame, beantworten (erwidern), das Radio.

C 1 . . . sein Motorrad zu reparieren. 2 . . . zu schlafen. 3 ein Stück (Butter) Brot zu

essen. 4 . . . zu Abend zu essen.
5 . . . zu arbeiten (Geld zu verdienen). 6 . . . zu Abend zu essen
(seine Bücher zu lesen) (das Radio
zu reparieren). 7 . . . im See zu
baden (am Strand zu spielen).
D 1 Nachdem er aus dem Haus
gegangen ist, spüle ich das
Geschirr ab. 2 Er hat einen
Staubsauger gekauft, um die
Hausarbeit leichter zu machen. 3
Der junge Mann ist früh nach
Hause gekommen, um das Radio
zu reparieren. 4 Während des
Essens haben sie Radio gehört. 5
Sie hat abgeschaltet, weil das Radio
nicht sehr gut funktioniert hat.

Lesson 30

A 1 Ja, ich gehe jeden Freitag
Abend ins Kino (Nein, ich gehe
nur selten (gar nicht, niemals) ins
Kino). 2 Ja, ich habe einmal
einen Chaplin-Film (im
Fernsehen) gesehen. 3 Als ich
zum letzten Mal das Kino
besuchte, habe ich einen Disney-
Film gesehen. 4 Karl reparierte
das Radio, weil es kaputt war
(nicht sehr gut funktionierte). 5
Bevor Anton und Marie ins Kino
gingen, aßen sie zu Abend in
einem Restaurant. 6 Er hatte
telefoniert, aber die Nummer war
besetzt und nachher hatte er es
vergessen. 7 Die letzte
Aufführung begann um halb acht.
B 1 Ich fand meinen Hut nicht.
2 Er schlief unter dem Baum. 3
Wir lasen es in der Zeitung. 4
Warum lachten Sie? 5 Was

machten Sie heute? 6 Sie
kamen zur rechten Zeit an. 7
Ich verstand Sie nicht, wenn (als)
Sie Deutsch sprachen. 8 Der
Arzt ging niemals zu Fuß, weil er
keine Zeit hatte. 9 Der Radler
reparierte das Rad, bevor er fuhr.
C 1 Ich habe meinen Hut nicht
gefunden. 2 Er hat unter dem
Baum geschlafen. 3 Wir haben
es in der Zeitung gelesen. 4
Warum haben Sie gelacht? 5
Was haben Sie heute gemacht? 6
Sie sind zur rechten Zeit angekommen. 7 Ich habe Sie nicht verstanden, als Sie Deutsch
gesprochen haben. 8 Der Arzt
ist niemals zu Fuß gegangen, weil
er keine Zeit gehabt hat. 9 Der
Radler hat das Rad repariert, bevor
er gefahren ist.
D Ich verstand Sie. Ich habe Sie
nicht verstanden. Haben Sie mich
verstanden? Er geht immer zu Fuß.
Ich ging zu Fuß zur Arbeit. Sie
haben recht. Sie haben nicht recht
(unrecht). Er hatte recht.

Lesson 31

A 1 Die Schulzes hatten Besuch
von einem Bekannten (einem
Engländer). 2 Nicht alle
Einwohner (Nur wenige der
Einwohner) des Dorfes sind
Bauern. 3 Eine Dame, die in
einer Bank arbeitet, heißt eine
Bankangestellte. 4 (1) Leute,
die krank sind, heißen Kranke; (2)
Leute, die arm sind, heißen Arme;
(3) Leute, die reich sind, heißen
Reiche. 5 Viele Lippstädter

Arbeiter wohnten außerhalb der Stadt, weil das Leben auf dem Lande gesünder ist (wegen des Mangels an Wohnungen). 6 Im Mittelalter wohnten viele arme Landarbeiter im Dorf. Die Straße war voller Misthaufen und Hühner. In jedem Dorf findet man einen Arzt und einen Geistlichen. **B** 1 Ein Arzt ist ein Mann, der die Kranken wieder gesund macht (der im Krankenhaus arbeitet). 2 Ein Geistlicher ist ein Mann, der in der Kirche predigt. 3 Ein Bahnbeamter ist ein Mann, der bei der Bahn arbeitet. 4 Ein Mechaniker ist ein Mann, der in einer Werkstatt Autos repariert. 5 Ein Kellner ist ein Mann, der in einem Café oder Restaurant die Gäste bedient. 6 Eine Bankangestellte ist eine Frau (Dame), die in einer Bank arbeitet. **C** Ein Armer, eines Armen, Arme; ein Deutscher, eines Deutschen, Deutsche; ein Bekannter, eines Bekannten, Bekannte; alles Gute; viel Interessantes; nichts Neues; im Freien. **D** (*a*) arbeitend (*c*) der Arbeitende, *the man who is working.* (*a*) trinkend (*c*) der Trinkende, *the one who is drinking.* (*a*) lesend (*c*) die Lesende, *the woman who is reading.* (*a*) sitzend (*c*) der Sitzende, *the man who is sitting.* (*a*) schneidend (*c*) der Schneidende, *the man (who is) cutting.* (*a*) gehend (*c*) der Gehende, *the man walking, the one who is going.* (*b*) gelehrt (*c*) der Gelehrte, *the learned man, savant.*

(*b*) gestorben (*c*) die Gestorbene, *the woman who died (the dead woman).* (*b*) gefallen (*c*) der Gefallene, *the soldier killed in the war.* (*b*) gerettet (*c*) der Gerettete, *the rescued man.* (*b*) aufgeweckt (*c*) die Aufgeweckte, *the girl (woman) who was wakened, (the alert (bright) girl).* (*b*) gefunden (*c*) die Gefundene, *the woman who was found* (das Gefundene, *what was found*).
E 1 *The coffee the mother made is still quite warm.* 2 Das Motorrad, das Karl repariert hat, stand auf der Straße: *The motorcycle Karl mended stood in the street.* 3 Das Motorrad, das auf der Straße stand, war sehr alt: *The motorcycle standing in the street was very old.* 4 Die Leute, die im Dorf wohnen, heißen Miesbacher: *The people living in the village are called 'Miesbachers'.* 5 Die Studenten, die Deutsch lernen, arbeiten fleißig: *The students learning German work hard.* 6 Der Wagen, der nach Lippstadt fährt, gehört dem Arzt: *The car going to Lippstadt belongs to the doctor.*

Lesson 32

A 1 Ich sehe am liebsten Sportveranstaltungen, besonders ein Fußballspiel; Boxkämpfe; Quizprogramme. 2 Anton will keinen Satelliten-Empfänger kaufen, weil er sich für die Übertragungen nicht interessiert. (Auch hat er wenig Zeit, um fernzusehen.) 3 Marie will, daß ihre Kinder zu Hause bleiben; darum will sie einen Satelliten-Empfänger haben. 4 Man schaltet das Gerät an, wenn man fernsehen will; man schaltet ab, wenn man genug (oder zu viel) gesehen hat. 5 Die Schulzes werden viele Gäste haben, wenn sie einen Satelliten-Empfänger kaufen. 6 Drei Möbelstücke sind ein Tisch, ein Stuhl, ein Sofa (ein Bett, ein Kleiderschrank, u.s.w.).

B 1 Er wird beginnen. 2 Man wird einen neuen Bahnhof bauen. 3 Ich werde froh sein, Sie zu sehen. 4 Wird dieser Wagen viel Geld kosten? 5 Ich werde hier warten, bis er ankommt.

C 1 Er begann. 2 Man baute einen neuen Bahnhof. 3 Ich war froh, Sie zu sehen. 4 Kostete dieser Wagen viel Geld? 5 Ich wartete hier, bis er ankam.

Lesson 33

A 1 In einem Gericht sieht man den Richter, die Angeklagten, Polizisten (Rechtsanwälte und Juristen). 2 Er überlegte, ob die beiden jungen Männer böse sind (ob sie unschuldig sind). 3 Die Anklage lautete wie folgt: versuchter Automatendiebstahl und Gefangenenbefreiung. 4 Wilhelm hatte ein Messer in der Tasche gehabt. 5 Es lag jetzt auf dem Gerichtstisch. 6 Die Teenager hatten eine Flasche Schnaps getrunken. 7 Er hatte versucht, seinen Bruder zu befreien. 8 Ihr Vater war immer betrunken und ihre Mutter war weggelaufen. 9 Wilhelm entschuldigte sich, indem er sagte, 'Ich bin Handwerker'. Aber Handwerker tragen keine großen Messer in der Tasche, wenn sie nicht arbeiten. 10 Ich persönlich trage niemals ein Messer bei mir. Aber viele Leute halten ein kleines Taschenmesser für nützlich (auch die Boy-Scouts – die sogennannten Pfadfinder).

B 1 der Fang, anfangen, der Gefangene. 2 zu-sehen, fernsehen, der Seher, die Sicht, das Gesicht. 3 losbrechen, zerbrechen, der Bruch. 4 abstellen, anstellen, einstellen, bestellen, die Stellung, die Stelle. 5 belegen, verlegen, liegen, die Lage, das Lager. 6 betrunken, trinkbar, Trinkwasser, der Trinker, der Trunk, Trunkenheit, das Getränk. 7 befreien, die Freiheit, freilich, unfrei, freiwillig.

C 1 Er verurteilte Horst, weil er versucht hatte, seinen Bruder zu befreien. 2 Ein Polizist hatte den Lärm gehört und war herbeigeeilt. 3 Sobald er ins Bett gegangen war, schlief er ein. 4 Nachdem wir den Film gesehen hatten, gingen wir nach Hause. 5 Bevor er nach Deutschland gefahren war, hatte er die Sprache studiert. 6 Als er den Brief gelesen hatte, gab er ihn der Mutter.

D 1 Ich habe ihn beobachtet. 2 Er hat die Tür aufgemacht. 3

Es hat mir gefallen.   4   Sie hat krank ausgesehen.   5   Haben Sie es bekommen?   6   Haben Sie ihn verstanden?   7   Sie hat mich mißverstanden.   8   Die Sonne ist gestern abend sehr früh untergegangen.
E   1   ... zu übersetzen.   2   ... auszugehen.   3   –.   4   ... einzuschlafen.   5   ... zu befreien.   6   –.   7   ... zu sagen.   8   ... zu antworten.
F   1   Er wird einschlafen: *He will go to sleep.*   2   Sie wird ihrer Mutter schreiben: *She will write to her mother.*   3   Die anderen werden den Schnaps trinken: *The others will drink the brandy.*   4   Sie werden morgen nach Hause gehen: *You (They) will go home tomorrow.*

Lesson 34

A   1   Die Kinder werden um halb sieben geweckt.   2   Sie hat nicht geschlafen, weil sie (furchtbares) Zahnweh gehabt hat.   3   Ihr Vater wird sie zum Zahnarzt fahren.   4   Der Wagen wird aus der Garage geholt.   5   Sie hatte diese Zahnschmerzen schon eine Woche.   6   Sie war nicht zum Zahnarzt gegangen, weil sie keine Zeit gehabt hatte.   7   Er plombierte den Zahn.
B *Present Passive*

Ich werde	geschlagen
du wirst	geschlagen
er wird	geschlagen
wir werden	geschlagen
Sie, sie werden	geschlagen

Imp. Passive

ich wurde	geschlagen
du wurdest	geschlagen
er wurde	geschlagen
wir wurden	geschlagen
Sie, sie wurden	geschlagen

Present Passive

ich werde	
du wirst	verstanden
er wird	geheiratet
wir werden	getadelt
Sie, sie werden	getragen

Imp. Passive

ich wurde
du wurdest
er wurde
wir wurden
Sie, sie wurden

C   1   *The animal is being killed by the hunter.* Der Jäger tötet das Tier.   2   *Breakfast is eaten by the family.* Die Familie ißt das Frühstück.   3   *The car was brought out of the garage.* Man holte den Wagen aus der Garage.   4   *The door is opened by the child.* Das Kind öffnet die Tür.   5   *This school is shut at nine o'clock in the evening.* Man schließt diese Schule um neun Uhr abends.   6   *German is spoken by us.* Wir sprechen Deutsch.
D   1   Hier wird Deutsch gesprochen.   2   Diese Zeitung wurde unter dem Stuhl gefunden.   3   Das Urteil wurde vom Richter ausgesprochen.   4   Das Theater wurde jeden Abend um halb acht geöffnet.
E   1   Hier spricht man Deutsch.   2   Man fand diese Zeitung unter dem Stuhl.   3   Der Richter

sprach das Urteil aus. 4 Man öffnete das Theater jeden Abend um halb acht.

Lesson 35
A 1 Gerhard wohnt in Frankfurt. 2 Er kam nach Miesbach, um Paula zu sehen (um ein paar Stunden mit Paula zu verbringen). 3 Er bat Karl, ihm einen schönen Spaziergang zu empfehlen. 4 Der Zug fährt um 8.30 ab. 5 Er sollte in Altwald aussteigen. 6 Nein, die Landschaft in der Nähe einer Autobahn (der Industrie) ist nicht malerisch. 7 Er nahm sein Taschenbuch aus der Tasche, um alles ausführlich zu notieren, was Karl sagte. 8 Nicht weit von Altwald war ein Eichenwald. 9 Nein, nicht alle Pilze sind eßbar; einige sind giftig. 10 Bevor man ein Bahngleis überschreitet, paßt man auf, daß kein Zug kommt. 11 Paula kennt diesen Waldweg ebensogut wie Karl; darum wird der Ausflug keine Überraschung für sie.
B 1 . . . seiner Mutter einen langen Brief. 2 Es tut mir leid. 3 . . . diesem Weg bis zum Forsthaus. 4 . . . Ihnen diesen roten Wein. 5 dem . . . 6 . . . seinem Bruder bei der Arbeit in der Fabrik.
C 1 wurde: *The yellow bird was fed with bread.* 2 wurde: *He was unharmed.* 3 wurde . . . sollten: *We were told what we should do.* 4 wurde: *You were recommended to read this novel.* 5 wurden: *Many animals were seen in the Inn garden.* 6 wurde: *the forester's house was reached in an hour and a half.* 7 wurde: *They went in for a lot of sport in England.* 8 wurden: *Two seats were reserved for us.*
D 1 Mit Brot wird der gelbe Vogel gefüttert. 2 Es wird ihm nicht geschadet. 3 Es wird uns gesagt, was wir machen sollen. 4 Ihnen wird empfohlen, diesen Roman zu lesen. 5 Viele Tiere werden im Garten des Wirtshauses gesehen. 6 In anderthalb Stunden wird das Forsthaus erreicht. 7 Es wird viel Sport in England getrieben. 8 Für uns werden zwei Plätze reserviert.

Lesson 36
A 1 Ein Kanu ist ein kleines, leichtes Boot (in Kanada bei den Indianern beliebt); eine Jacht ist ein Segelboot; in einer Werft werden Schiffe gebaut und repariert. 2 Bevor man ins Wasser geht, zieht man einen Badeanzug (eine Badehose, einen Bikini) an. 3 Anton organisierte eine Sportgruppe; die Eltern spendeten das Geld, die Kinder bauten die Kanus mit den Werkzeugen in der Schule.
B 1 Der Plan wurde mit Begeisterung von allen Schülern angenommen: *The project was taken up enthusiastically by all the pupils.* 2 Das erste Kanu wurde in drei Monaten gebaut: *The first canoe was built in three months.* 3 Der

Arbeiter wurde sofort vom Herrn Direktor entlassen: *The workman was dismissed immediately by the manager.* 4 Derselbe Hut ist zwei Jahre lang von dieser Dame getragen worden: *The same hat was worn for two years by this lady.* 5 Das Klavierstück ist dreimal gespielt worden: *The piano piece was played three times.* 6 Sind Sie bemerkt worden? *Were you seen?* 7 Ein neuer Versuch ist von dem Professor gemacht worden: *A new experiment (attempt) was made by the professor (teacher).*

C der Fluß, Flüße; das Holz, Hölzer; der Bewohner, Bewohner; das Gasthaus, Gasthäuser; der Zahnarzt, Zahnärzte; der Doktor, Doktoren; das Zimmer, Zimmer; der Richter, Richter; der Automat, Automaten; die Geschichte, Geschichten; die Muskel, Muskeln; das Auge, Augen; das Messer, Messer; der Besuch, Besuche; der Arbeiter, Arbeiter; die Wiese, Wiesen; der Plan, Pläne.

D voll, Kind (Teenager), Kinder, werfen, sofort, finden, Arbeit, der Osten, der Junge, frei, kühl (kalt), billig.

F 1 Wenn Eis den Boden bedeckt, treibt man viel Wintersport. Aber im Sommer haben die Jungen das Schwimmen am liebsten. Es kostet nicht viel Geld und ist sehr gesund. Letztes Jahr wurde ein Kanu von den Jungen unserer Schule gebaut und jetzt bauen sie eine Jacht. Cricket ist niemals von Deutschen gespielt worden.

Lesson 37

A 1 Er stand an der Schillerstraße. 2 Er wartete auf den Bus. 3 Der Mann rannte, weil sein Hause brannte. 4 Ein Nachbar hatte seinen Jungen geschickt, um es ihm zu sagen. 5 Als sie am Hause ankamen, stand der Nachbar vor der Tür. 6 Er hat ein Fenster zerbrochen, und ist ins Haus geklettert. 7 Der junge Ganns machte Experimente mit Magnesiumdraht.

B 1 Er sandte (sendete) seinen Sohn in die Stadt; Er hat seinen Sohn in die Stadt gesandt (gesendet). 2 Sie rannte so schnell wie möglich; Sie ist so schnell wie möglich gerannt. 3 Das Haus brannte; Das Haus hat gebrannt. 4 Ich wußte nichts davon; iIch habe nichts davon gewußt. 5 Woher kannten Sie diesen Herrn? Woher haben Sie diesen Herrn gekannt? 6 Ich dachte immer an meine Mutter; Ich habe immer an meine Mutter gedacht. 7 Wir brachten das Buch ins Klassenzimmer; Wir haben das Buch ins Klassenzimmer gebracht.

C Warten Sie mal (Moment, bitte), ich werde Ihnen von dem Brand erzählen, den ich gestern gesehen habe. Viele Leute rannten und bogen in eine Seitengasse (straße) ein. Ich wandte (wendete) mich an einen Herrn, den ich kannte, aber er wußte nicht, was los war. Daher

272

rannte ich (lief ich) den anderen Leuten nach. Sie standen vor einem Laden. Die Menge war sehr erregt und jedermann sprach und schrie. In diesem Augenblick kam ein Wachtmeister aus dem Laden.

Lesson 38

A 1 Wenn er im Garten arbeitet, trägt Anton ein Paar Gummistiefel (seine alten Kleider). 2 Er will nicht gestört werden (er will weiter arbeiten und auserdem ist der Bürgermeister nicht sehr beliebt). 3 Die Rüben wachsen im Gemüsegarten. 4 Man gräbt Kartoffeln und Rüben mit einer Gabel aus. 5 Er konnte ihn nicht besuchen, weil er einen Ausflug geplant hatte. 6 Er sollte die Jones nicht besuchen, weil Anton sagte, ihre Wohnung sei zu klein. 7 Nein, er ging unzufrieden weg; sein Besuch war umsonst gewesen.

B Der Polizist sagte, *The policeman said, (that)* 1 die ganze Geschichte käme von einer Feier her. *the whole business was the result of a celebration.* 2 sie hätten eine Flasche Schnaps getrunken. *they had drunk a bottle of wine.* 3 der Alkohol wäre den Jungen zu Kopf gestiegen. *the alcohol had gone to the boys' heads.* 4 Wilhelm hätte seine Muskeln an einem Automaten ausprobiert. *William had tested his strength on a slot-machine.* 5 daß er den Lärm gehört habe (hätte). *he had heard the noise.* 6 daß er versucht habe (hätte), den Jungen gefangen zu nehmen. *he had tried to take the boys into custody.* 7 daß er zwei Monate Gefängnis als Strafe für sie verlange. *he was asking for a punishment of two months' imprisonment for them.*

C 1 Er hat nichts dagegen. 2 Ich habe nichts dagegen. 3 Ein guter Vortrag wurde vom Engländer gehalten. 4 Meine Frau läßt Sie grüßen. 5 Er rannte auf diese Weise über den Rasen. 6 Sie sieht aus, als ob sie krank wäre (sei). 7 Er sagte, er sei krank (daß er krank sei (wäre)).

Lesson 39

A 1 Karl trug ein Paar Lederhosen. 2 Sie fuhren langsam, um die malerische Landschaft zu genießen. 3 Sie besuchten zuerst eine Schloßruine auf dem Schloßberg. 4 Die Burg war während des Bauernkrieges von den Bauern zerstört worden. 5 Die Bauern führten ein armseliges Leben, ihre Frauen und Kinder hungerten unter der Herrschaft der Ritter, die sie wie Sklaven behandelten. 6 Der Brocken liegt in Mitteldeutschland (im Harz); am ersten Mai, in der Walpurgisnacht, sollen die Hexen (dort) mit dem Teufel tanzen.

B

Subj.	Pres.	Impf.	Perfect
er, sie, es mache	machte	habe gemacht
halte	hielte	habe gehalten
lebe	lebte	habe gelebt
sei	wäre	sei gewesen

273

laufe	liefe	sei gelaufen
bringe	brächte	habe gebracht
spreche	spräche	habe gesprochen
verliere	verlöre	habe verloren
trage	trüge	habe getragen
gehe	ginge	sei gegangen
komme	käme	sei gekommen.

C 1 Er sagte, er habe (hätte) den Kaffee in eine Thermosflasche gegossen. 2 Er sagte, sie hätten in einem Restaurant getanzt. 3 Er sagte, sie wäre in der Klasse eingeschlafen. 4 Er sagte, das Kind sei sehr groß geworden. 5 Er sagte, der Wagen sei sehr langsam gefahren. 6 Er fragte, ob der Bauer seine Ernte eingetragen habe (hätte).

D A. Ich bin sehr stolz auf mein Haus. Vor ein paar Jahren war es völlig zerstört. Aber wir haben es selber repariert und wieder aufgebaut. B. Ich möchte es kaufen. Möchten Sie es verkaufen? A. Gott behüte! Es wäre nett, das Geld zu haben. Aber wo könnten wir hin? Sie wissen, daß wir sehr gerne hier wohnen. B. Das habe ich nicht gewußt (Das weiß ich nicht). Schon fünf Jahre lang sucht mein Mann ein Haus. Ich glaube, er wird niemals eins finden. A. Wäre es möglich, eins zu bauen, wenn Sie ein Grundstück hätten? B. Das glaube ich nicht. Gott sei Dank, meine Eltern haben ein großes Haus und wir können bei ihnen wohnen.

Lesson 40

A 1 Herr Jones wollte mit dem Flugzeug zurückfahren. 2 Anton begleitete ihn, weil er ihm unterwegs die Sehenswürdigkeiten Frankfurts zeigen wollte. 3 Der Flughafen liegt gleich an der Autobahn und ist leicht erreichbar von der Stadt. 4 Bei der Ankunft im Flughafen suchte (*a*) Anton einen Parkplatz für seinen Wagen, während (*b*) Herr Jones in der Abflughalle sein Gepäck eincheckte. 5 Antons letzter Gruß war, 'Hals und Beinbruch!' 6 Die Meldung der Ansagerin lautete wie folgt: 'Der Flug 345 ist schon flugbereit; die Fluggäste werden gebeten, sich gleich mit Handgepäck zu melden.' 7 Es gibt Paß- und Gepäckkontrolle am Flughafen. 8 Zuerst versichert sich die Stewardess, daß alle Fluggäste die Zigaretten ausgelöscht und den Sicherheitsgurt angeschnallt haben: dann rollt das Flugzeug über die Rollbahn; der Pilot gibt Gas, beschleunigt die Motoren und das Flugzeug hebt vom Boden ab.

C 1 die 2 dem (am) 3 der 4 die 5 dem (beim).

D 1 Er sagte, der Junge werfe den Ball gegen die Wand. 2 Er sagte, daß am nächsten Tag ein Ausflug gemacht würde. 3 Er sagte, er studiere an der Fachschule. 4 Er glaubte, daß sie durch die Gartentür trete. 5 Er glaubte, daß er beim Näherkommen seine Freundin erkannt habe.

E 1 denen 2 deren 3 die 4 das.

F 1 Die Vögel werden auf den Bäumen singen. 2 Die Ritter sind von den Bauern getötet worden. 3 Im Wirtshaus haben wir gestern Bier getrunken. 4 Wenn Sie am Postamt vorbeigehen, rufen Sie mich an.

G 1 Die Anklage, Anklagen; der Arm, Arme; die Feier, Feiern; das Gefängnis, Gefängnisse; das Messer, Messer; der Schmerz, Schmerzen; der Mund, Münder; die Abfahrt, Abfahrten; die Allee, Alleen; der Kenner, Kenner; der Pilz, Pilze; der Hirsch, Hirsche; das Schaf, Schafe; der (die) Erwachsene, Erwachsene; die Flamme, Flammen; die Rose, Rosen; die Wohnung, Wohnungen; der Beamte, Beamte; der Berg, Berge; die Burg, Burgen; die Gabel, Gabeln.

H 1 (*a*) die Eiche, die Tanne, (*b*) der Goldfink, die Gans (die Henne, das Huhn), (*c*) schwarz, weiß gelb, grau (braun, glau), (*d*) England, Schweden, Holland, (*e*) das Schaf, der Esel, der Hirsch (der Hund), (*f*) das Lenkrad, das Licht, der Reifen, die Haube, der Motor (das Rad, die Tür).

I 1 Er macht es sich bequem, nicht wahr? 2 Ich bin nicht böse (zornig) auf dich (Sie). Es ist alles in Ordnung. 3 Im Augenblick (Jetzt) ist er in seine Arbeit verliebt. 4 Ich kann die Vögel auf den Bäumen sehen. 5 Er setzte seinen Weg nach Hause (Rückweg) fort, ohne ein Wort zu sagen. 6 Setzen Sie sich, bitte! Ich will mit Ihnen sprechen. 7 Dieses große Zimmer wurde abends nicht benutzt. 8 Das Flugzeug kommt um halb elf an (landet); bitte, kommen Sie rechtzeitig.

Lesson 41

A 1 Der Briefträger klopft an die Tür. 2 Er bringt fünf Briefe und ein Paket (die Post) mit. 3 Für den Vater ist da ein eingeschriebener Brief (und auch die Gasrechnung); für Karl ein Brief aus England, und für Paula ein Brief aus Frankreich. 4 Liesel verlangt die Marken, weil sie sie sammelt. 5 Ihre Freundin hat einen Franzosen geheiratet, und er arbeitet in Paris.

B 1 Es freut uns. 2 Es grüßte sie Reinhard. 3 Es war ihm wohl (es ist ihm wohl gewesen). 4 Wie geht's Ihnen? 5 Es hat ihn gewundert.

C 1 ein eingeschriebener Brief. 2 die Gasrechnung. 3 eine Briefmarkensammlung. 4 Es regnet. 5 Es fror. 6 Freut es Sie? 7 Es ist ihnen endlich gelungen.

Lesson 42

A 1 Bill ging nicht allein, sondern mit einigen seiner Freunde. 2 Sie mußten je fünf Pfund Eintrittsgeld bezahlen. 3 Tom wollte die Auslandswagen ansehen. 4 Sie würden sich um ein Uhr im Restaurant treffen. 5 Bill konnte kein Auto kaufen, weil er nicht genug Geld hatte. 6 Fünf Gegenstände mit Rädern sind: ein Fahrrad, ein Motorrad, ein Karren,

ein Kinderwagen, ein Auto. 7
Drei öffentliche Gebäude sind: das
Rathaus, das Postamt, das
Parlamentsgebäude (das Gericht).
B 1 Wenn ich Zeit hätte, (so)
führe ich nach Deutschland: *If I
had time, I should go to Germany.* 2
Wenn ich Lust hätte, (so) ginge
ich ins Kino; *If I felt like it, I should
go to the cinema.* 3 Wenn ich Zeit
hätte, triebe ich Sport; *If I had the
time, I should go in for a lot of sport.*
4 Wenn er uns gesehen hätte,
hätte er uns gegrüßt; *If he had seen
us, he would have greeted us.* 5
Wenn er uns gesehen hätte, hätte
er mit uns gesprochen; *If he had
seen us, he would have spoken to us.*
6 Wenn wir krank wären, riefen
wir den Arzt an: *If we were ill, we
would telephone the doctor.*
C 1 . . . würde ich viele Rosen
haben. 2 . . . würden wir
Deutsch sprechen. 3 . . . habe
ich viel Deutsch gelernt. 4 . . .
würde er nicht allein gehen können. 5 wurde sie immer
berauscht. 6 . . . würde sie sich
besser fühlen. 7 würde er eine
Jacht gekauft haben.
D 1 Es kommt darauf an, was
Sie sehen möchten. 2 Ich
möchte eine Uhr kaufen, wenn sie
nicht zu teuer ist. 3 An Ihrer
Stelle, würde ich die Batterie
prüfen. 4 Falls Sie nicht gehen
können, werde ich Ihnen Ihr Geld
zurückgeben. 5 Wenn ich
Deutsch spreche, denke ich nicht
an englische Wörter. 6 Wenn
ich Deutsch spräche, würde ich

meine Ferien im Ausland verbringen. 7 Wenn er Deutsch
gesprochen hätte, (so) würden wir
ihn verstanden haben.

Lesson 43

A 1 Das erste Mal, als sie auf
der Bühne stand, hatte Paula
Lampenfieber. 2 Eine
Theatergruppe ist eine Anzahl
Leute, die sich gemeinschaftlich
für das Theater interessieren, und
auch öfters selber Dramen auf-
führen. 3 Diese Theatergruppe
hat sich entschlossen, Schillers
'Räuber' aufzuführen. 4 Die
'Räuber' wurden im Jahre 1781
von Friedrich Schiller geschrieben.
5 Der Regisseur ruft die ganze
Gruppe zu sich, und hält ihr eine
Rede darüber, wie sie spielen soll.
6 Er ermuntert sie mit ein paar
Witzen, um sie in die richtige
Stimmung zu bringen. 7 Er
tadelte sie, weil sie lächelte, aber
nur im Scherz, denn, obgleich er
'Hier geht es ernst zu' sagte,
machte er selber Scherze. 8
Nahe Verwandte und enge
Freunde duzen einander als
Zeichen ihrer Brüderschaft, d.h.
sie benutzen die Du-form oder die
ihr-form.
B 1 Ihr sollt nicht stehlen. 2
Ihr seht blaß aus. 3 Es ist euch
wohl. 4 Ihr habt mich gefragt.
5 Wie seid ihr darauf gekommen? 6 Laßt mich in Ruhe! 7
Geht weg!
C Leer, unglücklich, leicht, dünn,
nächste Woche, unzufrieden, böse,

schweigen.

D die Bühne, Bühnen; die Probe, Proben; der Aufzug, Aufzüge; der Brief, Briefe; die Briefmarke, Briefmarken; das Museum, Museen; die Wohnung, Wohnungen; die Landschaft, Landschaften.

E 1 *I wouldn't think of it*: Ich habe nicht daran gedacht. 2 *He forgets to greet me*: Er hat vergessen, mich zu grüßen. 3 *We do not interrupt you*: Wir haben Sie nicht unterbrochen. 4 *I like to see it*: Ich habe es sehen mögen. 5 *She has a look round the museum*: Sie hat das Museum besichtigt. 6 *We make up our minds to go*: Wir haben uns entschlossen, zu gehen.

F Wir wollten nicht ins Theater gehen, aber Wilhelm Tell wurde aufgeführt. Und außerdem spielte unser alter Freund, Brause, die Hauptrolle. Brause war ein unglücklicher Mann. Er hatte Schriftsteller werden wollen, aber sein Vater hatte ihn Schauspieler werden lassen. Da wir ihn niemals hatten spielen sehen, entschlossen wir uns, das Theater zu besuchen. Wir sind erst um acht Uhr im Theater angekommen, aber es ist uns gelungen, gute Plätze im Balkon zu bekommen. Die Spannung im ersten Aufzug ist furchtbar und gleich in der ersten Szene findet man sich mitten in der Handlung. Es war eine sehr schöne Aufführung und sie hat uns sehr gefallen.

Grammar summary

GENDER

There are three genders of nouns in German: masculine, feminine and neuter. These genders are shown by the case endings on the preceding article or adjective.

USE OF CASES

There are four cases in German.

The nominative is used as the subject case, i.e. the person or thing controlling the verb or doing the action, or as the complement of the verb *to be*

Der Professor kommt.
Die Flasche ist rund
Das Kupfer ist ein Metall.

The accusative is the case of the direct object, i.e. the person or thing affected by the action or controlled by the verb. It is also used after certain prepositions.

Der Professor bringt den Stoff.
Der Professor kommt in das Zimmer.

The genitive is used as the possessive case; also after certain prepositions.

Der Stoff des Professors.
Die Form der Flasche.
Die Farbe des Kupfers.
Wegen des Wetters.

The dative is used as the case of the indirect object and after certain prepositions.

Der Professor bringt dem Studenten den Stoff.
Das Wasser ist in der Flasche.

THE DEFINITE ARTICLE (the)

The definite article in its four cases, three genders, singular and plural has the following forms:

	MASCULINE	FEMININE	NEUTER	PLURAL ALL GENDERS
Nom.	der	die	das	die
Acc.	den	die	das	die
Gen.	des	der	des	der
Dat.	dem	der	dem	den

There are contractions of the above with certain prepositions.

in dem = im
bei dem = beim
zu dem = zum
zu der = zur
in das = ins
auf das = aufs
durch das = durchs

There are seven words (the first four are the commonest) which have the same endings as the definite article as follows:

Masculine	Feminine	Neuter	Plural all genders	*Meaning*
dieser	diese	dieses	diese	*this*
jener	jene	jenes	jene	*that*
welcher	welche	welches	welche	*which*
jeder	jede	jedes		*each*
aller	alle	alles	alle	*all*
solcher	solche	solches	solche	*such (a)*
mancher	manche	manches	manche	*many (a)*

THE INDEFINITE ARTICLE (a, an)

The indefinite article in its four cases and three genders is as follows (note that there are no plurals):

Masculine	Feminine	Neuter
ein	eine	ein
einen	eine	ein
eines	einer	eines
einem	einer	einem

There are eight words having the same ending as **ein** (their plural has the same endings as **die**)

Masculine	Feminine	Neuter	Plural all genders	*Meaning*
kein	keine	kein	keine	*no, none*
mein	meine	mein	meine	*my, mine*
dein	deine	dein	deine	*your*
sein	seine	sein	seine	*his*
unser	unsere	unser	unsere	*our*
euer	euere	euer	euere	*your*
ihr	ihre	ihr	ihre	*her, their*
Ihr	Ihre	Ihr	Ihre	*your*

When **ein** or any of the above eight words is used as a pronoun, it declines like **der**:

Einer von den Studenten bringt mir eines der Gläser.	*One of the students brings me one of the glasses.*

NOUNS

Gender

Every noun has a gender – masculine, feminine, or neuter. This should be learnt with the word (as should its plural). Genders are arbitrary and only the following simple rules are worth nothing:

- Most male beings and professions are masculine, e.g:
  der Mann, der Soldat (*soldier*), der Bär (*bear*), der Professor.
- Most female beings and professions, and most abstract nouns ending in -**e**, -**heit**, -**keit**, -**schaft**, -**ung**, are feminine, e.g.
  die Frau, die Katze (*cat*), die Professorin (*lady teacher*), die Liebe (*love*), die Kindheit (*childhood*), die Freundschaft (*friendship*), die Vereinigung (*union*).
- Neuter includes most metals, all diminutives ending in -**chen** and -**lein**, all infinitives used as nouns:
  das Kupfer (*copper*), das Fräulein (*young lady*), das Kätzchen (*kitten*), das Bringen (*bringing*).
- Compound nouns take the gender of the last component, e.g:
  das Wasser, der Stoff: der Wasserstoff (*hydrogen*).
  das Wasser, die Flasche: die Wasserflasche (*water bottle*).

Plurals

Plurals of nouns fall into five classes. Very few rules are worth learning because of the number of exceptions. The plural of each noun should be remembered. The following rough guides may be helpful:

(a) Add **-n** (**-en** for euphony), e.g:
    die Flasche, plural → die Flaschen
    Most feminine nouns, e.g:
    die Säure, plural → die Säuren
    die Tür, plural → die Türen.
    Some masculine nouns denoting male beings and professions, e.g:
    der Professor, plural → die Professoren
    der Student → plural die Studenten.
    Very few neuter nouns.

(b) Add **-e** (many of these modify the root vowel), e.g:
    der Hund, plural → die Hunde
    der Tisch, plural → die Tisch
    der Fall, plural → die Fälle.
    Most masculine nouns, e.g:
    der Arm, plural → die Arme
    der Ball, plural → die Bälle.
    A few feminine nouns, e.g:
    die Hand, plural → die Hände.
    Some neuter nouns, e.g:
    das Tier, plural → die Tiere.

(c) Add **-er** (all modify the root vowel where possible), e.g:
    das Glas, plural → die Gläser
    der Mann, plural → die Männer.
    Most neuter nouns, e.g. das Buch, plural → die Bücher.
    Very few masculine nouns, e.g. Mann, plural → Männer
    Gott, plural → Götter Geist, Geister →
    Wald → Wälder.
    No feminine nouns.

(d) Add nothing (a few modify), e.g:
    der Garten, plural → die Gärten
    das Zimmer, plural → die Zimmer.
    Masculine and neuter nouns ending in **-el**, **-en**, **-er**, and diminutives in **-chen** and **-lein**, e.g:
    das Feuer, plural → die Feuer
    das Fräulein, plural → die Fräulein

der Onkel, plural → die Onkel.

Only two feminine nouns, die Mutter, die Tochter; both modify in plural.

(e) Many words borrowed from other languages keep their native plurals, e.g:

das Sofa, plural → die Sofas

das Museum, plural → die Museen.

(f) Masculine and neuter nouns of quantity remain singular after a number:

drei Fuß hoch, vier Glas Bier.

Feminine nouns of quantity follow normal usage: drei Ellen (*yards*) Tuch.

Typical declension of nouns

	SINGULAR	PLURAL	SINGULAR	PLURAL
Nom.	der Arm	die Arme	der Garten	die Gärten
Acc.	den Arm	die Arme	den Garten	die Gärten
Gen.	des Arms	der Arme	des Gartens	der Gärten
Dat.	dem Arm(e)	den Armen	dem Garten	den Gärten
Nom.	der Doktor	die Doktoren	der Herr	die Herren
Acc.	den Doktor	die Doktoren	den Herrn	die Herren
Gen.	des Doktors	der Doktoren	des Herrn	der Herren
Dat.	dem Doktor	den Doktoren	dem Herrn	den Herren
Nom.	die Frau	die Frauen	die Flasche	die Flaschen
Acc.	die Frau	die Frauen	die Flasche	die Flaschen
Gen.	der Frau	der Frauen	der Flasche	der Flaschen
Dat.	der Frau	den Frauen	der Flasche	den Flaschen
Nom.	das Glas	die Gläser	das Fenster	die Fenster
Acc.	das Glas	die Gläser	das Fenster	die Fenster
Gen.	des Glases	der Gläser	des Fensters	der Fenster
Dat.	dem Glas(e)	den Gläsern	dem Fenster	den Fenstern

Notes

1 Masculine and neuter nouns add **-s** (**-es**) in the genitive singular except a few masculine nouns like **Junge**, **Löwe** which add

-n in all cases, and a few masculine and neuter nouns like **Herz**, **Name** which add -n (-en) in all cases and -ns (-ens) in the genitive.

2 Feminine nouns do not change in the singular.

3 Masculine and neuter monosyllables can add -e in dative singular (**auf dem Tische**).

4 In the plural, the endings for the accusative and genitive of all nouns are the same as those for the nominative, but all dative plurals add -n unless they already end in -n.

5 Apposition is found as in English, where successive nouns referring to the same thing are in the same case, e.g:

Sein Vater, Anton

mein Freund, der Gärtner

(genitive) meines Freunds, des Gärtners.

But unlike English:

Das Dorf Miesbach	*The village of Miesbach.*
Die Stadt Berlin	*The city of Berlin.*
Eine Tasse Tee	*A cup of tea.*
Ein Glas Bier	*A glass of beer.*
Eine Schachtel Zigaretten	*A packet of cigarettes.*
Der Monat November	*The month of November.*
Ende Dezember	*At the end of December.*

6 Proper nouns, both masculine and feminine, usually add -s in the genitive case. Masculine nouns ending in -s, -x, -z add -ens, and feminine nouns ending in -e add -ns, e.g:

Fritzens, Mariens, Maxens, from Fritz, Marie, Max.

ADJECTIVES

Comparison

(a) Add -er for the comparative, -st (-est) for the superlative and modify the root vowel of one-syllable adjectives, e.g:
arm, ärmer, ärmst; kurz, kürzer, kürzest.

(b) Irregular comparisons are:

groß	größer	größt
hoch	höher	höchst
gut	besser	best
nah	näher	nächst

(c) Größer als = *bigger than*; kleiner als = *smaller than*, e.g:
Das Eisen ist härter als das Kupfer.

(d) Nicht so groß wie = *not so big as*; so hoch wie = *as high as*, e.g:
Der Stuhl ist nicht so groß wie der Tisch.

(e) Any adjective may be used as an adverb without change, e.g:
Er singt gut. = *He sings well.*
Er macht es schlecht. = *He does it badly.*

(f) Adverbs compare like adjectives. The superlative is **am größten, am schnellsten**, etc. or **aufs schnellste**, etc. (*absolute*), e.g:
diese Säure wirkt am schnellsten = *this acid has the quickest effect* (compared with others).
diese Säure wirkt aufs schnellste = *this acid works most rapidly* (i.e. very quickly).

(g) Irregular degrees of comparison of adverbs are:

viel	mehr	am meisten
wenig	weniger	am wenigsten
gern	lieber	am liebsten

Declension of adjectives

Predicative adjectives do not inflect. There are no endings on the adjective coming after the verbs *to be, to become*, etc., e.g:

Dieses Gas ist dicht.
Die Flasche ist grün.
Der Mann wird alt.

Adjectives used attributively (i.e. before a noun) have three different declensions: (1) after **der, die, das**. (2) after **ein, eine, ein**. (3) independent.

(a) The adjective declines as follows after **der, die, das**, or any of the seven words like it: **dieser, jener, welcher, solcher, mancher, jeder, aller**.

	MASCULINE	FEMININE	NEUTER
Nom.	der arme Mann	die alte Frau	das neue Buch
Acc.	den armen Mann	die alte Frau	das neue Buch
Gen.	des armen Mannes	der alten Frau	des neuen Buches
Dat.	dem armen Mann(e)	der alten Frau	dem neuen Buch(e)
	PLURAL OF ALL GENDERS		
Nom.	die armen (alten, neuen) Männer (Frauen, Bücher)		
Acc.	die armen (alten, neuen) Männer (Frauen, Bücher)		
Gen.	der armen (alten, neuen) Männer (Frauen, Bücher)		
Dat.	den armen (alten, neuen) Männern (Frauen, Büchern)		

(b) The adjective declines as follows after **ein** or any of the eight words **kein, mein, dein, sein, unser, euer, ihr, Ihr**:

	MASCULINE	FEMININE	NEUTER
Nom.	ein armer Mann	eine alte Frau	ein neues Buch
Acc.	einen armen Mann	eine alte Frau	ein neues Buch
Gen.	eines armen Mannes	einer alten Frau	eines neuen Buches
Dat.	einem armen Mann(e)	einer alten Frau	einem neuen Buch(e)
	PLURAL OF ALL GENDERS		

(As **ein** has no plural, **keine** and **seine** are quoted as models)

Nom.	keine armen Männer	seine neuen Bücher
Acc.	keine armen Männer	seine neuen Bücher
Gen.	keiner armen Männer	seiner neuen Bücher
Dat.	keinen armen Männern	seinen neuen Büchern

(c) The adjective not preceded by the definite or indefinite article or **dieser, welcher**, etc., or **kein, mein**, etc., declines 'strong,' i.e. with the endings of the definite article except in genitive case masculine and neuter, as follows:

	MASCULINE	FEMININE	NEUTER
Nom.	armer Mann	alte Frau	neues Buch
Acc.	armen Mann	alte Frau	neues Buch
Gen.	armen Mannes	alter Frau	neuen Buches
Dat.	armem Mann(e)	alter Frau	neuem Buch

	PLURALS OF ALL GENDERS		
Nom.	arme, alte Frauen, etc.		
Acc.	arme, alte Frauen, etc.		
Gen.	armer, alter Frauen, etc.		
Dat.	armen, alten Frauen, etc.		

Use of capital letters

(a) Any adjective may be used as a noun. It is given a capital letter but still declines like an adjective, e.g. der Alte (*the old man*), ein Alter (*an old man*), eine Alte (*an old woman*), einer Alten (*of an old woman*). If the gender of the nouns is not apparently male or female, it is made neuter, e.g. das Alte ist besser als das Neue (*the old is better than the new*), das Wahre (*the true*), das Grüne (*green*).

Some adjectives used as nouns have become true nouns. They still decline like adjectives, e.g. der Gesandte (*the ambassador*), der Deutsche (*the German*), die Deutsche (*German woman*), das Deutsche (*German*).

(d) **Etwas, nichts, alles, viel, wenig** used with an adjective make the adjective neuter with an initial capital letter: e.g. etwas Gutes (*something good*), nichts Neues (*nothing new*), wenig Nützliches (*little that is useful*). But observe the small initial letter in alles andere (*everything else*), and etwas anderes (*something different*).

Indeclinable adjectives

Indeclinable adjectives are formed from the names of towns. They always end in **-er**, e.g. Die Berliner Zeitung, plural → die Berliner

Zeitungen; Pariser Hüte; Londoner Briefe, etc.

Indefinite numeral adjectives, einige (*some*), mehrere (*several*), viele (*many*), wenige (*few*) are mostly followed by strong adjectives in the plural, e.g.:
viele schöne Bilder, gen. vieler schöner Bilder
wenige arme Leute, gen. weniger armer Leute.

However, **alle** should be followed by a weak adjective, e.g.:
alle guten Männer, gen. aller guten Männer.
If **alle** is followed by a possessive or demonstrative adjective, the latter is declined strong, e.g.:
alle meine Freunde, alle diese Leute; but,
alle meine guten Freunde, alle diese armen Leute.

Solch (*such, such a*) and **manch** (*many a*) preceded by **ein** decline weak; followed by **ein**, they are indeclinable; without **ein**, they have the endings of **der**, **die**, **das**, e.g. Mancher Mann liebt manches Mädel (*Many a man loves many a girl*), Manch ein Mann liebt manch ein Mädel. Ein solches Ding/solch ein Ding/solches Ding (*such a thing*).

NUMBERS

Cardinals

Cardinal numbers do not normally decline (except **ein**).

1 ein(s)	11 elf	21 einundzwanzig
2 zwei	12 zwölf	30 dreißig
3 drei	13 dreizehn	34 vierunddreißig
4 vier	14 vierzehn	40 vierzig
5 fünf	15 fünfzehn	50 fünfzig
6 sechs	16 sechzehn	60 sechzig
7 sieben	17 siebzehn	70 siebzig
8 acht	18 achtzehn	80 achtzig
9 neun	19 neunzehn	90 neunzig
10 zehn	20 zwanzig	100 hundert

1000 tausend; 1,000,000 eine Million; tausend Millionen = eine Milliarde.

50,921 = fünfzigtausendneunhunderteinundzwanzig.

Note that *one* is **eins** when by itself or following another number, e.g. eins ist eine Zahl; hunderteins (101). *One* is **ein** when preceding another number, e.g. einundvierzig (41).

Ordinals

Ordinal numbers decline like ordinary adjectives. They are formed from the cardinals by adding **-te** from 1 to 19 and **-ste** from 20 to 100, e.g. zweite, vierte, neunte, einundzwanzigste, dreißigste, etc. Irregularly formed are **erste, dritte, siebte** (or **siebente**), **achte**.
ein viertes Buch; zum zweiten Mal; Heinrich der Achte; der erste Mai; meine dritte Frau.

Fractions

Fractions are neuter nouns formed by adding **-l** to the ordinal number, e.g. ein Viertel, ein Zwanzigstel.

Irregular is: **eine Hälfte** (*a half*) as a noun and **halb** as an adjective, e.g. ein halbes Pfund (*half a pound*), eine Hälfte vom Ganzen (*a half of the whole*).

Adverbials

These are formed by adding **-ns** to the ordinal number, e.g. erstens, zweitens, drittens, viertens, etc. (*firstly, secondly*, etc).

Multiples

Add **-mal** to the cardinal number, e.g. einmal, zweimal, dreimal, zwanzigmal, hundertmal (*once, twice*, etc.)

Indeclinable adjectives are formed by adding **-erlei** to the cardinal,

einerlei, zweierlei, dreierlei	*one* (*two, three*) *kind*(*s*) *of*
dreierlei Bücher	*three kinds of books*

das ist mir einerlei *that's all one to me*

Time, dates, etc.

ein Uhr	*one o'clock*
zwei Uhr	*two o'clock*
halb drei	*half past two*
halb eins	*half past twelve*
Viertel nach drei or Viertel vier	*quarter past three*
Viertel vor fünf or Dreiviertel fünf	*quarter to five*
fünfundzwanzig (Minuten) nach drei	*25 past three*
zehn (Minuten) vor sieben	*10 to seven*
der erste Januar	*the first of January*
der zweite Februar	*the second of February*
der dritte März	*the third of March*

The accusative case is used for definite time, so if a date is used absolutely, as at the head of a letter, say **den ersten Feb**. The following idioms must be observed with regard to age:

Karl ist neunzehn Jahre alt.	*Karl is nineteen.*
Er wurde 1815 (or im Jahre 1815) geboren.	*He was born in 1815.*

PERSONAL PRONOUNS

Nom.	ich	du	er	sie	es
Acc.	mich	dich	ihn	sie	es
Gen.	meiner	deiner	seiner	ihrer	seiner
Dat.	mir	dir	ihm	ihr	ihm
Nom.	wir	ihr	Sie	sie	
Acc.	uns	euch	Sie	sie	
Gen.	unser	euer	Ihrer	ihrer	
Dat.	uns	euch	Ihnen	ihnen	

Notes: The form **du** is used to address a child or friend. **Ihr** is the plural of this.

The German idiom for translating *it is I* is **ich bin es**. The emphatic form is made by adding **selber** or **selbst**, e.g

Ich selber (selbst) trinke nie.	*I myself never drink.*
Er tut es selber (selbst).	*He himself is doing it.*

Selbst and **selber** are indeclinable, but **man** (the indefinite pronoun = *one, somebody, you, they*) declines:
accusative, **einen**; dative, **einem**.

The indefinite pronouns **jemand** (*somebody*) and **niemand** (*nobody*) add **-s** in the genitive and may add **-en** in the accusative and **-em** in the dative, e.g.

Er muß jemands Bruder sein.	*He must be somebody's brother.*
Ich spreche mit niemand(**-em**).	*I'm not talking to anybody.*

REFLEXIVE PRONOUNS

mich	*myself*
sich	*yourself, himself, herself, itself, themselves*
uns	*ourselves*
dich	*yourself* (informal)
euch	*yourselves*

Ich setze mich auf den Stuhl. Er hat sich auf das Sofa gesetzt. Wir trocknen uns mit einem Badetuch ab.

Note that the position of the reflexive pronoun is immediately after the finite verb.

In the case of a dative reflexive pronoun being required, the dative of **mich** is **mir**, of **dich**, **dir**: the rest of the reflexive pronouns are the same in the dative as in the accusative, e.g:

Ich bürste mir das Haar.
Er hat sich in den Finger geschnitten.
Wir geben uns viel Mühe.
An invariable reflexive form, which is really a reciprocal pronoun, is **einander**.

Wir sehen uns.	*We see ourselves/We see each other.*
Wir sehen einander.	*We see each other.*
Sie sitzen nebeneinander.	*They sit by each other.*

A rarer emphatic reciprocal pronoun meaning 'mutually' is **gegenseitig**.

Sie wirken auf einander gegenseitig.	*They have an effect on each other.*

RELATIVE PRONOUNS

Who, which and *that* are translated by **der**, declined thus:

	MASCULINE	FEMININE	NEUTER	PLURAL
Nom.	der	die	das	die
Acc.	den	die	das	die
Gen.	**dessen**	**deren**	**dessen**	**deren**
Dat.	dem	der	dem	denen

The following rules must be observed in relative clauses:

(a) The relative pronoun agrees with its antecedent in gender and in number, but not in case.

Ein Mann, den ich kenne, spricht gut Deutsch.	*A man whom I know speaks German well.*

Ein Mann is nominative case, subject of the verb **spricht; den** agrees with **Mann** in being masculine singular but, being the object of the verb **kenne**, is accusative case.

Die Frauen, **deren** Kinder krank sind, bleiben zu Hause.	*The women **whose** children are ill stay at home.*

Deren is genitive, but agrees with the nominative **Frauen** in being feminine plural.

Der Mann, mit dem ich nach Hause gefahren bin, ist reich.	*The man with whom I drove home is rich.*

Dem is dative after **mit**, but agrees with the nominative **Mann** by being masculine singular; cf. the plural of the same sentence:

Die Männer, mit denen ich nach Hause gefahren bin, sind reich.

(b) The verb stands at the end of the relative clause.

(c) The relative pronoun is always preceded by a comma.

(d) *He who* is translated by **derjenige, der**. The **der-** of **derjenige** declines like the definite article, the **-jenige** like a weak adjective; **der** is the relative pronoun.

Diejenigen, die ihre Arbeit machen, werden gelobt.	*Those who do their work are praised.*
Ich liebe denjenigen, der (welcher) arbeitet.	*I like the man who does his work.*

A short form of **derjenige, der** is **wer**.

Wer A sagt, muß auch B sagen.	*He who begins something must finish it.*

Derselbe, dieselbe, dasselbe (*the same, it, he*) decline like **der-**

jenige. Both assume the gender of the noun to which they refer.

(e) After an indefinite antecedent, after **alles**, **nichts** or a whole phrase, the relative pronoun is **was**.

Alles, was er sagte, war falsch.	*All that he said was false.*
Er schlug mich, was mich beleidigte.	*He hit me; a thing which offended me.*
Ich habe nichts, was ich mein eigen nennen könnte.	*I have nothing I might call my own.*

(f) The relative pronoun may never be omitted in German.

Ein Mann, den ich kenne.	*A man I know.*

(g) For combined preposition and relative pronoun see the next point below.

INTERROGATIVE PRONOUNS

Wer (*who?*) and **was** (*what?*) decline as follows:

Nom.	wer	was
Acc.	wen	was
Gen.	wessen	wessen
Dat.	wem	—

There is no plural of the above and the words govern a singular verb except for the idiom **wer sind? was sind?** (*who are? what are?*). It is not German to say *in was*, **mit was** meaning *in what, with what*. Composite forms of the interrogative and relative are made with prepositions and the prefix **wo- (wor-)**, e.g. **worin** (*in what*), **womit** (*with what*).

Worauf sitzt er?	*What is he sitting on?*
Der Stuhl, worauf er sitzt.	*The chair he is sitting on.*

PREPOSITIONS

The following prepositions always govern the accusative case:

für	*for*	um	*around*
durch	*through*	entlang	*along* (follows
ohne	*without*		the noun)
gegen, wider	*against*		

für meinen Freund	*for my friend*
durch das Zimmer	*through the room*
ohne meine Hilfe	*without my help*
gegen den Wind	*against the wind*
wider meinen Willen	*against my will*
um den Tisch	*round the table*
den Fluß entlang	*along the river*

The following prepositions always govern the dative case:

mit	*with*	zu	*at, to*
nach	*after, towards*	aus	*out, out of*
bei	*near, at the*	gegenüber	*opposite*
	house of,	entgegen	*towards*
	with		(follows the
seit	*since*		noun)
von	*from, by, of*		

mit der Flasche	*with the bottle*
nach der Stadt	*to the town*
nach dem Krieg	*after the war*
bei mir	*at my house*
bei diesen Gasen	*with these gases*
seit dem Krieg	*since the war*
von meinem Onkel	*from (of, by) my uncle*
zu mir, zur Universität	*to me, to the university*
aus dem Zimmer	*out of the room*
gegenüber dem Haus	*opposite the house*
dem Feind entgegen	*towards the enemy*

The following prepositions always govern the genitive case:

während	*during*	trotz	*in spite of*
statt, anstatt	*instead of*	diesseits	*this side of*
wegen	*on account of*	jenseits	*the other side of*

während des Tages	*during the day*
statt meiner Tante	*instead of my aunt*
wegen des Regens	*because of the rain*
trotz des Feindes	*in spite of the enemy*
diesseits der Brücke	*this side of the bridge*
jenseits der Stadt	*beyond the town*

The following prepositions govern the accusative when indicating motion and the dative when indicating rest:

in	*in, to*	unter	*under*
an	*on, at*	über	*over*
auf	*on, upon*	zwischen	*between*
hinter	*behind*	neben	*near, by*
vor	*before*		

er geht in das Zimmer	*he goes into the room*
er schläft in dem Zimmer	*he sleeps in the room*
er setzt das Glas auf den Tisch	*he puts the glass on the table*
das Glas liegt auf dem Tisch	*the glass lies on the table*

Adverbial compounds are made with **da-** (**dar-**) and prepositions referring only to things and not to persons. **Darin** (*therein, in it, in them*); **damit** (*with it, with them*).

CONJUNCTIONS

Und (*and*), **aber** (*but*), **denn** (*for*), **sondern** (*but*), **doch** (*yet*), **oder** (*or*), **allein** (*but*) are co-ordinating conjunctions and have no effect on the order of words.

Und stolz schrieb sie ihren Namen.	*And proudly she wrote her name.*

Ich muß mich beeilen, denn es ist spät.	*I must hurry, for it is late.*
Ich bin Chemiker aber mein Bruder ist Bankkassierer.	*I am a chemist but my brother is a bank clerk.*

All other conjunctions are subordinating and force the verb to the end of the sentence, with commas round the clause.

als	*as, when, than*	damit	*so that*
bevor	*before*	ehe	*before*
nachdem	*after*	obgleich	*although*
indem	*while*	obwohl	*although*
bis	*until*	sobald	*as soon as*
da	*as, since*	während	*while, during*
seitdem	*since* (of time)	weil	*because*
daß	*that*	wenn	*when*
ob	*if, whether*	wie	*how, as*

Ich weiß, daß das Fenster offen ist.	*I know the window is open.*
Nachdem er zu Bett gegangen war, kam der Dieb herein.	*After he had got into bed, the thief came in.*
Ich spreche fließend Deutsch, weil ich fleißig studiert habe.	*I speak German fluently because I have studied hard.*
Als er hier war, war er immer krank.	*When he was here, he was always ill.*
Ich weiß nicht, wie Sie dieses Wort aussprechen.	*I don't know how you pronounce this word.*

It is important not to confuse the functions of adverbs, prepositions and conjunctions which in English sometimes have the same form, but which are different in German.

vor dem Krieg	*before the war*
seit dem Krieg	*since the war*
ehe er wegging	*before he left*
seitdem er wegging	*since he left*
das hat er vorher gesagt	*he said that before/previously*

nach der Stunde	*after* (preposition) *the lesson*
nachdem Sie es gelernt haben	*after* (conjunction) *you have learnt it*
nachher hörten wir ein schönes Konzert	*after*(*wards*) (adverb) *we heard a fine concert*

Note how to translate *when*.

(a) **Wann** in direct or indirect questions.

Wann kommt er?	*When is he coming?*
Ich weiß nicht, wann er kommt.	*I don't know when he is coming.*

(b) **Wenn** in the present and future tenses.

Wenn mein Vater kommt, geben Sie ihm diesen Brief.	*When my father comes, give him this letter.*

(c) **Als** with the past tenses.

Als wir ins Theater gingen, kam er auf uns zu.	*When we went into the theatre he came up to us.*

Um . . . **zu** with the infinitive = *in order to.* **Um** comes at the beginning of the clause and **zu** with the infinitive at the end. This construction may only be used when the subject of the finite verb is understood as the subject of the infinitive.

Er kauft das Buch, um es zu lesen.	*He buys the book to read it.*
Ich steige auf den Tisch, um das Fenster zu öffnen.	*I get on the table to open the window.*

VERBS

Strong and weak verbs

Verbs are classified in German as weak or strong, and very few are irregular.

Consider the following:

Infinitive	Past Participle	Infinitive	Past Participle
sagen	gesagt	*talk*	*talked*
spielen	gespielt	*play*	*played*
leeren	geleert	*empty*	*emptied*
arbeiten	gearbeitet	*work*	*worked*
loben	gelobt	*praise*	*praised*

In English, a verb which simply adds -*d* to make its past participle is weak. Its German counterpart adds -t. The German past participle also prefixes **ge-**. Most verbs which are weak in English are weak in German.

Consider the following verbs:

Infinitive	Past Participle	Infinitive	Past Participle
sprechen	gesprochen	*speak*	*spoken*
fliegen	geflogen	*fly*	*flown*
blasen	geblasen	*blow*	*blown*
springen	gesprungen	*spring*	*sprung*
treffen	getroffen	*meet*	*met*

In English, a verb which adds -*n* in the past participle and/or changes its stem vowel is strong. In German, strong verbs add **-en** and mostly alter the root vowel in forming their past participles. They also prefix **ge-**.

A list of strong and irregular verbs is found on page 00. The imperfect and past participles of these verbs should be known. Compound verbs, of course, follow the pattern of their root: e.g. **aufgehen** conjugates like **gehen**. Thus compound verbs are omitted from the list of strong verbs. Otherwise all verbs not in the list of strong or irregular verbs can be taken as weak.

Tenses, indicative, subjunctive, imperative

There are six tenses in German, plus the conditional. There is only one form for each tense, whereas English often has three forms for one tense.

Present	ich mache	*I make, am making, do make*
Imperfect	ich machte	*I made, was making, used to make, did make*
Perfect	ich habe gemacht	*I have made, have been making, did make, I made*
Pluperfect	ich hatte gemacht	*I had made, had been making*
Future	ich werde machen	*I shall make, shall be making, am going to make*
Future Perfect	ich werde gemacht haben	*I shall have made, shall have been making*

Care, then, must be taken translating English into German, especially in questions: *Do you speak?* Sprechen Sie?; *Are you speaking?* Sprechen Sie?; *Have you been speaking?* Haben Sie gesprochen?; *She is singing.* Sie singt.

The indicative is the mood of statement, of fact. The subjunctive is the mood of possibility and of indirect speech. The imperative is the mood of command.

The imperative is formed as follows:
(a) The 2nd person singular of weak and most strong verbs add -e to the stem: **kaufe!** (*buy*), **trage!** (*carry*).
(b) Those strong verbs which change **e** to **i** (or **ie**) simply drop the -**st** from the 2nd person singular: **sieh!** (*look*), **sprich!** (*speak*), **gib!** (*give*), **nimm!** (*take*).
(c) The second plural familiar form is as for the indicative with the pronoun omitted: **kauft! macht! sprecht! seht!**
(d) The polite form, singular and plural, is as for the indicative inverted: **kaufen Sie! geben Sie! sehen Sie!**

(e) The 1st person plural has three alternatives: **stehen wir! wir wollen stehen!**

Laß (laßt or **lassen Sie) uns stehen!** *Let us stand!*

(f) The imperative is always followed by an exclamation mark.

(g) Note the irregular imperative of **sein: sei, seid, seien Sie!**

(h) The infinitive may be used for the imperative:

Rechts fahren!	*Keep to the right!*
Gut rühren!	*Stir well!*

Persons

In conjugating verbs it is usual to use them with the personal pronouns which go with the particular form of the verb—i.e. the six persons, three singular and three plural, viz.:

SINGULAR	PLURAL	SINGULAR	PLURAL
1 ich gehe	wir gehen	1 *I go*	*we go*
2 { Sie gehen / du gehst	Sie gehen / ihr geht	2 *you go*	*you go*
3 er/sie/es geht	sie gehen	3 *he/she/it goes*	*they go*

In speaking to a friend, a relative, or to a child, the form **du gehst** (*you go*) is used. The plural of this is **ihr geht,** used to a number of friends, relatives or between young adults. The polite form is the same as the 3rd person plural only with a capital **S,** i.e. **Sie gehen** (*you go*).

Auxiliary verbs

There are three auxiliary verbs, so called because they help in forming compound tenses. They conjugate as follows:

INFINITIVE		
haben (*to have*)	**sein** (*to be*)	**werden** (*to become*)
PRESENT		
ich habe (*I have*)	ich bin (*I am*)	ich werde (*I become*)
du hast	du bist	du wirst
er/sie/es hat	er/sie/es ist	er/sie/es wird
wir haben	wir sind	wir werden
ihr habt	ihr seid	ihr werdet
sie haben	sie sind	sie werden
IMPERFECT		
ich hatte (*I had*)	ich war (*I was*)	ich wurde (*I became*)
du hattest	du warst	du wurdest
er/sie/es hatte	er/sie/es war	er/sie/es wurde
wir hatten	wir waren	wir wurden
ihr hattet	ihr wart	ihr wurdet
sie hatten	sie waren	sie wurden

Model verb, weak conjugation, indicative

INFINITIVE
machen (*to make*)
PRESENT PARTICIPLE
machend (*making*)
PRESENT

PRESENT	
ich mache	*I make, am making, do make*
du machst	
er macht	
wir machen	
ihr macht	
sie machen	

IMPERFECT

ich machte	*I made, was making, used to make*
du machtest	
er machte	
wir machten	
ihr machtet	
sie machten	

PERFECT

ich habe gemacht	*I have made, have been making, made*
du hast gemacht	
er hat gemacht	
wir haben gemacht	
ihr habt gemacht	
sie haben gemacht	

PLUPERFECT

ich hatte gemacht	*I had made, had been making*
du hattest gemacht	
er hatte gemacht	
wir hatten gemacht	
ihr hattet gemacht	
sie hatten gemacht	

FUTURE

ich werde machen	*I shall make, shall be making*
du wirst machen	
er wird machen	
wir werden machen	
ihr werdet machen	
sie werden machen	

FUTURE PERFECT	
ich werde gemacht haben	*I shall have made, shall have been*
du wirst gemacht haben	*making*
er wird gemacht haben	
wir werden gemacht haben	
ihr werdet gemacht haben	
sie werden gemacht haben	

IMPERATIVE
machen Sie! (familiar, mache! macht!) *make!*

Notes

1 All infinitives end in **-n** and nearly all in **-en**.
2 The present tense is made by adding the endings **-e**, **-st**, **-t**, **-en**, **-t**, **-en**, to the stem of the verb (= infinitive less **-en**).
3 If it is impossible to pronounce the ending an **e** is inserted, e.g. **arbeiten**
  present: er arbeitet
  imperfect: arbeitete
  walzen
  present: du walzest
  er walzt
4 The imperfect is made by adding **-te**, etc., to the stem.
5 The perfect is made by conjugating the present of **haben** with the past participle. For verbs conjugated with **sein** see page 00.
6 The past participle is formed by prefixing **ge-** and adding **-t** to the stem.
7 The pluperfect tense is formed by conjugating the imperfect of **haben** or **sein** with the past participle of the verb.
8 The future is made by conjugating the present of **werden** with the infinitive of the verb.
9 The future perfect is formed by conjugating the present of **werden** with the perfect infinitive.
10 There are no further forms of the indicative.

11 Thus all tenses may be formed by knowing the infinitive.
12 One exceptional class to the verbs noted above are verbs, usually from a foreign stem, ending in **-ieren**. These have no ge- in their past participle.

INFINITIVE	PAST PARTICIPLE
isolieren *to isolate*	isoliert
demonstrieren *to demonstrate*	demonstriert
gratulieren *to congratulate*	gratuliert

Strong verbs

Consider the following verbs:

PRESENT	IMPERFECT	PRESENT	IMPERFECT
geben	gab	*give*	*gave*
sprechen	sprach	*speak*	*spoke*
schlagen	schlug	*beat*	*beat*
trinken	trank	*drink*	*drank*
kommen	kam	*come*	*came*

Verbs which make their imperfect tense by changing the vowel of the stem and adding no inflection (like the weak **-t** or **-d**) are strong in German as in English. A great proportion of those verbs which are strong in English are also strong in German.

Model verb, strong conjugation, indicative

INFINITIVE
geben (*to give*)
PRESENT PARTICIPLE
gebend (*giving*)

PRESENT

ich gebe	*I give, am giving, do give*
du gibst	
er gibt	
wir geben	
ihr gebt	
sie geben	

IMPERFECT

ich gab	*I gave, was giving, used to give*
du gabst	
er gab	
wir gaben	
ihr gabt	
sie gaben	

PERFECT

ich habe gegeben	*I have given, have been giving,*
du hast gegeben	*did give, gave*
er hat gegeben	
wir haben gegeben	
ihr habt gegeben	
sie haben gegeben	

PLUPERFECT

ich hatte gegeben	*I had given, have been giving*
du hattest gegeben	
er hatte gegeben	
wir hatten gegeben	
ihr hattet gegeben	
sie hatten gegeben	

FUTURE

ich werde geben	*I shall give, shall be giving,*
du wirst geben	*am going to give*
er wird geben	
wir werden geben	
ihr werdet geben	
sie werden geben	

FUTURE PERFECT

ich werde gegeben haben	*I shall have given, shall have been giving*
du wirst gegeben haben	
er wird gegeben haben	
wir werden gegeben haben	
ihr werdet gegeben haben	
sie werden gegeben haben	

IMPERFECT

geben Sie! (familiar gib! gebt!) = *give!*

Notes

1 All infinitives end in -n and almost all in -en.

2 Present tense endings are as for weak verbs: -e, -st, -t, -en, -t, -en, but in the 2nd and 3rd person singular the root vowel a, o, au modifies (e.g. er trägt, er stößt, er läuft) and e changes to i or ie (according to whether it is short or long) (e.g. er wirft, er sieht).

3 Imperfect has change of stem vowel and no endings on 1st and 3rd persons singular.

4 Past participle is made by adding -en to stem and prefixing ge-. Also the root vowel changes.

5 All tenses can be formed by knowing the infinitive, imperfect and past participle (see list of strong verbs on page 334).

Verbs conjugated with sein

Intransitive verbs of motion and verbs denoting a change of state form their past tenses with **sein** instead of **haben**.

PERFECT	
ich bin gegangen	*I have gone*
du bist gefahren	*you have driven*
er ist gekommen	*he has come*
wir sind gestiegen	*we have climbed*
ihr seid verschwunden	*you have disappeared*
sie sind gewachsen	*they have grown*
PLUPERFECT	
ich war gegangen	*I had gone*
du warst gekommen	*you had come*
er war gewesen	*he had been*
wir waren geblieben	*we had remained*
ihr wart geblieben	*you had remained*
sie waren gewesen	*they had been*
FUTURE PERFECT	
ich werde gekommen sein	*I shall have come*, etc.

In addition to verbs of motion, four commonly used verbs form their past tenses with **sein: sein, werden, bleiben, gelingen**.

er ist gewesen	*he has been*
er ist geworden	*he has become*
er ist geblieben	*he has remained*
es ist gelungen	*it has succeeded*

THE SUBJUNCTIVE MOOD

Auxiliary verbs

PRESENT		
ich habe	ich sei	ich werde
du habest	du seiest	du werdest
er habe	er sei	er werde
wir haben	wir seien	wir werden
ihr habet	ihr seiet	ihr werdet
sie haben	sie seien	sie werden
IMPERFECT		
ich hätte	ich wäre	ich würde
du hättest	du wärest	du würdest
er hätte	er wäre	er würde
wir hätten	wir wären	wir würden
ihr hättet	ihr wäret	ihr würdet
sie hätten	sie wären	sie würden
PERFECT		
ich habe gehabt	ich sei gewesen	ich sei geworden
PLUPERFECT		
ich hätte gehabt	ich wäre gewesen	ich wäre geworden
FUTURE		
ich werde haben	ich werde sein	er werde werden
FUTURE PERFECT		
ich werde gehabt haben	er werde gewesen sein	er werde geworden sein

Model verbs, weak and strong conjugations, subjunctive

PRESENT			
WEAK		**STRONG**	
ich mache	ich arbeite	ich trage	ich sehe
du machest	du arbeitest	du tragest	du sehest
er mache	er arbeite	er trage	er sehe
wir machen	wir arbeiten	wir tragen	wir sehen
ihr machet	ihr arbeitet	ihr traget	ihr sehet
sie machen	sie arbeiten	sie tragen	sie sehen
IMPERFECT			
WEAK		**STRONG**	
ich machte	ich arbeitete	ich trüge	ich sähe
du machtest	du arbeitetest	du trügest	du sähest
er machte	er arbeitete	er trüge	er sähe
wir machten	wir arbeiteten	wir trügen	wir sähen
ihr machtet	ihr arbeitetet	ihr trüget	ihr sähet
sie machten	sie arbeiteten	sie trügen	sie sähen

WEAK AND STRONG VERBS OF MOTION	
PERFECT	
ich habe gemacht, getragen	ich sei gekommen, gefahren
du habest	du seiest
er habe	er sei
wir haben	wir seien
ihr habet	ihr seiet
sie haben	sie seien

PLUPERFECT	
ich hätte gemacht, getragen	ich wäre gekommen
du hättest	du wärest
er hätte	er wäre
wir hätten	wir wären
ihr hättet	ihr wäret
sie hätten	sie wären

FUTURE	
ich werde machen, tragen, kommen, etc.	
du werdest	
er werde	
wir werden	
ihr werdet	
sie werden	

FUTURE PERFECT	
ich werde gemacht haben	ich werde gekommen sein
du werdest getragen haben	du werdest
er werde	er werde
wir werden	wir werden
ihr werdet	ihr werdet
sie werden	sie werden

Notes

1 The subjunctive is always regular: **er werde, er sehe, er laufe, er trage,** with the indicative: **er wird, er sieht, er läuft, er trägt.**
2 There is always an **e** in the ending.
3 The imperfect endings are the same as the present endings.
4 The imperfect subjunctive of weak verbs is the same as the imperfect indicative.
5 Strong verbs modify in the imperfect subjunctive.

The use of the subjunctive

The subjunctive is used in reported speech and after **als ob** (*as if*).
In English reported speech we change the tense; in German the
mood is changed, and often the tense, too; e.g.

Er sagte, er hätte kein Geld/ daß er kein Geld hätte/er habe kein Geld.	*He said he had no money.*
Sie glaubten, er sei gekommen/ daß er gekommen sei/daß er gekommen wäre.	*They thought he had come.*
Er sieht aus, als ob er krank wäre/sei.	*He looks as if he were ill.*
Ich fragte ihn, ob er nach Bonn fahre.	*I asked him if he were going to Bonn.*
Ich fragte ihn, ob er nach Bonn fahren wolle.	*I asked him if he wanted to go to Bonn.*

The subjunctive is further used as a 3rd person imperative (jussive
subjunctive):

Er komme!	*Let him come!*
Gott erhalte den König!	*May God preserve the king!*

It is also used in the past tense to express an unfulfillable wish or
hope:

Wäre ich nur dort gewesen!	*Would I had been there!*
Hätte ich das nur gewußt!	*If only I had known that!*

The imperfect subjunctive may be used for the conditional and
the pluperfect subjunctive for the past conditional (see Use of the
conditional, below).

Model verbs, strong and weak conjugations, conditional tenses

PRESENT			
ich würde machen	*I should*	ich würde geben	*I should*
du würdest	*make*	du würdest	*give*
er würde	etc.	er würde	etc.
wir würden		wir würden	
ihr würdet		ihr würdet	
sie würden		sie würden	

PAST	
ich würde gemacht (gegeben) haben	*I should have made (given)*
du würdest gearbeitet haben	*you would have worked*
er würde getragen haben	*he would have carried*
wir würden gegangen sein	*we should have gone*
ihr würdet geblieben sein	*you would have stayed*
sie würden gewesen sein	*they would have been*

The use of the conditional

The conditional tenses are used very much as in English.

Ich würde gern reisen.	*I should like to travel.*
Ich würde es getan haben, wenn ich Zeit gehabt hätte.	*I should have done it if I had had time.*

Instead of the past conditional, the pluperfect subjunctive may be used:

Ich würde gesagt haben/ Ich hätte gesagt.	*I should have said.*

Ich hätte es getan.	*I should have done it.*
Er hätte geraucht.	*He would have smoked.*

Similarly the imperfect subjunctive may be used instead of the present conditional, but preferably when the form of the subjunctive cannot be mistaken for the indicative (i.e. not in weak verbs where the subjunctive and indicative have identical forms):

Ich würde es gerne haben/ Ich hätte es gerne.	*I should like it.*
Er würde gerne reisen/ Er reiste gerne.	*He would like to travel.*

Do not confuse the conditional *should* with *should* meaning moral compulsion (past of *shall*) = **sollte**:

Sie sollten das wissen.	*You should know that/You ought to know that.*
Sie hätten das wissen sollen.	*You should have known that.*

Similarly *I would* = **ich wollte**, *we would* = **wir wollten**, when *would* is the past of *will*.

Ich wollte, ich könnte schwimmen.	*I would (wish) I could swim.*

PASSIVE VOICE

Model verbs

INFINITIVE
geliebt werden (*to be loved*)
PERFECT INFINITIVE
geliebt worden sein (*to have been loved*)

INDICATIVE	SUBJUNCTIVE
PRESENT	
ich werde geliebt	ich werde geliebt
du wirst geliebt	du werdest geliebt
er wird geliebt	er werde geliebt
wir werden geliebt	wir werden geliebt
ihr werdet geliebt	ihr werdet geliebt
sie werden geliebt	sie werden geliebt
IMPERFECT	
ich wurde geliebt	ich würde geliebt
du wurdest geliebt	du würdest geliebt
er wurde geliebt	er würde geliebt
wir wurden geliebt	wir würden geliebt
ihr wurdet geliebt	ihr würdet geliebt
sie wurden geliebt	sie würden geliebt
PERFECT	
ich bin geliebt worden	ich sei geliebt worden
du bist geliebt worden	du seiest geliebt worden
er ist geliebt worden	er sei geliebt worden
wir sind geliebt worden	wir seien geliebt worden
ihr seid geliebt worden	ihr seiet geliebt worden
sie sind geliebt worden	sie seien geliebt worden
PLUPERFECT	
ich war geliebt worden	ich wäre geliebt worden
du warst geliebt worden	du wärest geliebt worden
er war geliebt worden	er wäre geliebt worden
wir waren geliebt worden	wir wären geliebt worden
ihr wart geliebt worden	ihr wäret geliebt worden
sie waren geliebt worden	sie wären geliebt worden

FUTURE	
ich werde geliebt werden	ich werde geliebt werden
du wirst geliebt werden	du werdest geliebt werden
er wird geliebt werden	er werde geliebt werden
wir werden geliebt werden	wir werden geliebt werden
ihr werdet geliebt werden	ihr werdet geliebt werden
sie werden geliebt werden	sie werden geliebt werden

FUTURE PERFECT	
ich werde geliebt worden sein	ich werde geliebt worden sein
du wirst geliebt worden sein	du werdest geliebt worden sein
er wird geliebt worden sein	er werde geliebt worden sein
wir werden geliebt worden sein	wir werden geliebt worden sein
ihr werdet geliebt worden sein	ihr werdet geliebt worden sein
sie werden geliebt worden sein	sie werden geliebt worden sein

Use of the passive voice

The auxiliary verb used is **werden** for the English *to be*.

> Wir werden gesehen.   *We are seen.*

The past participle of **werden** is **worden** (no **ge-**).

> Er ist gefunden worden.   *He has been found.*

Worden conjugates with **sein: ist worden** (*has been*).

> Die Bücher sind verkauft   *The books have been sold.*
> worden.

In the compound tenses when there are two past participles, **worden** comes after the past participle of the main verb; in the future perfect tense **sein** comes last of all.

> Er fürchtete, sein Freund   *He was afraid his friend might*
> werde getötet worden sein.   *have been killed.*

By is translated by **von** (the agent).

Die Bücher sind von dem Händler verkauft worden.	*The books were sold by the tradesman.*
Das Auto wurde von einem Bekannten gesehen.	*The car was seen by an acquaintance.*

When the agent is a thing, translate by **durch**.

Goliath wurde durch einen Stein getötet.	*Goliath was killed by a stone.*

The instrument is expressed, as in the active, by **mit**.

Alles wurde mit der Hand gewaschen.	*Everything was washed by hand.*

Only transitive verbs can be used in the passive. In other words, the direct object of the active voice may become the subject of an equivalent sentence in the passive: the indirect object of an active sentence may not become the subject in the passive voice. Verbs which have an indirect object must have the impersonal subject **es**, and the dative object of the active remains the dative in the passive.

Es wurde ihm gesagt.	*He was told/It was told him.*
Es wurde ihm ein Buch gegeben /Ihm wurde ein Buch gegeben.	*He was given a book.*

Similarly, with a verb like **helfen** which governs a dative in German.

Ihm wird geholfen.	*He is being helped.*

A distinction must be drawn between the passive, which always denotes the 'suffering of an action's and the verb *to be* followed by an adjective denoting a state.

Die Tür ist offen.	*The door is open.*
Die Tür wird geöffnet.	*The door is opened (is being opened).*
Der Brief ist geschrieben und unterzeichnet.	*The letter is written and signed* (i.e. ready to post, you can visualise its finished state).

| Der Brief wird geschrieben und wird bald unterzeichnet werden. | *The letter is being written and will be signed presently.* |

The passive is frequently rendered in German by **man** with the active voice.

Man sagt.	*It is said.*
Hier spricht man Deutsch.	*German is spoken here.*
Man öffnet die Tür.	*The door is opened.*

Another German construction which renders the English passive is a reflexive verb, or **sich lassen** with an infinitive.

Das versteht sich.	*That is understood.*
Es läßt sich sagen.	*It is said, can be said.*
Er ließ sich sehen.	*He could be (was) seen.*
Das Wort läßt sich in einem Wörterbuch finden.	*The word can be found in a dictionary.*

MODAL VERBS

Indicative

INFINITIVE		
wollen (*will*)	**sollen** (*have to*)	**können** (*can, be able to*)
PRESENT		
ich will	ich soll	ich kann
du willst	du sollst	du kannst
er will	er soll	er kann
wir wollen	wir sollen	wir können
ihr wollt	ihr sollt	ihr könnt
sie wollen	sie sollen	sie können

IMPERFECT

ich wollte	ich sollte	ich konnte
du wolltest	du solltest	du konntest
er wollte	er sollte	er konnte
wir wollten	wir wollten	wir konnten
ihr wolltet	ihr solltet	ihr konntet
sie wollten	sie sollten	sie konnten

INFINITIVE

müssen (*must, have to*)	**mögen** (*might, like*)	**dürfen** (*may, be allowed*)

PRESENT

ich muß	ich mag	ich darf
du mußt	du magst	du darfst
er muß	er mag	er darf
wir müssen	wir mögen	wir dürfen
ihr müßt	ihr mögt	ihr dürft
sie müssen	sie mögen	sie dürfen

IMPERFECT

ich mußte	ich mochte	ich durfte
du mußtest	du mochtest	du durftest
er mußte	er mochte	er durfte
wir mußten	wir mochten	wir durften
ihr mußtet	ihr mochtet	ihr durftet
sie mußten	sie mochten	sie durften

Subjunctive

PRESENT

ich wolle	ich solle	ich könne
du wollest	du sollest	du könnest
er wolle	er solle	er könne
wir wollen	wir sollen	wir können
ihr wollet	ihr sollet	ihr könnet
sie wollen	sie sollen	sie können

IMPERFECT

ich müsse	ich möge	ich dürfe
du müssest	du mögest	du dürfest
er müsse	er möge	er dürfe
wir müssen	wir mögen	wir dürfen
ihr müsset	ihr möget	ihr dürfet
sie müssen	sie mögen	sie dürfen

PRESENT

ich wollte	ich sollte	ich könnte
du wolltest	du solltest	du könntest
er wollte	er sollte	er könnte
wir wollten	wir sollten	wir könnten
ihr wolltet	ihr solltet	ihr könntet
sie wollten	sie sollten	sie könnten

IMPERFECT

ich müßte	ich möchte	ich dürfte
du müßtest	du möchtest	du dürftest
er müßte	er möchte	er dürfte
wir müßten	wir möchten	wir dürften
ihr müßtet	ihr möchtet	ihr dürftet
sie müßten	sie möchten	sie dürften

The past participle of these verbs, when used with another verb (and it almost always is) is the same as the infinitive.

Ich habe gehen können.	*I have been able to go, I could go.*
Du hast sprechen sollen.	*You were to have spoken, should have spoken.*
Er hat denken können.	*He has been able to think, could think.*
Wir haben lesen müssen.	*We had to read, were obliged to read.*
Sie haben spielen mögen.	*You liked to play.*
Sie haben spielen wollen.	*You wanted to play, wished to play.*
Sie haben fahren dürfen.	*They could drive, were allowed to drive.*

Note there is no **zu** before the infinitive following a modal verb.

Er muß arbeiten.	*He must work, has got to work.*

As the modal verbs are highly irregular in English, their translation must be carefully watched:

Ich hätte gehen sollen.	*I ought to have gone.*
Sie hätten wissen sollen.	*You should have known.*
Sie hätten arbeiten müssen.	*You should have worked.*
Ich möchte wissen, wie Sie es haben lösen können.	*I should like to know how you were able to solve it.*

Note the order of words in the last sentence, i.e. in a subordinate sentence the word order is **haben** – infinitive – modal verb.

Ich verstehe nicht, wie er es hätte singen können.	*I cannot understand how he could have sung it.*

There are only six modal verbs, but there are a few verbs which may be used modally, i.e. helping another verb. These are **lassen** (*let*), **sehen** (*see*), **hören** (*hear*), **helfen** (*help*), **lernen** (*learn*). When used modally, their past participle is the same as their infinitive: also there is no **zu** before the infinitive they govern.

Er hat mich kommen sehen.	*He saw me coming.*

| Sie hat mich allein arbeiten lassen. | *She let me work by myself.* |
| Wir haben sie singen hören. | *We heard her singing.* |

'MIXED' VERBS

The few verbs listed below are strong in so far as they change their stem vowel in the past: they are weak by adding -t in their past tenses. As they inflect like ordinary weak verbs, only their principal parts are given here:

INFINITIVE	IMPERFECT	PERFECT	*Meaning*
kennen	er kannte	er hat gekannt	*to know*
nennen	er nannte	er hat genannt	*to name*
brennen	er brannte	er hat gebrannt	*to burn*
senden	er sandte	er hat gesandt	*to send*
wenden	er wandte	er hat gewandt	*to turn*
denken	er dachte	er hat gedacht	*to think*
bringen	er brachte	er hat gebracht	*to bring*
wissen	er wußte	er hat gewußt	*to know (about)*

Note:

1 Alternative forms of **wandte, gewandt** and **sandte, gesandt** are **wendete, gewendet** and **sendete, gesendet**.

2 The irregular present tense of **wissen:**

ich weiß	wir wissen
du weißt	ihr wißt
er weiß	sie wissen

REFLEXIVE VERBS

ich setze mich	wir setzen uns
du setzest dich	ihr setzt euch
er/sie/es setzt sich	Sie setzen sich
	sie setzen sich

(a) The reflexive pronouns are as set out above.

(b) Any ordinary transitive verb may be used reflexively at will.

Ich bade mich.	*I bathe myself.*
Er trocknet sich.	*He dries himself.*
Wir fragen uns.	*We ask ourselves.*
Sie sieht sich im Spiegel an.	*She looks at herself in the mirror.*

(c) When a verb governs the dative case, the dative of the reflexive must be used. This is the same as above, except for the 1st and 2nd persons singular, i.e. **mir** and **dir**.

Ich bürste mir das Haar.	*I brush my hair* (to myself the hair).
Du machst dir zu viel Mühe.	*You give yourself too much trouble.*

(d) Sometimes German uses a reflexive pronoun where English prefers a possessive adjective.

Er schneidet sich in den Finger.	*He cuts his finger.*
Sie kämmt sich das Harr.	*She combs her hair.*

(e) In many cases the use of a reflexive verb is similar to English – ich ziehe mich an- (*I dress myself*) or obvious: wir setzen uns (*we sit down/we seat ourselves*).

But some verbs are used reflexively where English does not require this construction; e.g. **sich freuen** (*to be pleased*), **sich umsehen** (*to look round*), **sich umwenden** (*to turn round*). On close inspection, this construction will be found logical.

(f) Occasionally the English passive voice is replaced by a reflexive verb in German, e.g. **Die Front schob sich langsam vorwärts** (*The* *front was pushed slowly forward*) or by **sich lassen** with an infinitive e.g. **Die Kristalle lassen sich trennen** (*The crystals are separated*). For further examples see Use of the passive voice on p.000 (**Man sagt**).

IMPERSONAL VERBS

Natural phenomena are expressed only in the 3rd person singular.

es donnert	*it thunders*
es regnete	*it rained*
es hagelt	*it hails*
es hat geschneit	*it has snowed*

There are a few verbs which are personal in English but which are used impersonally in German. They have the impersonal grammatical subject **es** and the person is made the object of the verb:

es freut mich	*I am glad* (it pleases me)
es gelang mir	*I succeeded*
es ist ihm gelungen	*he succeeded*

These verbs are set out below in two categories, i.e. those which are followed by a person in the accusative and those governing the dative case.

es geht mich an	*it concerns me*
es freut mich	*I am glad*
es friert mich	*I am cold*
es gibt (+ acc.)	*there is*
es ist mir warm	*I am warm*
es ist mir wohl	*I feel well*
es scheint mir	*it seems to me*
es gelingt mir	*I succeed*
es mangelt mir an Geld	*I lack money*
es tut mir leid	*I am sorry*

The impersonal *there is* (*are*) is translated by **es ist** (**sind**), or **es gibt** with accusative:

Es ist niemand zu Hause.	*There is nobody at home* (a specific fact).
Es gibt Männer, die keine Heimat haben.	*There are men without a country* (a general statement).
Es sind zwei Gläser auf dem Tisch.	*There are two glasses on the table.*
Es gibt nichts Neues in der Zeitung.	*There is nothing new in the paper.*

INSEPARABLE VERBS

As with the English verbs *be*gin, *contra*dict, *under*estimate, *fore*go, verbs beginning with the following prefixes are inseparable, i.e. the prefix always adheres to the stem. There is no **ge-** in the past participle and the infinitival **zu** does not separarate prefix and verb stem: **be-, ge-, er-, ver-, zer-, ent-, emp-, miß-, wider-**.

Er versteht mich/Er verstand mich/Er hat mich verstanden/ Er wird mich verstehen.	*He understands me.*
Das ist schwer zu verstehen.	*That is hard to understand.*
Sie hat das Glas zerbrochen.	*She has smashed the glass.*
Er hat eine neue Methode entdeckt.	*He has discovered a new way.*

Some of these prefixes have close counterparts in English, in some of their combinations.

German	English	Examples
miß-	*mis-*	mißverstehen (*misunderstand*)
	dis- (false, wrong)	mißbrauchen (*misuse*)
		mißfallen (*displease*)
		mißlingen (*fail*)
zer-	(in pieces)	zerbrechen (*shatter*)
		zerstören (*destroy*)
ent-	*dis-* (away)	entdecken (*discover*)
		entehren (*dishonour*)

		entkommen (*escape*)
		entfärben (*discolour*)
wider-	*contra-* (against)	widersprechen (*contradict*)
		widerstehen (*resist*)
ver-	(removal, loss,	verkaufen (*sell*)
	change)	verachten (*despise*)
		vergrößern (*enlarge*)
		verdunkeln (*darken*)

Note that the prefixes of inseparable verbs are unaccented.

SEPARABLE VERBS

Like their English counterparts go *down*, speak *up*, come *out*, prefixes other than those listed as inseparable used in the formation
of compound verbs are separable, i.e. they separate from the stem
of the verb in the present and imperfect tenses in main sentences,
going to the end of the sentence. In the past participle and infinitive the **ge-** and **zu-**, respectively, come between the prefix and the
stem:

Er steht früh auf.	*He gets up early.*
Sie kam erst gestern an.	*She only came yesterday.*
Haben Sie die Jacke angezogen?	*Have you put on the coat?*
Er versprach mit mir herauszukommen.	*He promised to come out with me.*

In a subordinate sentence, the present and imperfect forms of the
verb remain unseparated:

wenn er ausgeht	*when he goes out*
weil sie gestern ankam	*because she arrived yesterday*

These verbs are in many cases to be translated literally, the prefix
having its literal meaning and extending the meaning of the root
verb:

ausgehen	*go out*	zusagen	*assent*
eingehen	*go in*	mitteilen	*inform*

| anziehen | *attract* | zurückgeben | *give back* |
| aufsteigen | *climb up* | vorkommen | *appear* |

Note that separable prefixes are accented. The prefixes **durch-**, **über-**, **unter-**, **um-**, **voll-**, **wieder-**, may be either separable or inseparable. When these prefixes are separable, they are accented and the verb has a literal meaning, e.g. **übersetzen** (*ferry across*), **wíederholen** (*fetch back*), **úmwerfen** (*upset*). When these prefixes are inseparable they are unaccented and the verb is not translated literally, e.g. **übersétzen** (*translate*), **wiederhólen** (*repeat*), **umgében** (*surround*).

INFINITIVES

(a) All infinitives end in **-n**, and all but a few in **-en**, e.g. **sagen** (*to say*), **tragen** (*to carry*), **gehen** (*to go*), **tun** (*to do*), **sein** (*to be*), **lächeln** (*to smile*).

(b) The infinitive is used to make the future and conditional tenses, in which case it comes at the end of the clause:

| Er wird den Sack tragen. | *He will carry the bag.* |
| Er würde gerne nach Hause gehen. | *He would like to go home.* |

(c) The stem of the verb is found by taking the **-en** (**-n**) from the infinitive, and from this stem all tenses are made by inflections and variations of vowel:

INFINITIVE	IMPERFECT	PAST PARTICIPLE
machen (stem = **mach-**)	mach-t-e	ge-mach-t
tragen (stem = **trag-**)	trug	ge-trag-en

(d) The infinitive may be used, as in English, to complement another verb, and comes then at the end of the clause.

Ich kann es machen.   *I can make it.*

But after all other verbs than the modal verbs, the infinitive must be preceded by **zu**:

Er hoffte, Chemiker zu werden.	*He hoped to become a chemist.*
Sie glaubte, recht zu haben.	*She thought she was right.*
Er versuchte, Gold aus Eisen zu machen.	*He tried to make gold from iron.*

In final sentences, a common construction is **um** . . . **zu** with infinitive:

Er studiert, um besser zu verstehen.	*He studies to understand better.*
Sie fahren nach Deutschland, um die Sprache zu studieren.	*They go to Germany to study the language.*

(f) Note that a few verbs can be used in the accusative and infinitive construction:

Er hörte mich kommen.	*He heard me coming.*
Sie ließ mich es machen.	*She let me do it.*

But with verbs of wishing and saying, a new phrase must be used:

Er will, daß ich gehe.	*He wants me to go.*
Er sagte, ich sollte es machen.	*He told me to do it.*

(g) Any infinitive may be used as a noun. It is given a capital letter and neuter gender. This is the equivalent of the English verbal noun:

das Haben	*the having*
das Leben	*the living*

(h) Frequently the active infinitive is used in German with a passive meaning, similar to the English *house to let*.

Dieses Haus ist zu verkaufen.	*This house is to be sold.*
Dieses Verfahren ist zu vermeiden.	*This procedure is to be avoided.*

Apart from such uses, the normal passive infinitive is expressed as follows:

> Alle Mittel können angewendet *All means may be employed.*
> werden.

PARTICIPLES

(a) The present participle is formed by adding **-d** to the infinitive:

machend (*making*)
tragend (*carrying*)
lächelnd (*smiling*)
but
tuend (*doing*)
seiend (*being*).

(b) It is not used in tense formation.

Er macht.   *He is making.*

(c) Its chief use is as an adjective, and when so used it declines like an adjective:

alle denkenden Männer   *all thinking men*
das kochende Wasser   *the boiling water*

(d) The past participle is made by prefixing **ge-** to the stem of the verb and adding **-t** to weak, and **-en** to strong verbs (after altering their stem vowel). It is used in the formation of all the perfect tenses:

Er hat geliebt   *He has loved*
Ich hatte getragen   *I had carried*
Wir werden gemacht haben   *We shall have made.*

(e) Both participles are widely used as adjectives and decline as such:

eine liebende Mutter   *a loving mother*
eine geliebte Mutter   *a beloved mother*

ein bellender Hund	*a barking dog*
das gekochte Wasser	*the boiled water*
der Fliegende Holländer	*the Flying Dutchman*

All these participial adjectives may be used as nouns. They have a capital letter and are given a suitable gender, and are declined as adjectives:

ein Bekannter	*an acquaintance*
eine Bekannte	*a female acquaintance*
die Gefangenen	*the prisoners*

(f) These participial adjectives are frequently used in 'boxed in' constructions (**Einschachtelung**), in which an adjectival phrase of any length ending in the inflected participle precedes the noun it qualifies, where in English we should use a relative clause after the noun:

Das in einem großen Kolben gekochte Wasser.	*The water which was boiled in a big pot.*
Das von Goethe im Jahre 1806 geschriebene Gedicht.	*The poem composed by Goethe in 1806.*

(g) A clause may be used as an object of a verb, where in English you use a gerund:

Ich erinnere mich **daran**, ihn gesehen zu haben.	*I remember **having** seen him.*
Der Zahnarzt freut sich **darauf**, daß sie ihn wieder besucht.	*The dentist is looking forward to her visiting him again.*

In the above, the prepositions **an** and **auf** cannot govern a clause, therefore **dar-** (*it*) is prefixed, standing for the succeeding clause. Similarly:

Ich verstehe es, daß Sie nicht gerne studieren.	*I understand your not liking to study.*

Es is the grammatical object standing for the succeeding clause.

WORD ORDER

(a) The normal word order is:

1	2	3	4	5
SUBJECT	VERB	OBJECT	ADVERB	PAST PARTICIPLE (INFINITIVE)
Der Heizer	**hat**	Kohlen	auf das Feuer	geworfen.
Ich	**werde**	Sie	morgen im Theater	sehen.
Meine Mutter	**gibt**	mir ein Buch	zum Geburtstag.	

Any word but the verb may be placed first for emphasis, but note that the verb is always the second element in the sentence (the verb is either the simple tense of a verb or the auxiliary in a compound tense):

3	2	1	4	5
Sie	**werde**	ich	morgen im Theater	sehen.

4	2	1	3	5
Morgen	**werde**	ich	Sie	sehen.
Im Theater	**werde**	ich	Sie	sehen.
Als sie kam	**nahm**	meine Mutter	ein Buch.	

(b) In questions the verb is placed before the subject (inversion), either coming first or immediately after an interrogative word:

2	1	3	4	5
Hat	der Heizer	Kohlen	auf das Feuer	geworfen?
Was **hat**	der Heizer		auf das Feuer	geworfen?
Wann **werde**	ich	Sie	im Theater	sehen?
Wo **habe**	ich	Sie	gestern	gesehen?

(c) In subordinate clauses (relative, adverbial, final, etc.) the finite verb comes last:

Der Mann, der neben uns **wohnt**, ist krank.
Als er uns letztes Jahr **besuchte**, war er krank.

Er wußte, daß sein Freund ihn von Anfang an betrogen **hatte**.
Sie fragte mich, wann ich sie wieder besuchen **wolle**.

(d) When there are several adverbs, they occur in this order:

1 Time	2 Manner	3 Place.

Sie müssen mich morgen vor der Tür treffen. — *You must meet me tomorrow in front of the door.*

Er fuhr um zwei Uhr geschwind nach Hause. — *He drove home quickly at two o'clock.*

(e) An indirect object precedes a direct object (i.e. dative before accusative or person before thing):

Mein Bruder gibt mir ein Geschenk.
Sie gibt dem Hund ein Stück Brot.

When two pronouns occur, the order is reversed:

Geben Sie es mir; sagen Sie es ihm.

(f) In a negative sentence, **nicht** goes as near the end as possible, i.e. last, unless there is a past participle or infinitive or separable prefix in a main clause, or a verb in a subordinate clause. For emphasis, **nicht** may precede the word it negates:

Ich habe diesen Film noch nicht gesehen. — *I have not seen this film yet.*

Ich kann morgen nicht kommen. — *I can't come tomorrow.*

Ich kann nicht morgen kommen. — *I can't come tomorrow* (emphasising tomorrow).

(g) The reflexive pronouns (**sich**, **uns**, etc.) come as near the beginning as possible, i.e. immediately after the verb in a main clause and after the subject in a subordinate clause:

Er setzte sich in die Ecke. — *He sat down in the corner.*

Als er sich in die Ecke setzte. — *When he sat down in the corner.*

SS AND ß

In German, **ss** is often replaced by **ß** ('**scharfes ess**' or '**esszett**'). The following rules of thumb work for most situations.

(a) Use **ß** inside a word if it follows a long vowel or a double vowel: **Maße** (*measurements*), **Blöße, außer, reißen**.

(b) Use **ss** inside a word if it follows a short vowel and is followed by another vowel: **hassen, essen, Masse** (*mass*), **Flüsse**.

(c) If either **ss** or **ß** appears in a word that has a single syllable root, use **ß** at the end of the root: **Gruß** (grüßen), **Maß** (messen).

(d) Words ending in -**nis** and some foreign words keep the single **s** at the end: **Zeugnis** (but Zeugnisse), **Bus** (but Busse).

(e) When using only capital letters, **ss** replace **ß**: STRASSE, AUSSEN.

(f) When hyphenating a word at the end of a line, **ß** is replaced by **ss**, e.g. **Straße**, but **Stras-se**.

(g) When the character **ß** is not available on a typewriter, **ss** can be substituted. Alternatively, **B** can be used.

Strong and irregular verbs

The verbs listed here have occurred in the text.

Any verbs not included and which have appeared in the text are weak, unless they are compounds of strong or irregular verbs, which conjugate like their root verbs.

The 3rd person singular of the present tense is given only if there is a change from the infinitive stem. The 3rd person singular imperfect, the past participle, and the 3rd person singular imperfect subjunctive are given for all verbs.

From the parts given here, all tenses of the indicative and subjunctive can be formed.

Infinitive	Meaning	Present	Imperfect	Past Participle	Imperfect Subjunctive
befehlen	*command*	befiehlt	befahl	befohlen	beföhle
beginnen	*begin*	beginnt	begann	begonnen	begönne
beißen	*bite*		biß	gebissen	bisse
bergen	*hide*	birgt	barg	geborgen	bürge
biegen	*bend*		bog	gebogen	böge
bieten	*offer*	bietet	bot	geboten	böte
binden	*tie*	bindet	band	gebunden	bände
bitten	*ask*	bittet	bat	gebeten	bäte
bleiben	*stay*		blieb	geblieben (ist)	bliebe
brechen	*break*	bricht	brach	gebrochen	bräche
brennen	*burn*		brannte	gebrannt	brennte
bringen	*bring*		brachte	gebracht	brächte
denken	*think*		dachte	gedacht	dächte
dringen	*press*		drang	gedrungen	dränge
dürfen	*may*	darf	durfte	dürfen (gedurft)	dürfte
empfehlen	*recommend*	empfiehlt	empfahl	empfohlen	empföhle
erschrecken	*scare*	eschrickt	erschrak	erschrocken	erschräke
essen	*eat*	ißt	aß	gegessen	äße
fahren	*drive*	fährt	fuhr	gefahren (ist)	führe
fallen	*fall*	fällt	fiel	gefallen (ist)	fiele
fangen	*catch*	fängt	fing	gefangen	finge

334

Infinitive	Meaning	Present	Imperfect	Past Participle	Imperfect Subjunctive
finden	find	findet	fand	gefunden	fände
fliegen	fly		flog	geflogen (ist)	flöge
fließen	flow		floß	geflossen (ist)	flösse
fressen	eat	frißt	fraß	gefressen	fräße
frieren	freeze		fror	gefroren	fröre
gebären	give birth		gebar	geboren	gebäre
geben	give	gibt	gab	gegeben	gäbe
gehen	go	geht	ging	gegangen (ist)	ginge
gelingen	succeed		gelang	gelungen (ist)	gelänge
genießen	enjoy		genoß	genossen	genösse
geschehen	happen	geschieht	geschah	geschehen (ist)	geschähe
gewinnen	win		gewann	gewonnen	gewänne
gießen	pour		goß	gegossen	gösse
graben	dig	gräbt	grub	gegraben	grübe
greifen	grasp		griff	gegriffen	griffe
haben	have	hat	hatte	gehabt	hätte
halten	hold, stop	hält	hielt	gehalten	hielte
hängen	hang	hängt	hing	gehangen	hinge
heben	lift	hebt	hob	gehoben	höbe
heißen	be called		hieß	geheißen	hieße
helfen	help	hilft	half	geholfen	hülfe
kennen	know		kannte	gekannt	kennte
kommen	come		kam	gekommen (ist)	käme
können	can	kann	konnte	können (gekonnt)	könnte
laden	load	lädt	lud	geladen	lüde
lassen	let	läßt	ließ	gelassen	ließe
laufen	run	läuft	lief	gelaufen (ist)	liefe
leiden	suffer	leidet	litt	gelitten	litte
leihen	lend		lieh	geliehen	liehe
lesen	read	liest	las	gelesen	läse
liegen	lie		lag	gelegen	läge
meiden	avoid	meidet	mied	gemieden	miede
mögen	like, may	mag	mochte	mögen (gemocht)	möchte
müssen	have to	muß	mußte	müssen (gemuß)	müßte
nehmen	take	nimmt	nahm	genommen	nähme
nennen	name		nannte	genannt	nennte
raten	advise	rät	riet	geraten	riete
reiben	rub		rieb	gerieben	riebe
reißen	tear		riß	gerissen	risse
reiten	ride	reitet	ritt	geritten (ist)	ritte
rennen	run		rannte	gerannt (ist)	rennte
riechen	smell		roch	gerochen	röche

Infinitive	Meaning	Present	Imperfect	Past Participle	Imperfect Subjunctive
rufen	*call*		rief	gerufen	riefe
schaffen	*create*	schafft	schuf	geschaffen	schüfe
scheiden	*part*	scheidet	schied	geschieden (hat, ist)	schiede
scheinen	*seem, shine*		schien	geschienen	schiene
schieben	*push*		schob	geschoben	schöbe
schießen	*shoot*		schoß	geschossen	schösse
schlafen	*sleep*	schläft	schlief	geschlafen	schliefe
schlagen	*beat*	schlägt	schlug	geschlagen	schlüge
schließen	*shut*		schloß	geschlossen	schlösse
schneiden	*cut*	schneidet	schnitt	geschnitten	schnitte
schreiben	*write*		schrieb	geschrieben	schriebe
schreien	*shout*		schrie	geschrie(e)n	schrie(e)
schreiten	*stride*	schreitet	schritt	geschritten (ist)	schritte
schweigen	*be silent*		schwieg	geschwiegen	schwiege
schwellen	*swell*	schwillt	schwoll	geschwollen (ist)	schwölle
schwimmen	*swim*		schwamm	geschwommen (ist)	schwömme
schwinden	*vanish*	schwindet	schwand	geschwunden (ist)	schwände
sehen	*see*	sieht	sah	gesehen	sähe
sein	*be*	ist	war	gewesen (ist)	wäre
senden	*send*	sendet	sandte (sendete)	gesandt (gesendet)	sendete
singen	*sing*		sang	gesungen	sänge
sinken	*sink*		sank	gesunken (ist)	sänke
sitzen	*sit*	sitzt	saß	gesessen	säße
sollen	*have to*	soll	sollte	sollen (gesollt)	sollte
sprechen	*speak*	spricht	sprach	gesprochen	spräche
springen	*jump*		sprang	gesprungen (ist)	spränge
stehen	*stand*	steht	stand	gestanden	stände
stehlen	*steal*	stiehlt	stahl	gestohlen	stöhle
steigen	*climb*	steigt	stieg	gestiegen (ist)	stiege
sterben	*die*	stirbt	starb	gestorben (ist)	stürbe
stoßen	*push*	stöße	stieß	gestoßen	stieße
tragen	*wear*	trägt	trug	getragen	trüge
treffen	*meet*	trifft	traf	getroffen	träfe
treiben	*drive*		trieb	getrieben	triebe
treten	*tread*	tritt	trat	getreten (ist)	träte
trinken	*drink*		trank	getrunken	tränke
tun	*do*	tut	tat	getan	täte
vergessen	*forget*	vergißt	vergaß	vergessen	vergaße
verlieren	*lose*		verlor	verloren	verlöre
wachsen	*grow*	wächst	wuchs	gewachsen (ist)	wüchse
waschen	*wash*	wäscht	wusch	gewaschen	wüsche

336

Infinitive	Meaning	Present	Imperfect	Past Participle	Imperfect Subjunctive
weisen	*point*		wies	gewiesen	wiese
wenden	*turn*	wendet	wandte (wendete)	gewandt (gewendet)	wendete
werden	*become*	wird	wurde (ward)	geworden (ist)	würde
werfen	*throw*	wirft	warf	geworfen	würfe
wissen	*know*	weiß	wußte	gewußt	wüßte
wollen	*will*	will	wollte	wollen (gewollt)	wollte
ziehen	*pull*		zog	gezogen	zöge
zwingen	*force*		zwang	gezwungen	zwänge

Vocabulary

The gender of nouns is indicated by (m) (masculine), (f) (feminine), (n) (neuter), and the plural is given in abbreviated form in brackets: e.g. **Dorf** (n) (¨er) = das Dorf. *plural* die Dörfer.

Separable verbs are denoted by a hyphen between the prefix and the verbal stem, e.g. **aus-gehen**.

Strong verbs are indicated by the stem vowel of the imperfect and perfect participle in brackets, e.g. **fahren** (u.a.) = **fahren, fuhr, gefahren**.

ab-biegen (o.o.) *to turn off (road)*
Abend (m) (-e) *evening*
Abendessen (n) (-) *dinner*
abends *in the evening*
aber *but, however*
ab-fahren (u.a.) *to drive off, leave*
Abfahrt (f) (-en) *departure*
Abfahrtszeit (f) (-en) *time of departure*
ab-fliegen (o.o.) *to fly off, take off*
Abfertigungsschalter (m) (-) *check-in desk*
Abflug (m) (¨e) *take-off*
ab-geben (a.e.) *to hand in, give off*
abgemacht *agreed*
Abhang (m) (¨e) *slope, hillside*
ab-holen *to go and fetch, pick up*
ab-heben (o.o.) *to take off*
Abkürzung (f) (-en) *abbreviation*
ab-lehnen *to refuse*
ab-liefern *to deliver*
Abonnement (n) (-a) *subscription*
Abonnent (m) (-en) *subscriber*

Abschied (m) (-e) *farewell*
Abschiedsfeier (f) (-n) *farewell celebration*
ab-schotten, sich *to cut oneself off from sth.*
ab-schreiben (ie.ie.) *to copy*
ab-spülen *to rinse off, clean*
Abteil (n) (-e) *compartment*
Abteilung (f) (-en) *department, section*
ab-treten (a.e.) *to retire, resign*
ab-wenden *to turn away*
Abwesenheit (f) *absence*
acht *eight*
achtzehn *eighteen*
achtzig *eighty*
Achtung (f) *heed, respect, look out!*
Ade (adieu) (n) *Goodbye*
Adresse (f) (-n) *address*
ähnlich *similar*
Ahnung (f) (-en) *suspicion, inkling*
albern *silly*
Album (n) (**Alben**) *album*

Alkohol (m) *alcohol*
allein *alone, only, but*
all (-er, -e, es) *all, every, everything*
Allee (f) (-n) *avenue*
allerlei *all kinds of*
allgemein *general, universal*
Alliierte (m) (-n) *ally*
allmählich *gradually*
Alltags- *everyday, ordinary*
als *when, as, than*
also *and so, then*
alt *old*
Alter (n) *age*
altmodisch *old-fashioned*
Amerikaner (m) (-) *American*
Amtsgebäude (n) (-) *public office building*
amüsant *amusing*
amüsieren *to be amused*
an (prep. with acc. or dat.) *on, to, at, in, of*
ander *other, different*
anderswo *somewhere else*
anderthalb *one and a half*
an-drehen *to turn*
Anekdote (f) (-n) *anecdote*
an-gehen (es geht mich an) *to concern*
an-fangen (i.a.) *to begin*
an-gehören *to belong*
Angestellte (m or f) (r) *employee*
Angst (f) (-e) *worry*
ängstigen *to worry*
Anklage (f) (-n) *complaint, charge*
an-kommen *to arrive*
Ankunft (f) (-) *arrival*
an-nehmen *to accept*
an-rühren *to touch*
Ansager (m) (-) *announcer*
an-schalten *to switch on*
an-sehen (a.e.) *to look at, regard*

an-schließen (o.o.) **sich** (+ dat) *to join*
Anschluß (m) (-) *connection*
an-schnallen *to fasten (belt)*
anstatt (prep. with gen.) *instead of*
an-stecken *to fix, pin on*
Antenne (f) (-n) *aerial*
Antwort (f) (-en) *answer, reply*
antworten *to answer, reply*
Anzeigetafel (f) (-n) *notice-board*
Anzeige (f) (-n) *advertisement*
an-ziehen *to put on, dress, attract*
Anzug (m) (-) *suit*
an-zünden *to light, ignite*
Apfel (m) (-) *apple*
Apfelbaum (n) (-) *apple tree*
Apfeltorte (f) (-n) *apple tart*
Apparat (m) (-e) *apparatus, camera, set, telephone*
Appetit (m) *appetite*
Arbeit (f) (-en) *work*
arbeiten *to work*
Arbeitsamt (n) (-e) *employment exchange, job centre*
Arbeitgeber (m) (-) *employer*
Arbeitslosigkeit (f) *unemployment*
arbeitslos *out of work, unemployed*
Arbeitszimmer (n) (-) *study, work-room*
Ärger (m) *annoyance, trouble, anger*
arm *poor*
Arm (m) (-e) *arm*
Art (f) (-en) *sort, kind*
artig *nice, well-behaved*
Artikel (m) (-) *article, item*
Arzt (m) (-) *doctor*
Aspirin (m) (-) *aspirin*
Atem (m) *breath*
atemlos *breathless*
Atemtest (m) *breath-test*
Atomgewicht (n) (-e) *atomic weight*

auch *also, too, besides, either*

auf (prep. with acc. or dat.) *on, upon, in, at*

auf-atmen *to breathe a sigh of relief*

auf-bauen *to reconstruct, build up*

Aufführung (f) (-en) *performance*

Aufgabe (f) (-n) *exercise*

auf-geben (a.e.) *to give up*

auf-gehen *to rise* (sun), *go up*

auf-halten (ie.a.) *to stop, hold up*

auf-hören *to cease, stop*

auf-machen *to open*

auf-passen *to look out, see to*

auf-räumen *to clear, tidy*

auf-reißen (i.i.) *to tear open*

Aufsatz (m) (⁻e) *essay*

auf-schreiben (ie.ie.) *to write down*

auf-sehen (a.e.) *to look up*

auf-stehen *to get up, rise*

Aufstehen (n) *getting up*

auf-steigen (ie.ie.) *to rise*

Aufstieg (m) *rise, ascendancy*

auf-wachen *to wake up, awaken*

auf-wachsen (u.a.) *to grow up*

Aufzug (m) (⁻e) *act, lift*

Auge (n) (-n) *eye*

Augenblick (m) (-e) *moment*

augenblicklich *immediate(ly), at the moment*

Augenbraue (f) (-n) *eyebrow*

aus (prep. with dat.) *out, out of*

Ausflug (m) (⁻e) *excursion*

Ausfuhr (f) *export*

ausführlich *detailed*

aus-füllen *to fill up, to fill in*

Ausgang (m) (⁻e) *exit, way out*

aus-geben (a.e.) *to spend (money)*

aus-gehen *to go out*

ausgezeichnet *excellent(ly)*

aus-graben (u.a.) *to dig up*

aus-kommen *manage*

Auskunft (f) (⁻e) *information*

Ausland (n) *abroad, foreign*

Ausländer (m) (-) *foreigner*

Ausnahme (f) (-n) *exception*

aus-probieren *to try out, test*

aus-raufen *to pluck out*

aus-reisen *to leave* (the country)

auf-rufen (ie.u.) *to cry out, exclaim*

aus-ruhen *to rest, resting*

Ausschuß (m) (⁻e) *committee*

aus-sehen (a.e.) *to seem, look*

außer (prep. with dat.) *except*

außerdem *besides, as well*

außerhalb (prep with gen.) *outside*

äußern *to utter, express an opinion*

aus-steigen (ie.ie.) *to get out, alight*

Ausstellung (f) (-en) *show, exhibition*

aus-teilen *to give out, distribute*

aus-üben *to practise, exert*

auswendig *by heart*

Auto (n) (-s) *car*

Autobahn (f) (-en) *motorway*

Autobus (m) (⁻e) *bus*

Auto-fahren (u.a.) *to drive*

Autofahrer (m) (-) *driver*

Autohändler (m) (-) *car-dealer*

Automat (m) (-en) *slot machine*

Automobil (n) (-e) *motor-car*

Bach (m) (⁻e) *stream*

Bäcker (m) (-) *baker*

Bäckerei (f) (-en) *bakery*

Bad (n) (⁻er) *bath*

Badeanzug (m) (⁻e) *bathing suit*

baden *to bathe*

Badezimmer (n) (-) *bathroom*

Bahn (f) *railway*

Bahnbeamter (m) *railway official*

Bahngleis (n) (-e) *railroad, railway*

Bahnhof (m) (⁻e) *railway station*

Bahnsteig (m) (-e) *platform*
Bahnstrecke (f) (-n) *railway route*
bald *soon*
Balkon (m) (-e) *balcony*
Band (n) (⁻e) *ribbon*
Bande (f) (-n) *gang, band*
Bank (f) (-en) *bank*
Bank (f) (⁻e) *seat, bench*
Bankangestellte(r) (m or f) *bank clerk*
Bär (m) (-en) *bear*
Bart (m) (⁻e) *beard*
Bastei (f) (-en) *bastion*
Batterie (f) (-n) *battery*
Bau (m) (-e) *building*
Bauchredner (m) (-) *ventriloquist*
bauen *to build*
Bauer (m) (-n) *peasant, farmer*
Bauernhof (m) (⁻e) *farm*
Bauernkrieg (m) (-e) *peasants' war*
Baukunst (f) *architecture*
Baum (m) (⁻e) *tree*
Bayern (n) *Bavaria*
Beamte(r) (m) *public employee*
bedecken *to cover*
bedeuten *to mean, signify*
bedeutend *important*
beeilen sich *to hurry*
beeinflussen *to influence, affect*
befinden (a.u.) sich, *to be, be found*
befreien *to free, liberate*
Befreiung (f) *liberation*
befreunden sich (mit) *to make friends*
begabt *gifted*
begegnen (with dat) *to meet*
begehen *to do, celebrate, commit*
begeistert *enthusiastic, inspired*
Begeisterung (f) *enthusiasm*
begierig *eager*
beginnen (a.o.) *to begin*

begleiten *to accompany*
behalten (ie.a.) *to keep*
behandeln *to treat, handle*
Behandlung (f) (-en) *treatment*
bei (prep. with dat.) *at, with, in, at the house of*
beide *both*
Beifall (m) *applause, approval*
Bein (n) (-e) *leg*
beinahe *nearly, almost*
Beinbruch (m) (⁻e) *fractured leg*
beisammen *together*
beiseite *aside*
Beispiel (n) (-e) *example;* **z.B.** = *e.g.*
beißen (i.i.) *to bite*
Bekannte(r) (m or f) *acquaintance*
Bekanntmachung (f) (-en) *notice*
beklagen, sich (über) *to complain (about)*
bekommen *to get, receive*
belegen *to cover;* **mit Bomben belegen** = *to bomb;* **ein belegtes Brot** = *a sandwich*
beliebt *dear, favourite, popular*
bellen *to bark*
bemerken *to notice, remark*
benutzen *to use*
Benzin (n) *petrol*
beobachten *to observe, watch*
bequem *convenient, comfortable*
bereit *ready, prepared*
bereiten *to prepare*
Berg (m) (-e) *hill, mountain*
Bergbau (m) (no plural) *mining*
Bericht (m) (-e) *report, account*
berichten *to report, inform*
Beruf (m) (-e) *profession, job*
berufsmäßig *professional*
Berufsschule (f) (-n) *technical college*
berühmt *famous, celebrated*

Besatzungszone (f) (-n) *occupation zone*

beschäftigt *busy, occupied*

Bescherung (f) *giving of Xmas presents*

beschleunigen *to accelerate*

beschränkt *limited*

besetzen *to occupy*

besetzt *occupied, engaged*

besichtigen *to inspect, view, look at*

besitzen *to possess*

besonders *especially*

besorgen *to see to, get*

Besorgnis (f) (-se) *care, worry*

besser *better*

bestätigen *to confirm*

Besteck (n) (-e) *knife and fork; cover*

bestehen (**aus**) *to consist* (of), *to pass* (an exam)

bestellen *to order*

bestimmen *to determine, decide*

bestimmt *definite, certain*

Besuch (m) (-e) *visit*

besuchen *to visit*

beten *to pray*

betrachten *to observe, regard*

betreten (a.e.) *to step in, occupy*

Bett (n) (-en) *bed*

betteln *to beg*

Beute (f) (-n) *prey, booty*

bevor *before*

bewachen *to watch, guard*

bewundern *to admire*

bezahlen *to pay*

Biegung (f) (-en) *bend, turning*

Bier (n) (-e) *beer, ale*

bieten (o.o.) *to offer*

Bikini (m) (-s) *bikini*

Bild (n) (-er) *picture, image*

bilden *to form*

billig *cheap, right, fair*

Birke (f) (-n) *birch*

bis *up to*

Bissen (m) (-) *bite*

bitte (bitte schön) *please*

Bitte (f) (-n) *request, plea*

bitten *to ask for, beg, demand, invite*

blaß *pale*

Blatt (n) (¨er) *leaf*

blau *blue*

Blaulicht (n) (-er) *flashing blue light*

bleiben (ie.ie.) *to remain, stay*

blitzen *to lighten, flash*

blitzschnell *quick as a flash*

bloß *merely, simply*

Blume (f) (-n) *flower*

Blumenbeet (n) (-e) *flower bed*

Bluse (f) (-n) *blouse*

Blut (n) *blood*

Boden (m) (¨) *floor*

Bombe (f) (-n) *bomb*

Bombenangriff (m) (-e) *air-raid*

Bonbon (n) (-s) *sweet*

Boot (n) (-e) *boat*

Bootsfahrt (f) (-en) *boating* (trip)

Bord (m) (-e) *board;* an **Bord** *on board*

Bordkarte (f) (-n) *boarding card*

böse (auf) *angry* (with), *wicked*

Boxkampf (m) (¨e) *boxing match*

Brand (m) (¨e) *fire*

Brauch (m) (¨e) *custom*

brauchen *to need*

braun *brown*

braungebrannt *tanned, sunburnt*

brechen (a.o.) *to break*

breit *broad*

breitschultrig *broad-shouldered*

Bremse (f) (-n) *brake*

bremsen *to brake*

brennen *to burn*

Brief (m) (-e) *letter*

Briefmarke (f) (-n) *stamp*
Briefträger (m) (-) *postman*
bringen *to bring*
Brot (n) (-e) *bread, loaf*
Brücke (f) (-n) *bridge*
Bruder (m) (⁻) *brother*
Buch (n) (⁻er) *book*
Bücherschrank (m) (®e) *bookcase*
Buchhalter (m) (-) *accountant*
Buchhaltung (f) (-en) *accounts department*
Bühne (f) (-n) *stage*
Bund (m) (⁻e) *union*
Bundesrepublik (f) *Federal Republic*
bunt *coloured, gay*
Burg (f) (-en) *citadel, fortress, town*
Bürgermeister (m) (-) *mayor*
Bürgersteig (m) (-e) *pavement*
Büro (n) (-s) *office*
Bursche (m) (-n) *lad*
Bürste (f) (-n) *brush*
bürsten *to brush*
Busch (m) (⁻e) *bush, shrub*
Butter (f) *butter*
Butterbrot (n) (-e) *bread and butter*

Cello (n) (-s) *cello*
Charakter (m) (-e) *character*
Chef (m) (-s) *chief, head, boss*

da *there, then;* (verb last) *as, since*
dabei *at the same time*
dabei-sein *to be 'in at'*
dagegen *on the other hand, against*
daher *therefore, and so*
Dahlie (f) (-n) *dahlia*
Dame (f) (-n) *lady*
damit *with it;* (verb last) *so that*
Dämmerung (f) *dawn, twilight*
Dampf (m) (⁻e) *steam*
Dampfkessel (m) (-) *boiler*

Dank (m) *thanks*
danken *to thank*
danke schön *thank you very much*
dann *then*
daraufhin *thereupon, after that*
daraus *out of it*
darum *therefore, about it*
das *the, that*
daß (verb last) *that, so that*
Dauerlauf (m) (⁻) *jogging, long distance run*
dazu *as well, besides*
Decke (f) (-n) *rug, ceiling, cover*
demokratisch *democratic*
denken *to think*
Denkmal (n) (⁻e) *monument*
denn *for, because*
dennoch *yet, nevertheless*
der (**die, das**) (def. art.), *the;* (rel. pron.) *who*
der- (die-, das-) jenige *the one, he*
der- (die-, das-) selbe *the same*
deutlich *clear(ly)*
deutsch *German*
Deutschland (n) *Germany*
Dialog (n) (-e) *dialogue*
Diät (f) (-en) *diet*
dich (acc. of **du**) *you*
dicht *close, thick, near*
dick *fat, big, thick*
Dieb (m) (-e) *thief*
Diebstahl (m) (⁻e) *theft*
dienen *to serve*
Diener (m) (-) *servant*
Dienst (m) (-e) *service*
Dienstag (m) *Tuesday*
dies (**per, -e, -es**) *this, that, the latter*
diesmal *this time*
diesseits (prep. with gen.) *this side of*
direkt *straight, direct(-ly)*

Direktor (m) (-en) *manager*
doch *however, yet, but*
Doktor (m) (-en) *doctor*
Dom (m) (-e) *cathedral*
Donner (m) *thunder*
Donnerstag (m) *Thursday*
Doppelbett (n) (-en) *double bed*
Dorf (n) (̈-er) *village*
Dorfbewohner (m) (-) *villager*
dort *there*
Draht (m) (̈-e) *wire*
Drama (n) (-en) *play, drama*
drängen, sich *to crowd, press, throng*
draußen *outside*
drehen *to turn*
drei *three*
dreißig *thirty*
dreizehn *thirteen*
dringend *urgent, pressing*
Drittel (n) (-) *third*
Druck (m) (̈-e) *print, type, pressure*
drucken *to print*
du *you* (informal)
dumm *stupid*
Dummkopf (m) (̈-e) *idiot, fathead*
dunkel *dark*
durch (prep. with acc.) *through*
durch-führen *to carry out*
durchnäßt *saturated, soaked*
durch-schlagen, sich (u.a.) *to make one's way*
dürfen *to be allowed to, may*
durstig *thirsty*
Dusche (f) (-n) *shower* (bath)
duzen *to address familiarly*

eben *even. just*
echt *genuine, real*
Ecke (f) (-n) *corner, angle*
Eckplatz (m) (̈-e) *corner seat*
edel *noble*

ehemalig *former, previous*
ehrlich gesagt *to be frank*
Ehrlichkeit (f) *honesty, honour*
Ei (n) (-er) *egg*
Eiche (f) (-n) *oak*
eigen *own, proper*
eigensüchtig *selfish*
eigentlich *real(ly), actual(ly)*
Eile (f) *hurry, haste*
eilen *to hurry*
ein (-e) (indef. art.) *a, one*
einander *one another, each other*
Einbahnstraße (f) (-n) *one-way street*
ein-biegen (o.o.) *to turn*
ein-checken *to check in*
einfach *simple, easy*
ein-fallen (ie.a.) *to occur to, think*
einfältig *simple-minded*
Einfluß (m) (̈-e) *influence*
Eingang (m) (̈-e) *entrance*
ein-gehen *to enter, go in, perish*
einige *some*
Einkauf (m) (̈-e) *purchase*
ein-kommen *to come in*
ein-laden (u.a.) *to invite*
einmal *once* (**noch einmal** *once more*)
Einmaleins (n) *multiplication table*
ein-nehmen *to take in, occupy*
einsam *lonely*
ein-schalten *to connect*
ein-schlafen (ie.a.) *to fall asleep*
einschneidend *drastic, radical, far-reaching*
ein-schreiben (ie.ie.) *to register*
ein-sehen (a.e.) *to realise, notice*
ein-sperren *to lock up* (in jail)
ein-steigen (ie.ie.) *to get in, mount*
ein-tragen (u.a.) *to enter, gather*
ein-treten (a.e.) *to enter, step in*
Eintritt (m) *entry, entrance*

Eintrittsgeld (n) *admission fee*
Einwohner (m) (-) *inhabitant*
einzel *single, separate*
Einzelbett (n) (-en) *single bed*
einzig *only, single*
Eis (n) *ice*
Eisen (n) *iron*
Eisenbahn (f) (-en) *railway*
Eisenbahnschiene (f) (-n) *rail, track*
eisern *iron* (adj)
Eislauf (m) *skating*
elektrisch *electric*
elf *eleven*
Eltern (plural) *parents*
Empfang (m) (-̈e) *reception*
empfangen (i.a.) *to receive*
Empfänger (m) (-) *receiver*
empehlen (a.o.) *to recommend*
empfehlenswert *worth recommending*
empören, sich *to be outraged*
Ende (n) (-n) *end*
endlich *finally, at last*
endgültig *final(-ly), conclusive*
Endung (f) (-en) *ending*
England (n) *England*
Engländer (m) (-) *Englishman*
englisch *English*
Enkel (m) (-) *grandson*
enteignen *to expropriate*
entfalten *to unfold, reveal*
entfernt *distant, far*
entgegen (prep. with dat.) *towards, contrary to*
entgegnen *to rejoin, reply*
enthalten (ie.a.) *to contain*
***entkommen** *to escape, get away*
entlang (prep. with acc.) *along*
entlassen (ie.a.) *to dismiss, let go*
Entlassung (f) (-en) *dismissal*

entschließen, sich (o.o.) *to resolve*
entschuldigen *to excuse*
entsetzlich *dreadful, horrible*
entstehen *to arise*
Enttäuschung (f) (-en) *disappointment*
entwickeln *to develop*
entzückend *delightful*
er *he*
Erde (f) *earth*
Erdkunde (f) *geography*
Ereignis (n) (-se) *event*
Erfahrung (f) (-en) *experience*
erfrischt *refreshed*
Erfrischung (f) (-en) *refreshment*
ergreifen *to grasp, get hold*
erhalten (ie.a.) *to receive, preserve*
erheben (o.o.) *to raise;* **sich,** *to rise*
erinnern, sich *to remember*
erkennen *to recognise*
erklären *to explain, clear up*
erlernen *to learn, master*
ermorden *to murder*
ermuntern *to encourage*
ernennen *to name, appoint*
ernst *serious*
erregen *to arouse, excite*
erreichbar *within reach*
erreichen *to reach, attain*
Ersatz (m) *substitute*
erscheinen (ie.ie.) *to appear*
erst *first, only, not until*
erstaunt *astonished*
erstklassig *first-class*
erstrecken *to stretch, reach*
Erwachsener *grown up, adult*
erwarten *to expect, wait for*
erwerben (a.o.) *to acquire*
erwidern *to reply*
erzählen *to recount, tell*
erzeugen *to produce*

Erzeugnis (n) (**-se**) *product, produce*
Erziehung (f) *education*
es *it*
Esel (m) (-) *ass, donkey*
eßbar *edible*
essen *to eat*
Essen (n) *meal, food, eating*
Eßwaren (f pl) *eatables, victuals*
Eßzimmer (n) (-) *dining room*
etwa *possibly, about*
etwas *something, a little, some*
euch (acc. and dat. of **ihr**) *ye, you*
Europa (n) *Europe*
evakuieren *to evacuate*
ewig *eternal(ly)*
Exemplar (n) (**-e**) *copy*
Experiment (n) (**-e**) *experiment*

Fabel (f) (**-n**) *fable*
Fabrik (f) (**-en**) *factory*
Fach (n) (¨e) *faculty, subject*
Fahrbahn (f) (**-en**) *track, lane*
fahren (**u.a.**) *to drive, go, travel, ride*
Fahrer (m) (-) *driver*
Fahrkarte (f) (**-n**) *ticket*
Fahrprüfung (f) *driving test*
Fahrrad (n) (¨er) *bicycle*
Fahrschein (m) (**-e**) *ticket*
Fahrt (f) (**-en**) *ride, trip*
Fahrzeug (n) (**-e**) *vehicle*
Fall (m) (¨e) *case, fall* (**im Falle**
   = *in case*)
falls *in case, if*
falsch *false, wrong, fickle*
Familie (f) (**-n**) *family*
fangen (**i.a.**) *to catch*
Farbe (f) (**-n**) *colour*
Farbfilm (m) (**-e**) *colour film*
farblos *colourless*
Fassung (f) (**-en**) *version*
fast *almost*

Fastnacht (Fasching) (f) *Shrovetide*
Feder (f) (**-n**) *pen, feather, spring*
fehlen *to lack, miss, fail, be absent*
Fehler (m) (-) *mistake*
fehlerfrei *free from error*
Feier (f) (**-n**) *celebration*
feiern *to celebrate*
Feiertag (m) (**-e**) *holiday*
fein *fine, refined, exquisite*
Feld (n) (**-er**) *field*
Fernster (n) (-) *window*
Ferien (pl) *holidays*
Fernsehapparat (m) (**-e**) *TV set*
Fernsehen (n) *television*
fern-sehen (**a.e.**) *to view* (TV)
Fernsehgerät (n) *TV set*
fertig *ready, finished*
fertig-werden *to finish* (up)
Fest (n) (**-e**) *festival, holiday*
fest *firm, solid*
Festspiel (n) (**-e**) *festival play*
fest-stellen *to ascertain, confirm*
Feuer (n) (-) *fire*
Feuerzeug (n) (**-e**) *lighter*
Film (m) (**-e**) *film*
finden (**a.u.**) *to find*
finster *dark, gloomy*
Firma (f) (**-en**) *firm*
Fisch (m) (**-e**) *fish*
Flamme (f) (**-n**) *flame*
Flasche (f) (**-n**) *bottle*
Fleisch (n) *meat, flesh*
fliegen (**o.o.**) *to fly*
fleißig *industrious, busy*
fließen (**o.o.**) *to flow*
Flucht (f) (**en**) *escape, flight*
Fluchtweg (m) (**-e**) *escape route*
Flug (m) (¨e) *flight*
flugbereit *ready for take-off*
Flügel (m) (-) *wing*
Flughafen (m) (¨) *airport*

Flugplatz (m) (¨e) *airport*
Flugsteig (m) (-e) *gate*
Flugticket (n) (-s) *plane ticket*
Flugzeug (n) (-e) *aircraft*
Fluß (m) (¨e) *river*
folgen (with dat.) *to follow*
folgend *following*
folglich *resultant, consequent(ly)*
foltern *to torment*
fordern *to demand*
Form (f) (-en) *shape, figure*
Formular (n) (-e) *form*
Forsthaus (n) (¨er) *forester's lodge*
fort-eilen *to hurry away*
fort-fahren (u.a.) *to go on, continue*
fort-jagen *to chase away*
fort-laufen (ie.au.) *to run off*
fort-setzen *to continue*
Frage (f) (-n) *question*
fragen *to question, ask*
Frankreich (n) *France*
Franzose (m) (-n) *Frenchman*
französisch *French*
Frau (f) (-en) *woman, wife, Mrs.*
Fräulein (n) (-) *young lady, Miss*
frei *free*
frei-geben (a.e.) *to free, let out*
Freiheit (f) *liberty*
frei-lassen (ie.a.) *to liberate*
Freitag (m) *Friday*
Freizeit (f) *leisure*
fremd *strange, foreign*
Fremde (m) (-n) *stranger, foreigner*
Fremdwort (n) (-e, ¨er) *foreign word*
fressen (a.e.) *to eat, gobble*
Freude (f) (-n) *joy, pleasure*
freuen, sich *to be pleased*
Freund (m) (-e) *friend*
Freundin (f) (-nen) *girlfriend*
freundlich *kind, friendly*

Freundlichkeit (f) (-en) *kindness*
freundlos *friendless*
Freundschaft (f) (-en) *friendship*
Friede (m) (gen. -ens, -n) *peace*
friedlich *peaceful*
frieren (o.o.) *to freeze*
frisch *fresh, new*
froh, fröhlich *happy*
früh *early*
Frühling (m) *spring*
Frühstück (n) (-e) *breakfast*
Fuchs (m) (¨e) *fox*
fühlen *to feel*
führen *to lead, conduct*
Führer (m) (-) *leader*
Führerschein (m) (-e) *driving licence*
Führung (f) *leadership*
Führungsspitze (f) (-n) *highest echelon of the leadership*
füllen *to fill*
fünf *five*
fünfzehn *fifteen*
fünfzig *fifty*
funktionieren *to work, function*
für (prep. with acc.) *for* (**was für** = *what sort of*)
fürchten *to fear*
furchtbar *terrible*
Fürst (m) (-en) *prince, ruler*
Fuß (m) (¨e) *foot*
Fußball (m) (¨e) *football*
Fußboden (m) (¨) *floor*
Fußgänger (m) (-) *pedestrian*

Gabe (f) (-n) *gift*
Gabel (f) (-n) *fork*
Gang (m) (¨e) *walk, passage*
Gans (f) (¨e) *goose*
ganz *quite, whole*
gar *quite, at all*

Garage (f) (-n) *garage*
Garten (m) (¨) *garden*
Gas (n) (-e) *gas*
Gasrechnung (f) (-en) *gas bill*
Gast (m) (¨e) *guest*
Gebäck (n) (-e) *pastry*
gebannt *spellbound*
gebären (a.o.) *to give birth*
Gebäude (n) (-) *building*
geben (a.e.) *to give* (es gibt = *there is*)
Gebiet (n) (-e) *district, territory*
gebrauchen *to use*
Gebrauchtwagen (m) (-) *used car*
Geburt (f) (-en) *birth*
Geburtstag (m) (-e) *birthday*
Gedränge (n) *crowd*
gedruckt *printed*
gefährlich *dangerous*
gefallen (ie.a.) (impers. with dat.) *to please, like* (es gefällt mir = *I like*)
Gefallen (m) (-) *pleasure*
gefangennehmen *to take prisoner*
Gefängnis (n) (-es) *prison*
Gefühl (n) (-e) *feeling, sentiment*
gegen (prep. with acc.) *against, towards*
Gegend (f) (-en) *district*
Gegenstand (m) (¨) *object*
Gegenteil (n) (-e) *opposite*
gegenüber (prep. with dat.) *opposite*
gegenüber-stehen *to confront*
gegenwärtig *present(ly)*
gehen *to walk, go*
gehorchen *to obey*
Geige (f) (-n) *fiddle, violin*
Geist (m) (-er) *spirit, ghost*
Geistliche(r) (m) *clergyman*
gelb *yellow*

Geld (n) (-er) *money*
Geldstrafe (f) (-n) *fine*
gelegen *suitable, convenient*
Gelegenheit (f) (-en) *opportunity*
gelegentlich *occasionally*
gelernt *learned*
gelingen (a.u.) (impers. with dat.) *to succeed*
Gemüse (n) (-) *vegetable*
Gemüsegarten (m) (¨) *vegetable garden*
gemütlich *cosy, easy-going*
genau *exact(ly)*
genießen (o.o.) *to enjoy*
genug *enough*
genügend *sufficient*
Gepäck (n) *luggage*
gerade *straight, just*
Gericht (n) (-e) *law, judgment, court*
gern(e) *willingly* (gern haben = *to like*)
Geschäft (n) (-e) *business*
Geschenk (n) (-e) *gift*
Geschichte (f) (-n) *story, history*
geschickt *capable*
Geschirr (n) (-e) *dishes*
Geschwindigkeit (f) (-en) *speed;* Höchstg-, *top,* (max.) *speed*
Geschwulst (f) (¨e) *swelling*
Gesellschaft (f) (-en) *company, society*
Gesicht (n) (-er) *face*
Gespräch (n) (-e) *dialogue, talk, conversation*
gestern *yesterday*
Gestalt (f) (-en) *form, shape*
Geste (f) (-n) *gesture*
*gestehen *to confess*
gesund *healthy, well*
Gesundheit (f) (-en) *health*

gewahr-werden *to perceive, become aware of*

gewaltig *immense, colossal, massive*

gewalttätig *violent*

Gewehr (n) (-e) *gun, rifle*

gewöhnlich *usual(ly)*

Glas (n) (¨er) *glass*

Glaube (f) (-n) *faith, belief*

glauben *to believe, think*

gläubig *credulous, believing*

gleich *immediate(ly), equal*

Gleichgewicht (n) *balance*

Gleichschaltung (f) *co-ordination*

gleichzeitig *at the same time*

Glied (n) (-er) *member, limb*

Glück (n) *luck, fortune*

glücklich *fortunate, lucky*

glücklicherweise *luckily*

Gold (n) *gold*

Goldfink (m) (-en) *goldfinch*

Gott (m) (¨er) *god*

Grab (n) (¨er) *grave*

gram sein (with dat.) *to dislike*

Gramm (n) (-, -e) *g., gram*

Gras (n) (-er) *grass*

grau *grey*

greifen *to grasp, seize*

Grenze (f) (-n) *border, frontier*

Greuel (m) (-) *horror*

groß *big, large, tall*

großartig *splendid*

Größe (f) (-n) *size*

Großmutter (f) (¨) *grandmother*

Großvater (m) (¨) *grandfather*

grün *green*

gründen *to found*

Grundschule (f) (-n) *primary school*

Gruppe (f) (-n) *group, circle*

grüßen *to greet*

gucken *to peep, peer*

Gummistiefel (m) (-) *rubber boot*

günstig *favourable, convenient, cheap*

gut *good, well*

Gut (n) (¨er) *estate, farm, good*

gutherzig *kind, good natured*

Gymnasium (n) (-en) *grammar school*

Haar (n) (-e) *hair*

haben *to have*

Hafen (m) (¨) *harbour, port*

halb *half*

halber (prep. with gen.) *on account of*

Hälfte (f) (-n) *half*

Hals (m) (¨e) *neck*

halten (ie.a.) *to hold, stop, keep* (**halten für** = *to regard as*)

Haltestelle (f) (-n) *bus stop*

Hand (f) (¨e) *hand*

Handarbeit (f) (-en) *manual work*

Handbuch (n) (¨er) *manual, guide*

Handel (m) *trade, commerce*

handeln *to act*

Händler (m) (-) *dealer*

Handlung (f) (-en) *action*

Handschrift (f) (-en) *writing*

Handschuh (m) (-e) *glove*

Handtasche (f) (-n) *handbag*

Handtuch (n) (¨er) *towel*

Handwerker (m) (-) *manual worker*

hängen *to hang*

Hase (m) (-n) *hare*

häßlich *ugly*

Haupt (n) (¨er) *head, chief*

Hauptfach (n) (¨er) *main subject*

Hauptmann (m) (**H-leute**) *captain*

Hauptschule (f) (-n) *secondary modern school*

Hauptstadt (f) (¨e) *capital*

Hauptstraße (f) (-n) *main street, high street*

Haus (n) (⁻er) *house* (**zu Hause**
= *at home*, **nach Hause**
= *home-wards*)
heben (o. o.) *to lift, raise*
Heft (n) (-e) *exercise book*
heilig *holy*
Heim (n) (-e) *home*
Heimat (f) *home, homeland*
Heimatvertriebene, r (f, m) (⁻er)
displaced person, expellee
heim-suchen *to haunt*
Heirat (f) (-en) *marriage*
heiraten *to marry*
heiß *hot*
heißen (ie. ei.) *to be called*
heiter *cheerful*
Heizer (m) (-) *stoker*
Held (m) (gen. -en, -en) *hero*
hell *bright*
Hemd (n) (-en) *shirt*
Hemdärmel (m) (-) *shirt sleeve*
her- *here, this way*
heraus-ziehen *to pull out*
herbei-laufen (ie. au.) *to run up*
Herbergsvater (m) (⁻) *host of Youth
Hostel*
Herbst (m) *autumn*
Herd (m) (-e) *oven, hearth*
herein-kommen *to come in*
her-kommen *to derive, come from*
Herr (m) (gen. -n, pl. -en) *master,
gentleman, Mr.*
herrlich *splendid*
Herrschaft (f) (-en) *mastery, lady,
gentleman*
herrschen *to rule, sway, prevail*
Herstellung (f) (-en) *production*
Herz (n) (gen. -ens, pl -en) *heart*
heulen *to howl*
heute *today* (**heute abend** = *this
evening*)

heutzutage *nowadays*
Hexe (f) (-n) *witch*
hier *here*
hiesig *local*
Hilfe (f) *help*
Himbeere (f) (-n) *raspberry*
Himmel (m) *heaven*
hinab-steigen (ie. ie.) *to climb down*
hinauf-gehen *to go up*
hinaus-laufen (ie. au.) *to run out*
hinein-springen (a. u.) *to jump in*
hingewandt *turned towards*
hinten *behind, at the back, aft*
hinter (prep. with acc. or dat.)
behind, at the back of
hinunter-gehen *to go down*
hinzu-fügen *to add*
hinzu-setzen *to add*
Hirsch (m) (-e) *stag*
hoch (hoh-) *high*
höchst *highest, most*
Hof (m) (⁻e) *court, farm, yard*
hoffen *to hope*
hoffentlich *it is to be hoped that*
höflich *polite*
Höhe (f) (-n) *height*
höher *higher*
hohl *hollow*
holen *to fetch, bring*
Holz (n) (⁻er) *wood*
hölzern *wooden*
Honig (m) *honey*
hören *to hear*
hübsch *pretty*
Huhn (n) (⁻er) *chicken, fowl*
Humor (m) (-s) *humour, frame of
mind*
Hund (m) (-e) *dog*
hundert (adj) *hundred*
Hundert (n) (-e) *a hundred*
Hunger (m) *hunger*

hungrig *hungry*
Hut (m) (-̈e) *hat*
Hütte (f) (-n) *hut, iron-works*
Hüttenwerk (n) (-e) *metallurgical plant*

ich *I*
ihn (acc. of **er**) *him*
ihnen (dat. of **sie**) *them, to them*
Ihnen (dat. of **Sie**) *you, to you*
ihr (nom.) *you;* (pl.) (dat.) *her, to her*
ihr (poss. adj.) *her, their*
Ihr (poss. adj.) *your*
im (abbrev. = **in dem**) *in the*
immer *always*
imstande-sein *to be able*
in (prep. with acc. or dat.) *in, to, at, into*
inbegriffen *included*
indem *while*
indessen *meanwhile*
Inflation (f) *inflation*
Ingenieur (m) (-e) *engineer*
Innere (n) *inside*
innerhalb (prep. with gen.) *within*
Instrument (n) (-e) *instrument*
Interesse (n) (-n) *interest*
interressant *interesting*
interessieren, sich (**für**) *to be interested* (in)
inzwischen *meanwhile*
ironisch *ironical(ly)*
irren, sich, *to make a mistake*
ist (see **sein**) *is*
Italiener (m) (-) *Italian*
italienisch *Italian*

ja *yes, indeed*
Jacht (f) (-en) *yacht*
Jacke (f) (-n) *coat, jacket*

Jahr (n) (-e) *year*
Jahreszeit (f) (-en) *season*
Jahrhundert (n) (-e) *century*
Jagd (f) (-en) *hunt, chase*
jagen *hunt, chase*
Jäger (m) (-) *hunter*
jed-er (-e, -es) *each, every*
jedermann *everybody*
jedoch *however, still*
jemand *someone*
jen-er (-e, -es) *that, that one, the former*
jetzt *now*
Jugend (f) *youth* (abstract)
Jugendherberge (f) (-n) *Youth Hostel*
jung *young*
Junge (m) (-n) *boy*
Justiz (f) *justice*

Kabine (f) (-n) *cabin, hut*
Kaffee (m) (-s) *coffee*
Kaffeekanne (f) (-n) *coffee pot*
Kai (m) (-s) *quay, dock*
Kaiser (m) (-) *emperor*
kalt *cold*
Kälte (f) *cold*
Kamerad (m) (-en) *friend, comrade*
Kameradschaft (f) (-en) *friendship*
kämmen *to comb*
Kammer (f) (-n) *bedroom, chamber*
Kampf (m) (-̈e) *fight, struggle*
kämpfen *to fight, struggle*
Kanal (m) (-̈e) *canal, Channel*
Kanone (f) (-n) *cannon, gun*
Kantine (f) (-n) *canteen, mess*
Kanu (n) (-s) *canoe*
Kanzler (m) (-) *chancellor*
Kapelle (f) (-n) *chapel, band*
Kapital (n) (-ien) *capital*
Kapitän (m) (-e) *captain*

Kapitel (m) (-) *chapter*
kaputt *broken, ruined*
Karfreitag (m) *Good Friday*
Karren (m) (-) *barrow*
Karte (f) (-n) *card, ticket*
Kartoffel (f) (-n) *potato*
Kasse (f) (-n) *cash desk*
Kätzchen (n) (-) *kitten*
Katze (f) (-n) *cat*
Kater (m) *hangover*
kaufen *to buy*
Kaufhaus (n) (⁻er) *department store*
kaum *scarcely*
kein (-e) *none, not any, no*
Keks (m) (-n) *biscuit*
Keller (m) (-) *cellar*
Kellner (m) (-) *waiter*
kennen *to know, be acquainted with*
Kenner (m) (-) *connoisseur*
Kerl (m) (-e or -s) *fellow, chap, bloke*
Kerze (f) (-n) *candle, plug*
Kette (f) (-n) *chain*
Kilometer (n) (-) *kilometre*
Kind (n) (-er) *child*
Kindheit (f) *childhood*
Kinn (n) (-e) *chin*
Kino (n) (-s) *cinema*
Kiosk (m) (-s) *stall, booth, box*
Kirche (f) (-n) *church*
Kirchenfest (n) (-e) *church festival*
Kiste (f) (-n) *crate, box*
Kitsch (m) (**und Quatsch**) *rubbish, junk*
klagen *to complain*
klar *clear*
Klasse (f) (-n) *class*
Klavier (n) (-e) *piano*
kleben *to stick*
Kleid (n) (-er) *dress, clothes*
kleiden *to dress*
Kleiderschrank (m) (⁻e) *wardrobe*

klein *little, small*
klettern *to climb, clamber*
klingeln *to ring*
Klinik (f) (-en) *clinic, hospital*
klopfen *to knock*
Klub (m) (-s) *club*
klug *clever*
Knabe (m) (-n) *boy*
knapp *short* (of) *scarce*
Knechtschaft (f) *servitude*
kochen *to cook, boil*
Koffer (m) (-) *bag, suitcase*
Kofferkuli (m) (-s) *luggage trolley*
Kohle (f) (-n) *coal*
Kohlengrube (f) (-n) *coal-mine, pit*
Kolonie (f) (-en) *colony*
Kommandobrücke (f) (-n) *bridge*
kommen *to come*
Komödie (f) (-n) *comedy*
Komponist (m) (-en) *composer*
König (m) (-e) *king*
können *can, be able*
Konsul (m) (-en) *consul*
Kontinent (n) (-e) *continent*
Kontrolle (f) (-n) *check, control*
kontrollieren *to examine, control*
Kopf (m) (⁻e) *head*
Kopfweh (n) *headache*
Korb (m) (⁻e) *basket*
Korn (n) (⁻er) *corn, grain*
Körper (m) (-) *body*
körperlich *physical*
Korrespondent (m) (-en) *correspondent*
Korridor (m) (-en) *corridor*
korrigieren *to correct*
kosten *to cost*
Kraft (f) (⁻e) *strength*
kräftig *strong powerful*
krank *sick, ill*
Krankenhaus (n) (⁻er) *hospital*

Krankheit (f) **(-en)** *illness*
Kranz (m) **(¨e)** *wreath, garland*
Krawatte (f) **(-n)** *tie, necktie*
Kreis (m) **(-e)** *circle, district*
Kreuz (n) **(-e)** *cross*
Kreuzung (f) **(-en)** *crossing*
Krieg (m) **(-e)** *war*
kriegen *to get, obtain*
kriechen (o. o.) *to creep, crawl*
Krippe (f) **(-n)** *crib, manger, crèche*
Krone (f) **(-n)** *crown*
krönen *to crown*
Küche (f) **(-n)** *kitchen*
Kuchen (m) **(-)** *cake, bun, pie*
Kugel (f) **(-n)** *bullet, ball*
Kugelschreiber (m) **(-)** *ball (-point) pen, biro®*
kühl *cool, cold*
Kühlschrank (m) **(¨e)** *fridge*
Kunde (m) **(-n)** *customer*
Kunst (f) **(¨e)** *art, trick*
Kunststoff (m) **(-e)** *man-made material*
Kupfer (n) *copper*
Kurfürst (m) **(-en)** *Electoral Prince*
Kurs (m) **(-e)** *course, exchange rate*
kurz *short*
kurzsichtig *short-sighted*

lachen *to laugh*
laden (u. a.) *to load*
Laden (m) **(¨)** *shop*
Lage (f) **(-n)** *position, place*
Laie (m) **(-n)** *amateur, layman*
Lampe (f) **(-n)** *lamp*
Lampenfieber (n) *stage fright*
Land (n) **(¨er)** *country*
Landarbeiter (m) **(-)** *farm worker*
landen *to land*
Landkarte (f) **(-n)** *map*
Landschaft (f) *scenery, countryside*

Landungskarte (f) **(-n)** *landing ticket*
Landungssteg (m) **(-e)** *gangway*
lang *long, tall*
langsam *slow(ly)*
längst *long since*
langweilen *to bore*
Lärm (m) **(-e)** *noise*
lassen (ie. a.) *to let, leave*
Last(-kraft-)wagen (m) **(-)** *lorry*
Lauf (m) **(¨e)** *run, course*
laufen (ie. au.) *to run*
laut *loud*
Laute (f) **(-n)** *lute*
lauten *to sound, read*
läuten *to ring, ring a bell*
Lautsprecher (m) **(-)** *loudspeaker*
leben *to live*
Leben (n) **(-)** *life*
lecker *tasty*
Leder (n) **(-)** *leather*
Lederhose (f) **(-n)** *leather trousers*
leer *empty*
leeren *to empty*
legen *to put, place* (**sich legen** = *to lie down*)
Legende (f) **(-n)** *legend*
Lehnstuhl (m) **(¨e)** *arm-chair*
lehren *to teach*
Lehrer (m) **(-)** *teacher*
Lehrerin (f) **(-nen)** *female teacher*
Lehrzeit (f) *apprenticeship*
Leid (n) **(-en)** *sorrow, grief*
*leiden *to suffer*
leider *unfortunately*
*leid-tun *to be sorry*
Leidenschaft (f) **(-en)** *passion*
leidenschaftlich *passionate*
leihen (ie. ie.) *to lend, borrow*
leisten *to perform:* **Widerstand 1–,** *to offer resistance*

Leiter (m) (-) *leader*
Leitung (f) (-en) *lead, wiring*
Lektüre (f) (-n) *reading*
lenken *to steer*
Lenkrad (n) (-er) *steering wheel*
Lenkstange (f) (-n) *handlebar*
lernen *to learn*
lesen (a. e.) *to read*
letzt *last*
Leute (pl) *people*
Licht (n) (-er) *light*
Lichtspielhaus (n) (-er) *cinema*
Lichtung (f) *clearing*
lieb *dear*
Liebe (f) *love*
lieben *to love*
liebenswürdig *amiable*
Liebhaber (m) (-) *lover, enthusiast*
Lieblings- *favourite*
Lied (n) (-er) *song*
Lieferung (f) (-en) *delivery*
liegen (a. e.) *to lie, be situated*
Liegestuhl (m) (-e) *deck chair*
Lindenbaum (m) (-e) *lime tree*
link *left* (**links** = *on the left*)
Linoleum (n) (-s) *linoleum*
Lippe (f) (-n) *lip*
Lippenstift (m) (-e) *lipstick*
Liste (f) (-n) *list*
locker *loose*
Löffel (m) (-) *spoon*
Loge (f) (-n) *box* (theatre)
Lohnerhöhung (f) *rise in wages*
Lohn (m) (-e) *reward, wages*
lohnen *to reward*
lohnen, sich *to be worth while*
los *off, away, up* (**was ist los**
  = *what is up?*)
lose *loose*
lösen *to loosen, redeem, solve*
Löwe (m) (-n) *lion*

Luft (f) (-e) *air*
Luftpost (f) *air mail*
Luftverkehr (m) *air traffic*
Lust (f) (®e) *pleasure, joy*

machen *to make, do*
Macht (f) (-e) *might, power*
mächtig *powerful*
Machtübernahme (f) *seizure of*
  power
Mädchen (n) (-) *girl*
Magd (f) (-e) *maid*
mähen *to mow*
Mahlzeit (f) (-en) *meal*
mahnen *to urge*
Mal (n) (-e) *time*
mal (abbrev. **einmal**) *just, only*
malerisch *picturesque*
man *one, somebody, they*
manch (-er, -e, -es) *many a*
Mangel (m) *want, lack* (**an** = *of*)
Mann (m) (-er) *man*
Mannschaft (f) (-en) *crew, team*
Mantel (m) (-) *coat, overcoat*
Mark (f) *mark* (coin)
Marke (f) (-n) *stamp, brand*
Markt (m) (-e) *market*
Maschine (f) (-n) *engine*
Maß (n) (-e) *measure*
maß-nehmen *to take measurements*
Massenerzeugnis (n) (-se)
  mass-produced goods
Mast (m) (-e) *mast*
Mathematik (f) *mathematics*
Matrose (m) (-n) *sailor*
Mauer (f) (-n) *wall*
Maul (n) (-er) *mouth, snout*
Maus (f) (-e) *mouse*
Mechaniker (m) (-) *mechanic*
Medizin (f) *medicine*
mehr *more*

meinen *to think, opine, mean*
meist *most* (**meistens** = *mostly*)
Meister (m) (-) *master*
melden *to report, announce*
Meldung (f) (-en) *announcement*
Mensch (m) (-en) *man, human being*
merken *to notice, observe*
merkwürdigg *noteworthy*
messen (a. e.) *to measure*
Messer (n) (-) *knife*
Metzger (m) (-) *butcher*
Mikrophon (n) *microphone*
Milch (f) *milk*
mindestens *at least*
Ministerium (n) (-ien) *ministry*
Minute (f) (-n) *minute*
mir *me, to me* (dat. of **ich**)
Misthaufen (m) (-) *muck-heap*
mit (prep. with dat.) *with*
miteinander *together*
Mitgift (f) (-en) *dowry*
Mithilfe (f) *co-operation*
Mitleid (n) *sympathy*
Mitglied (n) (-er) *member*
Mittag (m) *midday*
Mittagessen (n) (-) *lunch*
Mittelalter (n) *Middle Ages*
mittelmäßig *moderate*
mit-nehmen *to take with one*
Mitstudent (m) (-en) *fellow student*
Mitte (f) (-n) *middle*
Mittelpunkt (m) (-e) *centre*
Mittwoch (m) *Wednesday*
Möbelstück (n) (-e) *furniture*
Modell (n) (-e) *model*
mögen *may, to like*
möglich *possible*
Monat (m) (-e) *month*
Mond (m) *moon*
Montag (m) *Monday*

Mord (m) *murder*
Morgen (m) (-) *morning*
morgen *tomorrow* (**morgen früh** = *tomorrow morning*)
Morgenmantel (m) (⁻) *dressing gown*
Motor (m) (-en) *engine, motor*
Motorrad (n) (⁻er) *motor-cycle*
Motorstörung (f) *engine trouble*
Motte (f) (-n) *moth*
müde *tired*
Mund (m) (-e) *mouth*
murmeln *to murmur, mumble*
Museum (n) (-en) *museum*
Musik (f) *music*
musikalisch *musical*
Musiker (m) (-) *musician*
Muskel (f) (-n) *muscle*
Muster (n) (-) *pattern, sample*
mustern *to examine*
Mut (m) *courage, inclination*
Mutter (f) (⁻) *mother*

Nabe (f) (-n) *hub*
nach (prep. with dat.) *to, after, according to*
Nachbar (m) (-n) *neighbour*
nachdem *after*
nachdenklich *thoughtful*
Nachfolger (m) (-) *successor*
Nachfrage (f) *demand*
nachher *afterwards*
Nachholbedarf (m) (no plural) *need to catch up on sth.*
nach-laufen (ie. au.) *to run after*
Nachmittag (m) (-e) *afternoon*
Nachricht (f) (-en) *news*
nach-sehen (a. e.) *to look into*
nächst *next*
Nacht (f) (⁻e) *night*
Nachtisch (m) (-er) *dessert, 'afters'*

Nagel (m) (⁻) *nail*
nah *near, close*
Nähe (f) *vicinity*
nähern, sich (with dat.) *to approach*
nämlich *namely, as a matter of fact*
Name(n) (m) (gen. -ns, pl. -n)
  name
Nase (f) (-n) *nose*
naß *wet*
Natur (f) *nature*
Naturkunde (f) *nature, study*
natürlich *natural(ly)*
neben (prep. with acc. or dat.)
  near to, beside, next to
Nebenstraße (f) (-n) *side-road*
nehmen *to take*
nein *no*
Nelke (f) (-n) *carnation*
nennen *to name*
Nest (n) (-er) *nest*
nett *nice, decent*
Netz (n) (-e) *net, rack*
neu *new, fresh*
neugierig *curious*
Neujahr (n) *New Year*
neulich *recently*
neun *nine*
neunzehn *nineteen*
neunzig *ninety*
nicht *not*
nichts *nothing*
nicken *to nod*
nie (-mals) *never*
Niedergang (m) *downfall, ruin*
Niederlage (f) (-n) *defeat*
niemand *nobody*
noch *yet, again, still* (**noch ein =**
  another)
Nord-, Norden (m) *north*
Norwegen (n) *Norway*
Not (f) *need, necessity*

Notfall (m) (⁻e) *emergency*
notieren *to take notes, note*
nötig *necessary, in need of*
Notizbuch (n) (⁻er) *diary*
Novelle (f) (-n) *short story*
Nummber (f) (-n) *number*
nun *now, now then*
nur *only*
nützlich *useful*

ob *if, whether*
oben *upstairs, on top*
Ober- *head, chief*
Oberkellner (m) (-) *head waiter*
obgleich *although*
Obst (n) *fruit*
oder *or*
Ofen (m) (⁻) *stove, oven*
Ofenplatte (f) (-n) *oven plate*
offen *open*
öffentlich *public*
öffnen *to open*
oft *often*
ohne (prep. with acc.) *without*
Öl (n) *oil*
Omnibus (m) (-se) *omnibus*
Onkel (m) (-) *uncle*
Oper (f) (-n) *opera*
Orchester (n) (-) *orchestra*
Ordnung (f) (-) *order*
organisieren *to organise*
Originalfassung (f) (-en) *original
  version*
Ort (m) (-e) *place*
Ost-, Osten (m) *east*
Österreich (n) *Austria*
Ostermontag (m) *Easter Monday*
Ostern *Easter*

Paar (n) (-e) *pair* (**ein paar**
  = a few)

Päckchen (n) (-) *small packet, parcel*
packen *to seize, pack*
Paket (n) (-e) *packet, parcel*
Palast (m) (–e) *palace*
Panne (f) (-n) *puncture, breakdown*
Pappe (f) *cardboard*
Papst (m) *Pope*
Park (m) (-s) *park*
Parkplatz (m) (¨e) *parking space*
Partei (f) (-en) *party*
Parterre (n) *stalls, pit, ground floor*
Paß (m) (¨e) *passport*
Passagier (m) (-e) *passenger*
passen (with dat.) *to fit* (**passen zu**
   = *to match*)
passieren *to happen, pass*
Patient (m) (-en) *patient*
Pause (f) (-n) *pause, interval*
Pelzmantel (m) (¨) *fur coat*
Person (f) (-en) *person*
Personenzug (m) (¨e) *passenger
   train*
Pfarrer (m) (-) *parson*
Pfeife (f) (-n) *pipe, whistle*
Pfennig (m) (-e) *penny*
Pferd (n) (-e) *horse*
Pfingsten (n) *Whitsun*
Pflanze (f) (-n) *plant*
pflegen *to look after, be used to*
Pflicht (f) (-en) *duty, obligation*
Pfund (n) (-,-e) *pound*
Pilot (m) (-en) *pilot*
Pilz (m) (-e) *mushroom*
Plan (m) (¨e) *plan, project*
Platte (f) (-n) *plate, board*
Platz (m) (¨e) *place, seat*
platzen *to burst*
plaudern *to chat*
plombieren *to fill* (a tooth)
plötzlich *sudden(ly)*
Plural (m) (-e) *plural*

Polen (n) *Poland*
Politik (f) *politics*
Polizei (f) *police*
polizeilich *by the police, officially*
Polizist (m) (-en) *policeman*
Portion (f) (-en) *portion, share*
Post (f) *post, post office*
Postamt (n) (¨er) *post office*
Postanweisung (f) (-en) *money-order*
Posten (m) (-) *post, position*
Postkarte (f) (-n) *postcard*
Postleitzahl (f) (-en) *post code*
prahlen *to boast*
praktisch *practical, useful*
Preis (m) (-e) *price, prize*
Prinz (m) (-en) *hereditary prince*
Probe (f) (-n) *test, trial, rehearsal*
probieren *to try, try on*
Problem (n) (-e) *problem*
Programm (n) (-e) *programme*
Propaganda (f) *propaganda*
Prospekt (m) (-e) *prospectus*
Proviantkorb (m) (¨e) *provisions
   basket*
prüfen *to test*
Prüfung (f) (-en) *examination*
prügeln *to beat, chastise, whip*
Publikum (n) *audience*
Pudel (m) (-) *poodle*
pudern *to powder*
Puls (m) *pulse*
Pumpe (f) (-n) *pump*
pumpen *to pump*
Puppe (f) (-n) *doll*
putzen *to polish, clean*

Rad (n) (¨er) *wheel, bicycle*
radeln (**rad-fahren v.a.**) *to cycle*
Radfahrer (m) (-) *cyclist*
Radio (n) (-s) *radio*
Radioapparat (m) (-e) *radio set*

Radler (Radfahrer) (m) (-) *cyclist*
Rand (m) ("-er) *edge, fringe*
rasch *quick(ly)*
Rasen (m) (-) *lawn*
rasen *to rage, speed*
rasieren *to shave*
Rastplatz (m) ("-e) *picnic area*
Rat (m) *advice, counsel*
raten (**ie. a.**) *to advise, to guess*
Ratgeber (m) (-) *adviser*
Rathaus (n) ("-e) *Town Hall*
Räuber (m) (-) *thief, robber*
Rauch (m) *smoke*
rauchen *to smoke*
Raum (m) ("-e) *room, space*
räumen *to clear, move out*
Realschule (f) (-n) *secondary school*
rechnen *to add up, calculate*
Rechnen (n) *arithmetic*
Rechnung (f) (-en) *bill, calculation, invoice*
recht *right* (**rechts** = *on the right*)
Recht (n) (-e) *right, law* (**recht haben** = *to be right*)
rechtzeitig *in good time*
reden *to speak*
Regel (f) (-n) *rule*
regelmäßig *regular(ly)*
Regen (m) *rain*
Regierung (f) (-en) *government*
Regisseur (m) *director*
regnen *to rain*
regnerisch *rainy*
reich *rich*
Reich (n) (-e) *realm, empire*
reif *ripe*
Reife (f) *maturity:* **mittlere Reife** *GCSE* (equivalent)
Reifen (m) (-) *tyre*
Reihe (f) (-n) *row, turn, series*
reimen *to rhyme*

rein *clean, pure*
Reis (n) (-er) *twig, sprig*
Reis (m) *rice*
Reise (f) (-n) *trip, journey*
reisen *to journey, travel*
Reisende (m or f) *traveller*
reiten *to ride*
rennen *to run*
Reparatur (f) (-en) *repair*
reparieren *to repair*
Republik (f) (-en) *republic*
reservieren *to reserve*
Rest (m) (-e) *remainder, residue*
Restaurant (n) (-s) *restaurant*
retten *to save, rescue*
Retter (m) (-) *saviour, rescuer*
Rettung (f) *saving, rescue*
Rettungsboot (n) (-e) *lifeboat*
Rettungsjacke (f) (-n) *lifebelt*
richten *to judge, direct, adjust*
Richter (m) (-) *judge*
richtig *correct, right*
riechen (**o. o.**) *to smell*
Ritter (m) (-) *knight*
Röhre (f) (-n) *tube, valve*
Rohstoff (m) (-e) *raw material*
Rollbahn (f) (-en) *runway*
Rollband (n) ("-er) *conveyor belt*
Rolle (f) (-n) *role, part*
Roman (m) (-e) *novel*
Rose (f) (-n) *rose*
Rost (m) *rust*
rostfrei *stainless*
rot *red*
Rübe (f) (-n) *turnip, beet*
rücken *to move*
Rückkehr (f) *return*
Rücklicht (n) (-er) *rear-light*
Rucksack (m) ("-e) *back pack*
Rücksitz (m) (-e) *back seat*
Rückweg (m) (-e) *way back, return*

rufen (ie. u.) *to call*
Ruhe (f) (-n) *rest, quiet*
ruhen *to rest, repose*
ruhig *quiet, peaceful*
rühren *to touch, move, stir*
Ruine (f) (-n) *ruin*
rund *round, circular*
Rundfunk (m) (-e) *wireless, radio*
Rundgang (m) (¨e) *round trip*
Rundschreiben (n) (-) *circular*
Rußland (n) *Russia:* der Russe
(m) (-n), russisch *Russian*

Saal m. (Säle) *room, hall*
Sache (f) (-n) *thing, business, cause*
Sack (m) (¨e) *bag, sack*
Sage (f) (-n) *legend*
sagen *to say, tell*
sägen *to saw*
Salat (m) *salad, lettuce*
sammeln *to collect, gather*
Sammelpunkt (m) (¨e) *assembly
point*
Sammlung (f) (-en) *collection*
Samstag (m) *Saturday*
Sarg (m) (¨e) *coffin*
Satelliten-Empfänger (m) (-)
satellite receiver
satt *satisfied, enough*
Sattel (m) (-) *saddle*
sauber *clean*
saugen *to suck, vacuum clean*
Säure (f) (-n) *acid*
Schaden (m) (¨) *hurt, damage*
(es ist schade = *it is a pity*)
Schaf (n) (-e) *sheep*
schaffen *to make, create*
Schaffner (m) (-) *guard*
schälen *to peel, skin*
Schallplatte (f) (-n) *disc, record*
Schalter (m) (-) *ticket office*

Schande (f) (-n) *shame*
scharf *sharp*
Schatten (m) (-) *shadow, shade*
schauen *to look, see, gaze*
Schauspiel (n) (-e) *play, comedy*
scheinen (ie. ie.) *to seem, shine*
Scheinwerfer (m) (-) *head-light*
Schenke (f) (-n) *small inn*
schenken *to present, give*
scheuen *to be frightened*
scheuern *to scrub, clean*
scheußlich *dreadful*
Schicht (f) (-en) *shift, layer*
schicken *to send*
schießen (o. o.) *to shoot*
Schiff (n) (-e) *ship*
Schiffahrt (f) *navigation*
Schilaufen (n) *skiing*
schimmernd *shining*
Schinken (m) (-) *ham*
Schinkenbrot (n) (-e) *ham
sandwich*
Schirm (m) (-e) *protection, umbrella*
Schlaf (m) *sleep*
schlafen (ie. a.) *to sleep*
Schlafsack (m) (¨e) *sleeping bag*
Schlafzimmer (n) (-) *bedroom*
Schlag (m) (¨e) *blow*
schlagen (u. a.) *to beat, hit, strike*
Schläger (m) (-) *bat, racket*
schlau *sly, cunning*
schlecht *bad, wicked*
schließen (o. o.) *to close, lock*
schließlich *final(ly)*
Schlips (m) (-e) *tie*
Schloß (n) (¨er) *castle, lock*
Schluß (m) (¨e) *end, conclusion*
Schlüssel (m) (-) *key*
schmecken *to taste*
Schmerz (m) (gen. -es, -en) *pain*
schminken *to powder, make up*

schmutzig *dirty*
Schnaps (m) (¨e) *brandy*
Schnee (m) *snow*
schneien *to snow*
schneiden *to cut*
Schneider (m) (-) *tailor*
schnell *quick(ly)*
Schnurrbart (m) (¨e) *moustache*
schon *already*
schonen *to spare, save*
schön *handsome, beautiful*
Schönheit (f) (-en) *beauty*
Schornstein (m) (-e) *chimney, funnel*
Schraube (f) (-n) *screw*
Schraubenschlüssel (m) (-) *spanner*
Schreck (-en) (m) *terror, fright*
Schrei (m) (-e) *shout*
Schreibblock (m) (¨e) *writing pad*
schreiben (ie. ie.) *to write*
Schreibtisch (m) (-e) *writing-desk*
schreien (ie. ie) *to shout, call*
Schrift (f) (-en) *writing*
schriftlich *written, in writing*
Schriftsteller (m) (-) *writer*
Schritt (m) (-e) *step, stride*
Schuh (m) (-e) *shoe, boot*
Schuld (f) (-en) *guilt, fault*
schuldig *guilty, owing, in debt*
Schule (f) (-n) *school*
Schüler (m) (-) *schoolboy, pupil*
Schüssel (f) (-) *dish*
Schutz (m) *protection, shelter*
schwach *weak*
Schwanz (m) (¨e) *tail*
schwarz *black*
schwarzhaarig *black-haired*
Schwebebahn (f) *suspension railway*
Schweden (n) *Sweden*
schwedisch *Swedish*
schweigen (ie. ie.) *to be silent*

schweigsam *taciturn, silent*
Schwein (n) (-e) *pig*
Schweinefleisch (n) *pork*
Schwelle (f) (-n) *threshold, step*
schwer *heavy, difficult*
schwerwiegend *serious*
Schwester (f) (-n) *sister, nurse*
schwesterlich *sisterly*
schwierig *difficult*
Schwimmdock (m) (-s) *floating dock*
schwimmen (a. o.) *to swim*
sechs *six*
sechzehn *sixteen*
sechzig *sixty*
See (f) (-n) *sea*
See (m) (-n) *lake*
seefest *seaworthy*
Seeman (m) (Seeleute) *sailor*
Seereise (f) (-n) *voyage*
Segel (n) (-) *sail*
segeln *to sail*
Segelschiff (n) (-e) *sailing ship*
sehen (a. e.) *to see, look*
sehenswert *worth seeing*
Sehenswürdigkeit (f) (-en) *'sights'*
sehr *very, very much*
Seife (f) (-n) *soap*
sein *to be*
sein (-e) *his, its*
seit (prep. with dat.) *since*
seitdem *since*
Seite (f) (-n) *page, side*
seither *since, since then*
Sekretärin (f) (-nen) *secretary*
Sekunde (f) (-n) *second*
selber *self*
selbst *self, even*
Selbstopfer (n) (-) *self-sacrifice*
senden *to send*
Sender (m) (-) *sender, station*

Sendeschluß (m) (no plural) *closedown*
Sendung (f) (**-en**) *emission, broadcast*
setzen *to put place* (**sich setzen** = *to sit down*)
sicher *safe, sure*
Sicherheitsgurt (m) (¨e) *safety belt*
sie *she, her; they, them*
Sie *you*
sieben *seven*
siebzehn *seventeen*
siebzig *seventy*
Siedlung (f) (**-en**) *settlement, colony*
Sieg (m) (¨e) *victory*
siegen *to conquer, win*
Silber (n) *silver*
singen (**a. u.**) *to sing*
Sitz (m) (**-e**) *seat, place*
sitzen *to be seated*
Skifahrt (f) (**-en**) *ski run*
sobald *as soon as*
Sofa (n) (**-s**) *sofa*
sofort *at once, immediately*
sogar *even*
sogenannt *so-called*
Sohn (m) (¨e) *son*
solch (**-er, -e, -es**) *such* (*a*)
sollen *to have, ought*
Sommer (m) *summer*
sondern *but* (after negative)
Sondersendung (f) (**-en**) *special broadcast*
Sonnabend (m) *Saturday*
Sonne (f) (**-n**) *sun*
Sonnenuntergang (m) *sunset*
Sonntag (m) *Sunday*
Sonntagsanzug (m) (¨e) *best suit*
sonst *otherwise, or else*
Sorge (f) (**-n**) *care, worry*
spalten *to split, divide*

Spanien (n) *Spain*
Spannung (f) (**-en**) *tension*
sparen *to save*
Spaß (m) (¨e) *joke*
spaßhaft *comical*
spät *late*
Spaten (m) (**-**) *spade*
Spaziergang (m) (¨e) *walk*
spazieren gehen *to go for a walk*
Speise (f) (**-n**) *food, dishes*
Speisekarte (f) (**-n**) *menu*
Speisesaal (**-säle**) *dining-room*
Speisewagen (m) (**-**) *dining car*
Spiegel (m) (**-**) *mirror*
Spiel (n) (**-e**) *play, game*
spielen *to play*
Spieler (m) (**-**) *player*
Spielfilm (m) (**-e**) *feature film*
Spielzeug (n) *toy*
Splitterpartei (f) (**-en**) *splinter party*
Spitzname (m) (**-n**) *nickname*
Sport (m) *sport*
Sportplatz (m) (¨e) *playing field*
spotten *to mock, make fun of*
Sprache (f) (**-n**) *language, speech*
sprechen (**a. o.**) *to speak*
Sprechstunde (f) (**-n**) *consultation*
Sprechzimmer (n) (**-**) *consulting room*
springen (**a. u.**) *to jump*
Spritze (f) (**-n**) *injection, syringe*
Spuk (m) (**-e**) *ghost, spirit*
Spur (f) (**-en**) *spoor, trace, track, lane*
Staat (m) (**-en**) *state*
Staatsbürger (m) (**-**) *citizen*
stabil *stable*
Stadt (f) (¨e) *town, city*
Stahl (m) *steel*
Stahlbeton (m) (**-e**) *reinforced concrete*
Stahlindustrie (f) (**-en**) *steel industry*

Stamm (m) (⸚e) *stem, trunk, race*
stammeln *to stutter, stammer*
stammen *to come from, be derived from*
stark *strong*
Stärke (f) *strength*
starren *to stare*
Starter (m) (-) *starter*
Station (f) (-en) *station, stage*
statt (prep. with gen.) *instead of*
statt-finden (a. u.) *to take place*
Staub (m) *dust*
Staubsauger (m) (-) *vacuum cleaner*
stecken *to stick, put*
Stecker (m) (-) *plug*
stehen *to stand*
steigen (ie. ie.) *to climb, mount*
Stein (m) (-e) *stone*
Stelle (f) (-n) *place, position*
stellen *to place, put*
Stellung (f) (-en) *position, situation*
stempeln *to stamp*
sterben (a. o.) *to die*
Stern (m) (-e) *star*
stets *always*
Steuermann (m) (⸚er, -leute) *helmsman*
Stewardess (f) (-es) *air-hostess*
Stimme (f) (-n) *voice, vote*
stimmen *to tune, vote, be right*
Stimmung (f) (-en) *mood*
Stock (m) (⸚e) *stick, storey, floor*
Stockwerk (n) (-e) *storey, floor*
Stoff (m) (-e) *stuff, material*
stolz *proud*
stören *to disturb*
stoßen (ie. o.) *to push*
Strafe (f) (-n) *punishment*
strafen *to punish*
strahlen *to shine, radiate, flash*
Straße (f) (-n) *street*

Straßenbahn (f) *tram*
Straßennetz (n) (-e) *network of roads*
Straßensperre (f) (-n) *road block*
Straßenunfall (m) (⸚e) *road accident*
Strecke (f) (-n) *stretch, journey*
strecken *to stretch*
Streich (m) (-e) *trick, stroke*
Streifenwagen (m) (-) *patrol car*
Streik (m) (-s) *strike*
streng *strict*
stricken *to knit*
Strom (m) (⸚e) *river, current*
strömen *to stream*
Strumpf (m) (⸚e) *stocking*
Strumpfhose (f) (-n) *tights*
Stube (f) (-n) *(living) room*
Stück (n) (-e) *piece, play*
Student (m) (-en) *student*
studieren *to study*
Studierzimmer (n) (-) *study*
Stuhl (m) (⸚e) *chair*
Stunde (f) (-n) *hour, lesson*
Sturm (m) (⸚e) *storm*
stürmisch *stormy*
suchen *to search, look for*
Süd-, Süden (m) *South*
sühnen *to atone*
Sünde (f) (-n) *sin*
Supermarkt (m) (⸚e) *supermarket*
Suppe (f) (-n) *soup*
süß *sweet*
Szene (f) (-n) *scene*

Tabelle (f) (-n) *table*
Tablett (n) (-e) *tray*
Tablette (f) (-n) *pill, tablet*
tadeln *to blame, find fault*
Tag (m) (-e) *day*
Tagesraum (m) (⸚e) *day-room, lounge*

täglich *daily*
Tal (n) (̈er) *valley*
Talent (n) (-e) *talent*
Tankstelle (f) (-n) *filling-station*
Tanne (f) (-n) *fir, pine*
Tannenbaum (m) (̈e) *pine tree*
tanzen *to dance*
Tasche (f) (-n) *pocket*
Tasse (f) (-n) *cup*
taufen *to dip, baptise*
tausend *thousand*
Tausend (n) (-e) *a thousand*
Taxi (f) (-n) *taxi*
Technik (f) (-en) *technique*
Techniker (m) (-) *technician*
Tee (m) (-e) *tea*
Teenager (m) (-) *youth, girl*
Teil (m or n) (-e) *part*
teil-nehmen *to take part*
Teilnehmer (m) (-) *participant*
Telefon (n) (-e) *telephone*
telefonieren *to telephone*
Telegramm (n) (-e) *telegram*
Teller (m) (-) *plate*
Temperatur (f) (-en) *temperature*
Tennisplatz (m) (̈e) *tennis court*
Teppich (m) (-e) *carpet*
teuer *dear, expensive*
Textilien (pl) *textiles*
Theater (n) (-) *theatre*
Thema (n) (-en) *essay, theme*
Thermosflasche (f) (-n) *thermos*
tief *deep*
Tier (n) (-e) *animal, beast*
Tip (m) (-s) *tip, hint*
Tisch (m) (-e) *table*
Tochter (f) (̈) *daugher*
Tod (m) *death*
Toilette (f) *toilet*
Ton (m) (̈e) *sound, note*
Topf (m) (̈e) *pot*

tot *dead*
tragen (u. a.) *to carry, wear*
Traktor (m) (-en) *tractor*
Trainingsanzug (m) (̈e) *tracksuit*
Trauer (f) *mourning, sorrow*
Träne (f) (-n) *tear*
traurig *sad*
treffen *to hit, meet, strike*
treiben (ie. ie.) *to drive, do*
trennen *to divide, separate*
Treppe (f) (-n) *stairs*
treten (a.e.) *to step, tread*
treu *true, faithful, loyal*
Treue (f) *loyalty, faith*
Trickfilm (m) (-e) *cartoon*
trinken (a. u.) *to drink*
Trio (n) (-s) *trio*
Tritt (m) (-e) *step, pace, tread*
Tropfen (m) (-) *drop, drip*
Trost (m) *comfort*
trösten *to comfort*
trotz (prep. with gen.) *in spite of*
trotzdem *nevertheless*
Trunkenheit (f) *drunkenness*
Tuch (n) (̈er) *cloth, material*
tüchtig *competent, thorough*
Tugend (f) (-en) *virtue*
tun *to do, make*
Tür (f) (-en) *door*
Turnen (n) *gymnastics*
typisch *typical*
Tyrann (m) (-en) *tyrant*

üben *to practise*
über (prep. with acc. or dat.) *over, above*
überall *everywhere*
überein-stimmen, mit *to agree with*
übergehen *to change over, switch*
überhaupt *at all, after all*
überholen *to overtake*

überlassen (ie. a.) *to hand over, leave*
überlegen *to consider*
übermächtigen *to overpower*
Überraschung (f) (-en) *surprise*
überraschen *to surprise*
überqueren *to cross, stride over*
übersetzen *to translate*
Übersetzung (f) (-en) *translation*
übertragen (u. a.) *to transmit*
Übertragung (f) (-en) *transmission*
übrig *remaining, left-over*
  (im übrigen = *for the rest*)
Ufer (n) (-) *bank, shore*
Uhr (f) (-en) *watch, clock, hour, o'clock*
um (prep. with acc.) *around, about*
um . . . willen (prep. with gen.) *for the sake of*
um . . . zu *in order to*
umfassen *to include*
Umgebung (f) (-en) *environs*
Umgegend (f) (-en) *district, surrounding area*
umgekehrt *vice-versa, upside down*
Umkreis (m) (-e) *radius*
Umlaut (m) (-e) *modification*
um-sehen (a. e.) sich *to look round*
  (nach = *for*)
Umschlag (m) (¨e) *envelope*
Umsiedler (m) (-) *resettler*
umsonst *in vain, for nothing, free*
um-steigen (ie. ie.) *to change*
um-wandeln *to transform, convert*
Umweltschutz (m) (no plural) *conservation*
Umweltverschmutzung (f) (no plural) *pollution* (of the environment)
um-wenden, sich *to turn round*
unangenehm *unpleasant*

unbefohlen *without being asked*
unbestimmt *indefinite*
unbeweglich *motionless, immobile*
und *and*
und so weiter (u.s.w.) *and so on*
unfreundlich *unkind, unfriendly*
Ungarn *Hungary*
ungefähr *about, approximately*
ungeheizt *unheated*
unglücklich *unfortunate*
unglücklicherweise *unfortunately*
Universität (f) (-en) *university*
unmöglich *impossible*
Unordnung (f) (-en) *disorder*
Unruhe (f) *unrest*
uns (acc. and dat. of **wir**) *us, to us*
unschuldig *innocent*
unser (-e) *out*
unten *below, at the bottom, underneath*
unter (prep. with acc. or dat.) *under, below, beneath*
unterbrechen (a. o.) *to interrupt*
unter-gehen *to set, go down*
unterhalten, sich (ie. a.) *to converse, enjoy oneself*
Unterhaltung (f) (-en) *conversation, entertainment*
unternehmen *to undertake*
Unterricht (m) *instruction*
unterscheiden (ie. ie.) *to distinguish*
Unterschied (m) (-e) *difference*
unterschreiben (ie. ie.) *to sign*
unterstützen *to support*
untersuchen *to investigate, examine*
Untersuchung (f) (-en) *examination*
Untertan (m) (-en) *subject, vassel*
Untertitel (m) (-) *subtitle*
unterwegs *on the way*
unterzeichnen *to sign*

unvorstellbar *inconceivable*
unzufrieden *dissatisfied*
Urlaub (n) *leave, holiday*
Urteil (n) (-e) *judgement, sentence*
Variation (f) (-en) *variation*
Vater (m) (-e) *father*
Veranstaltung (f) (-en) *event*
verbessern *to improve*
Verbesserung (f) (-en) *improvement*
verbieten (o. o.) *to forbid*
verbinden (a. u.) *to join, combine*
Verbindung (f) (-en) *compound, connection*
verbleiben (ie. ie.) *to remain*
verblendet *blinded*
Verbot (n) (e) *ban*
verbrechen (a. o.) *to commit a crime*
Verbrecher (m) (-) *criminal*
verbringen *to spend* (of time)
verdanken *to owe*
Verdeck (n) (-e) *top, hood, roof*
verdutzt *confused*
vereinigen *to unite*
Verfahren (n) *process*
Verfassung (f) (-en) *constitution*
vergeben (a. e.) *to forgive*
vergehen *to pass*
vergessen (a. e.) *to forget*
vergießen (o. o.) *to shed, pour off*
Vergleich (m) (-e) *comparison*
Vergnügen (n) *pleasure*
Verhältnisse (n) (pl) *conditions, circumstances*
verheiraten, sich *to marry*
verhetzen *to stir up*
verhindern *to prevent*
verhüllen *to conceal*
verkaufen *to sell*
Verkehr (m) *traffic*
Verkehrsschild (n) (-er) *traffic-sign*
Verkehrsstau (m) (-s) *traffic jam*

verlangen *to demand*
verlassen (ie. a.) *to leave, forsake*
verlegen *embarrassed*
verliebt *in love*
verlieren (o. o.) *to lose*
verloben, sich *to get engaged*
vermeiden (ie. ie.) *to avoid*
vermindert *decreased*
vermuten *to suspect*
vermutlich *it is to be supposed that, presumably*
Vernichtung (f) *annihilation*
vernünftig *reasonable*
verschieden *different, various*
Versicherung (f) *assurance*
verschwinden (a. u.) *to disappear*
Verspätung (f) *delay*
versprechen (a.o.) *to promise*
verständlich *understandable, understood*
*****verstehen** *to understand*
Versuch (m) (-e) *trial, attempt*
versuchen *to try*
verteidigen *to defend*
verteilen *to distribute*
vertreiben (ie. ie.) *to drive out, away*
verurteilen *to condemn*
Verwaltung (f) *administration*
verweigern *to refuse*
verzerrt *distorted*
verzollen *to tax, pay duty*
viel (-e, -es) *much, many*
vielleicht *perhaps*
vier *four*
Viertel (n) (-) *quarter*
vierzehn *fourteen*
vierzig *forty*
Violine (f) (-n) *violin*
Vogel (m) (-) *bird*
Volk (n) (-er) *people, nation*

Volkslied (n) (-er) *folk song*

Volksschule (f) (-n) *elementary school*

volkstümlich *popular, traditional*

voll *full*

voll besetzt *full up*

vollenden *to complete*

von (prep. with dat.) *from, of, by, about*

vor (prep. with acc. or dat.) *before, in front of*

vorbei-eilen (an) *to hurry past*

vorbei-führen (an with dat.) *to lead (past)*

vor-bereiten *to prepare*

Vorbereitung (f) (-en) *preparation*

Vorführung (f) (-en) *performance*

vorgestern *the day before yesterday*

vor-haben *to intend*

Vorhalle (f) (-n) *lobby, foyer*

Vorhang (m) (⁼e) *curtain*

vorig *previous, last*

vor-kommen *to happen*

Vormittag (m) *morning*

vorne *at the front, forward*

Vorort (m) (-e) *suburb*

Vorschlag (m) (⁼e) *proposal*

vor-schlagen (u. a.) *to propose*

Vorsicht (f) (-en) *care, caution*

vorsichtig *careful*

Vorspeise (f) (-n) *hors d'oeuvre*

vorspringend *projecting*

Vorstellung (f) (-en) *introduction, performance*

Vortrag (m) (⁼e) *lecture*

vor-treten (a. e.) *to step forward, represent*

vor-zeigen *to show, produce*

Wache (f) (-n) *entry, guard room, police station*

wachen *to watch, wake*

wachsen (u.a.) *to grow*

Wachtmeister (m) (-) *sergeant*

Wagen (m) (-) *waggon, car, cart*

Wahl (f) (-en) *choice, vote*

wählen *to choose, vote*

Wahlrecht (n) *right to vote*

wahr *true* (**nicht wahr?** *isn't that so?*)

während (prep. with gen. or dat.) *during;* (conj. with verbast) *while*

Wald (m) (⁼e) *wood, forest*

Waldlichtung (f) (-en) *clearing*

Waldweg (m) (-e) *woodland path*

walzen *to turn, roll*

Wand (f) (⁼e) *wall*

wandern *to wander, hike*

Wanderung (f) (-en) *hike*

Wange (f) (-n) *check*

wann *when*

war (past of **sein**) *was*

Warenhaus (n) (⁼er) *department store*

warm *warm, hot*

warten *to wait* (**auf** = *for*)

Wartezimmer (n) (-) *waiting room*

warum *why*

was *what* (**was für** = *what sort of*)

Wäsche (f) (-n) *washing, laundry*

waschen (u. a.) *to wash*

Waschmaschine (f) (-n) *washing machine*

Wasser (n) (-) *water*

Wechsel (m) (-) *change-over, exchange*

wecken *to waken, arouse*

wedeln *to wag*

Weg (m) (-e) *way, path*

wegen (prep. with gen.) *on account of*

weg-gehen *to go away*

Weh (n) *ache, pain*

weh-tun *to hurt*
Weihnachten (f or pl) *Christmas*
weil *because*
Wein (m) (-e) *wine*
weinen *to weep*
Weise (f) (-n) *way, manner*
weisen (ie. ie.) *to point, show*
weiß *white*
weit *far, distant*
weiter *further*
weiter-fahren (u. a.) *to continue driving*
welch- (-er, -e, -es) *which, what*
Welle (f) (-n) *wave*
Welt (f) (-en) *world*
weltbekannt *world-famous*
wenden *to turn*
Wendung (f) (-en) *turn, expression*
wenig *little* (**weniger** = *less*; **wenigstens** = *at least*)
wen (acc. of **wer**) *whom*
wenn *if, when*
wer *who*
werden *to become*
werfen (a. o.) *to throw:* **in die Post w-**, *to post*
Werft (f) (-en) *shipyard*
Werk (n) (-e) *work*
Werkstatt (f) (⁻en) *workshop*
Werkzeug (n) (-e) *tool*
West-, Westen (m) *west*
Weste (f) (-n) *vest, waistcoat*
wetten *to wager, bet*
Wetter (n) *weather*
Wetterbericht (m) (-e) *weather report*
wichtig *important*
wickeln *to wrap*
wider (prep. with acc.) *against*
Widerstand (m) *resistance*
widerstehen *to resist*

wie *how, what, what . . . like*
wieder *again*
Wiederaufbau (m) *reconstruction*
Wiedersehen (n) *seeing again* (**auf W-** = *Goodbye*)
Wiedervereinigung (f) (-en) *reunification*
Wiese (f) (-n) *meadow field*
wieso *how is that?*
Wille (m) (gen. -ns, pl. -n) *will*
Wind (m) (-e) *wind*
winken *to beckon, wave*
winseln *to whimper*
Winter (m) *winter*
wir *we*
wirklich *real(ly)*
Wirt (m) (-e) *landlord*
Wirtshaus (n) (⁻er) *inn*
wissen *to know, have knowledge*
Witwe (f) (-n) *widow*
wo *where*
Woche (f) (-n) *week*
Wochenende (n) (-n) *weekend*
wochenlang *for weeks on end*
woher *where from, whence*
wohin *where to, whither*
wohl *well, possibly, indeed*
wohnen *to dwell, live*
Wohnblock (m) (-s) *block of flats*
Wohnung (f) (-en) *dwelling, flat*
Wohnviertel (n) (-) *residential quarter*
Wohnzimmer (n) (-) *living room*
Wolke (f) (-n) *cloud*
Wolkenkratzer (m) (-) *skyscraper*
Wolle (f) *wool*
wollen *to wish, will*
Wort (n) (-e and ⁻er) *word*
Wörterbuch (n) (⁻er) *dictionary*
Wortspiel (n) (-e) *pun*
wunderbar *marvellous*

wundern, sich *to wonder, marvel*
wunderschön *very lovely*
wünschen *to wish*
Wurst (f) (-̈e) *sausage*

Zahl (f) (-en) *number*
zahlen *to pay*
zählen *to count*
zahllos *countless*
Zahn (m) (-̈e) *tooth*
Zahnarzt (m) (-̈e) *dentist*
Zahnpasta (f) (-n) *toothpaste*
Zahnweh (n) *toothache*
zehn *ten*
zeichnen *to draw*
Zeichnung (f) (-en) *drawing*
zeigen *to show*
Zeile (f) (-n) *line*
Zeit (f) (-en) *time*
Zeitung (f) (-en) *newspaper*
zerbrechen (a. o.) *to smash*
zerbrechlich *fragile, brittle*
Zersplitterung (f) (-en) *dispersal*
zerstören *to destroy*
zertrümmern *to ruin, devastate*
Zettel (m) (-) *chit, form*
ziehen *to draw, drag, pull, move*
ziemlich *fairly*
zieren *to decorate*
Zigarette (f) (-en) *cigarette*
Zimmer (n) (-) *room*
zivilisiert *civilised*
Zone (f) (-n) *zone*
zornig *angry*
zu (prep. with dat.) *to, at, with*
Zucker (m) *sugar*
zuerst *at first*
zufrieden *contented, satisfied*
Zug (m) (-̈e) *train, trait, feature*
zu-geben (a. e.) *to admit*
zu-gehen *to go up* (**auf** = *to*)

zugleich *at the same time*
zugrunde-gehen *to perish, go to ruin*
zu-hören *to listen to*
Zukunft (f) *future*
zuletzt *last, finally*
zu-machen *to close*
zum Beispiel (**z.B.**) *for example*
zunächst *to begin with, next*
Zunge (f) (-n) *tongue*
zurecht-legen *to put straight*
zurück *back*
zurück-fahren (u. a.) *to drive back*
zurück-gehen *to return, go back*
zurück-kehren *to return*
zurück-legen *to put back, cover*
    (a distance)
zusammen *together*
Zusammenschluß (m) (-̈sse)
    merger, amalgamation
Zuschauer (m) (-) *spectator*
zu-stimmen *to agree*
zustande-bringen *to achieve*
zuvor-kommen *to anticipate*
zwanzig *twenty*
zwar *indeed, as a matter of fact*
zwei *two*
zweifeln *to doubt*
Zweig (m) (-e) *twig, branch*
zweimal *twice*
zwischen (prep. with acc. or dat.)
    between
zwölf *twelve*